消防官のための 刑事訴訟法入門

消防大学校客員教授 関 東一 著

近代消防社 刊

は　し　が　き

　消防法令違反に対する違反処理の重要な手段として告発の措置がありますが、この告発は、捜査機関の犯罪捜査の端緒となるもので、刑事訴訟法第239条第2項に基づいて行われます。

　ところで、同項の規定は、「官吏又は公吏は、その職務を行うことにより犯罪があると思料したときは、告発をしなければならない。」と定め、公務員の告発が厳格な（き束的な）義務規定であるかのような形式をとっています。しかし、この規定は、当該公務員の裁量までも禁じたものではなく、違反内容の重大性、危険性、社会性、悪質性等の諸事情を考慮し、行政取締上処罰に値すると認めた場合には告発をしなければならないといういわば限定的義務規定と解されており、このことは、犯罪者を起訴するか否かの判断は、犯罪の軽重や情状等を考慮した検察官の裁量に任せられているという「起訴便宜主義」の考え方と符合し、合理性をもっています。

　消防法令違反に対する告発は、従来から、このような考え方に立って行われているのですが、告発事案の大半は、刑事訴訟法第460条以下の略式手続（簡易裁判所に対する略式起訴と同裁判所による略式命令）によって処理されています。

　消防法令違反を立証するための一般的な手段の一つとして質問調書がありますが、消防法第4条第1項等に基づく質問権の行使によって得られた供述の内容を録取した質問調書は、刑事訴訟法第322条第1項にいう供述録取書に該当し、供述者の署名または押印があり、かつ、任意になされたものである限り証拠能力が認められ、略式手続の場合は、刑事訴訟規則第248条により無条件で証拠能力が認められています。

　このように、刑事訴訟法は、消防法令違反に対する違反処理と少なからずかかわりをもっていますので、本書では、刑事訴訟に関する一般的・概略的な解説の中で、告発の性質と効果、告発と公訴時効との関係、告発の義務と起訴便宜主義との関係等の告発に関する基本的な事項および証拠法として、消防法令違反の立証方法等その他についても触れ、あわせて裁判員制度についても言及することとしました。

本書は、既刊の拙著、「新訂 火災予防違反処理の基礎」、「新版 消防刑法入門」との三部作として、消防大学校の教材にも利用できるよう作成したものですが、消防本部等における違反処理業務執務上の参考として、はたまた消防学校の予防専科等の教材としてご活用いただければ幸いです。

　なお、本書の編集等につきましては、近代消防社社長三井栄志氏に大変お世話をいただきました。ここに記してお礼を申し上げます。

　　　平成21年　初冬

　　　　　　　　　　　　　　　　　　　　　　　　　　関　東　一

〈目　次〉

はしがき

第1部　総　説
　　1　刑事訴訟法とは（刑事訴訟法の意義）……………… 15
　　2　刑事訴訟法は何のために（刑事訴訟法の目的）……… 15
　　3　裁判所とは（裁判所の意義）………………………… 16
　　4　裁判所の種類と構成…………………………………… 17
　　5　裁判所の管轄…………………………………………… 19
　　6　裁判官…………………………………………………… 22
　　7　除斥、忌避、回避……………………………………… 23
　　8　検察官・検察庁………………………………………… 24
　　9　検察官の種類・検察事務官…………………………… 25
　　10　検察官の職務権限……………………………………… 27
　　11　検察官同一体の原則…………………………………… 30
　　12　司法警察職員…………………………………………… 31
　　13　検察官と司法警察職員との関係……………………… 34
　　14　被疑者・被告人の意義と地位………………………… 37
　　15　被告人の当事者能力・訴訟能力……………………… 38
　　16　弁護人の意義と資格…………………………………… 39
　　17　弁護人の選任…………………………………………… 41
　　18　国選弁護人の選任条件と報酬等……………………… 43
　　19　弁護人の権限…………………………………………… 45

第2部　捜　査
　　〔1〕捜査の意義と方法…………………………………… 49
　　〔2〕捜査の端緒（きっかけ）…………………………… 51
　　　1　現行犯人…………………………………………… 51

2　変死体の検視……………………………………………52
　　3　告　　訴………………………………………………52
　　4　告　　発………………………………………………58
　　5　請　　求………………………………………………71
　　6　自　　首………………………………………………72
　　7　職務質問………………………………………………72
　　8　自動車検問……………………………………………74
　〔3〕被疑者の身柄の拘束……………………………………76
　　1　逮　　捕………………………………………………76
　　2　勾　　留………………………………………………85
　〔4〕証拠の収集方法……………………………………………95
　　1　捜索・差押え…………………………………………95
　　2　検　　証………………………………………………97
　　3　鑑　　定………………………………………………100
　〔5〕任意捜査…………………………………………………103
　　1　被疑者の出頭要求および取調べ……………………104
　　2　被疑者以外の者の出頭要求、取調べおよび鑑定などの嘱託…106
　　3　公務所または公私の団体に対する必要事項の照会………107
　　4　領　　置………………………………………………108
　　5　実況見分………………………………………………108
　　6　犯行現場写真の撮影…………………………………110
　〔6〕事件の送致・送付………………………………………111
　　1　事件送致の一般原則…………………………………111
　　2　事件送致の例外………………………………………111

第3部　公訴の提起（起訴）

　〔1〕総　　説…………………………………………………115
　　1　公訴の提起（起訴）の意義…………………………115
　　2　国家訴追主義・起訴独占主義………………………115
　　3　起訴便宜主義…………………………………………116

〔2〕公訴提起の手続 ･････････････････････････ 117
1 公訴提起の方法 ･･･････････････････････ 117
2 起訴状の記載事項 ･････････････････････ 117
3 起訴状一本主義 ･･･････････････････････ 121
4 公訴提起の効力と効果 ･････････････････ 122
5 訴訟条件 ･････････････････････････････ 123

〔3〕公訴の時効 ･････････････････････････････ 124
1 公訴の時効の意義 ･････････････････････ 124
2 公訴時効の期間 ･･･････････････････････ 124
3 公訴時効の期間の算定 ･････････････････ 126
4 公訴時効の停止 ･･･････････････････････ 126

〔4〕不起訴処分 ･････････････････････････････ 128
1 不起訴処分の理由 ･････････････････････ 128
2 不起訴処分の効果 ･････････････････････ 130
3 不起訴処分を行った場合の措置 ･････････ 131
4 不起訴処分に対する救済制度 ･･･････････ 131
5 中止・移送処分 ･･･････････････････････ 135

第4部　公判手続

〔1〕総　説 ･････････････････････････････････ 139
1 公判の意義 ･･･････････････････････････ 139
2 公判に関する三つの原則 ･･･････････････ 139

〔2〕公判準備手続 ･･･････････････････････････ 141
1 起訴状謄本の送達 ･････････････････････ 141
2 弁護人選任権の告知等 ･････････････････ 141
3 公判期日の指定等 ･････････････････････ 142
4 訴訟関係人の事前準備 ･････････････････ 142
5 訴訟関係人の出廷 ･････････････････････ 143

〔3〕公判前整理手続 ･････････････････････････ 145
1 公判前整理手続の意義 ･････････････････ 145

2　公判前整理手続が導入された背景……………………145
　　　3　公判前整理手続の進め方のあらまし………………146
　〔4〕公判期日における手続………………………………147
　　　1　冒頭手続…………………………………………147
　　　2　証拠調べの手続…………………………………149
　　　3　被告人質問………………………………………155
　　　4　訴因または罰条の追加、撤回または変更………………155
　　　5　公訴の取消し……………………………………156
　　　6　弁論の分離、併合および再開……………………156
　　　7　公判手続の停止および更新………………………157
　　　8　訴訟指揮と法廷警察………………………………158
　　　9　最終的な手続……………………………………160

第5部　裁　判

　〔1〕裁判の意義と種類……………………………………169
　〔2〕終局裁判………………………………………………172
　　　1　形式的裁判………………………………………173
　　　2　実体的裁判………………………………………175
　　　3　終局裁判の付随的な効力…………………………187
　〔3〕裁判の確定……………………………………………188

第6部　上　訴

　〔1〕上訴に関する一般的事項……………………………191
　〔2〕控　訴…………………………………………………193
　　　1　控訴理由…………………………………………193
　　　2　控訴審の審理……………………………………194
　　　3　控訴審の裁判……………………………………194
　　　4　控訴審の判決例…………………………………196
　〔3〕上　告…………………………………………………203
　　　1　上告理由…………………………………………203

2　上告審の審理 …………………………………… 204
　　3　上告審の裁判 …………………………………… 204
　〔4〕抗　告 …………………………………………… 207

第7部　非常救済手続
　〔1〕再　審 …………………………………………… 212
　　1　再審の意義と対象 ……………………………… 212
　　2　再審理由 ………………………………………… 212
　　3　再審の請求手続 ………………………………… 214
　　4　再審の裁判 ……………………………………… 214
　〔2〕非常上告 ………………………………………… 216

第8部　証拠法
　〔1〕証拠裁判主義 …………………………………… 221
　　1　証拠裁判主義の意義 …………………………… 221
　　2　証拠の種類 ……………………………………… 222
　　3　証拠の証明力（自由心証主義）……………… 223
　　4　証拠能力 ………………………………………… 224
　　5　挙証責任 ………………………………………… 227
　〔2〕自　白 …………………………………………… 229
　　1　自白の意義 ……………………………………… 229
　　2　自白の証拠能力 ………………………………… 229
　　3　自白の補強証拠 ………………………………… 234
　〔3〕伝聞証拠 ………………………………………… 236
　　1　伝聞証拠の意義 ………………………………… 236
　　2　伝聞法則の対象外 ……………………………… 237
　　3　伝聞法則の例外 ………………………………… 238
　　4　伝聞法則の不適用 ……………………………… 244
　〔4〕証拠法と消防の証拠資料 ……………………… 246
　　1　消防の質問調書 ………………………………… 246

2　始末書、上申書等 ……………………………………… 252
　　3　実況見分調書 …………………………………………… 252

第9部　略式手続
　1　略式手続の意義 …………………………………………… 271
　2　略式手続のメリット ……………………………………… 271
　3　略式命令の請求手続 ……………………………………… 271
　4　簡易裁判所の審判 ………………………………………… 272
　5　略式命令 …………………………………………………… 273
　6　消防法令違反の告発と略式命令 ………………………… 273
　7　正式裁判の請求 …………………………………………… 276

第10部　裁判の執行
　〔1〕総　説 ……………………………………………………… 281
　　1　裁判の執行の意義 ……………………………………… 281
　　2　裁判の執行の原則 ……………………………………… 281
　〔2〕刑の執行 …………………………………………………… 283
　　1　執行の順序 ……………………………………………… 283
　　2　死刑の執行 ……………………………………………… 283
　　3　自由刑の執行 …………………………………………… 284
　　4　財産刑の執行 …………………………………………… 285
　〔3〕裁判の執行に対する救済 ………………………………… 286

第11部　刑事補償
　1　刑事補償 …………………………………………………… 289
　2　被疑者補償 ………………………………………………… 291
　3　裁判費用の補償 …………………………………………… 291

第12部　裁判員制度
　1　裁判員制度の意義と目的 ………………………………… 295

2　裁判員制度の対象となる事件 ………………………………… 295
3　裁判員の参加する合議体の種類と構成 ……………………… 297
4　裁判員の選任 …………………………………………………… 298
5　裁判員等の選任手続 …………………………………………… 301
6　裁判官および裁判員の権限 …………………………………… 306
7　補充裁判員 ……………………………………………………… 308
8　裁判員等の義務 ………………………………………………… 309
9　裁判員の参加する裁判の手続 ………………………………… 310

索　引 ………………………………………………………………… 319

参考文献（順不同）

刑事訴訟法概説	平野龍一 著	東京大学出版会
刑事訴訟法（第3版）	田中・寺崎・長沼 著	有斐閣
刑事訴訟法（第4版）	福井　厚 著	有斐閣
新訂刑事訴訟法	伊藤・大堀 著	立花書房
告訴・告発	増井清彦 著	立花書房
新版　消防法の研究	関　東一 著	近代消防社
新訂　火災予防違反処理の基礎	関　東一 著	近代消防社
新版　消防刑法入門	関　東一 著	近代消防社

凡　例

―― 法 令 名 等 の 略 語 ――

（文　中　の　略　語）

裁判員法　裁判員の参加する刑事裁判に関する法律

（文中の（　）内に使用される略語）

法	消防法
消 組 法	消防組織法
政　令	消防法施行令
規　則	消防法施行規則
危 政 令	危険物の規制に関する政令
条　例	火災予防条例（例）
刑 訴 法	刑事訴訟法
刑訴規則	刑事訴訟規則
検 審 法	検察審査会法
警 職 法	警察官職務執行法
刑 償 法	刑事補償法
公 選 法	公職選挙法
独 禁 法	私的独占の禁止及び公正取引の確保に関する法律

第1部
総 説

第1部　総　説

1　刑事訴訟法とは（刑事訴訟法の意義）

　国家は、犯罪を犯した者に対して刑罰を科する権利をもっており、このような国家の権利を「国家刑罰権」といいます。このため、まず、どのような行為が犯罪となり、これに対してどのような刑罰が科せられるかについて、刑法をはじめそれ以外の法令の罰則規定（例えば、消防法第38条以下の規定など）に定められています。このように、犯罪となる行為とこれに対する刑罰を定めた法律を学問上刑事実体法といいますが、このような刑事実体法だけでは、これに違反する者を捜査したり、裁判にかけたりするなどして犯人を処罰することができません。

　そこで、刑事実体法に違反する行為は、だれがどのような方法で捜査し、どのような方法で裁判が行われ、だれがどのようにしてその刑を執行するのかなどの手続を定める法律が必要となります。

　このように、国家刑罰権を実現するための手続を定めた法律が刑事訴訟法なのです。

　刑事訴訟法は、刑事実体法に定められた刑罰を実現するための手続を定めているところから、刑事実体法に対して学問上刑事手続法といわれています。

　刑事手続法の中心をなすものは、勿論刑事訴訟法ですが、このほか、刑事訴訟規則、裁判所法その他の法律や規則などがあります。

2　刑事訴訟法は何のために（刑事訴訟法の目的）

　刑事訴訟法第1条は、「この法律は、刑事事件につき、公共の福祉の維持と個人の基本的人権の保障を全うしつつ、事案の真相を明らかにし、刑罰法令を適正且つ迅速に適用実現することを目的とする。」と定めています。す

なわち、刑事訴訟法の目的は、①「事案の真相を明らかにすること」と②刑罰法令を適正、かつ、迅速に適用実現することにあります。

そして、この目的を達成するにあたっては、その留意事項として、一方において、「公共の福祉の維持」を、他方において、「基本的人権の保障」を全うすることが要請されています。犯罪の捜査や裁判などを急ぐあまり真実を見失うようなことがあってはならないし、真実が明らかになるのであれば、犯罪の捜査や裁判などにいくら日数がかかってもよいというわけにもいきません。また、犯罪の捜査などにあたっては、社会公共の秩序の維持という名のもとに個人の基本的人権を損うようなことがあってはならないし、そうかといって、個人の基本的人権を重視するあまり、社会公共の秩序の維持に支障をきたすような事態になっても困るわけです。例えば、犯人と疑わしい者を発見しても、身柄を拘束することに慎重すぎて真犯人を取り逃してしまったり、犯罪に関連する証拠物らしきものを発見しても、それを確認するのに慎重すぎて確保できなかったとしたら、証拠を隠滅されることにもなりかねません。

そこで、刑事訴訟法第1条に定められたこれらの要請が適度に調和されることによって、はじめて刑事訴訟法の目的が実現されるものとされています。

3　裁判所とは（裁判所の意義）

憲法第76条第1項は、「すべて司法権は、最高裁判所及び法律の定めるところにより設置する下級裁判所に属する。」と定めています。すなわち、民事および刑事の裁判は、最高裁判所を頂点とする裁判所によってのみ行われるものとされています。そして、この司法権（裁判権）の行使にあたっては、「すべての裁判官は、その良心に従い独立してその職権を行い、この憲法及び法律にのみ拘束される」とされ（憲法第76条第3項）、また、裁判官には、手厚い身分の保障が与えられ（憲法第78条、裁判所法第48条）、立法権および行政権からの独立が担保されています。

ところで、ひとくちに「裁判所」といっても、三つの意味があります。その一つは、官署としての裁判所です。これは、地方裁判所長である判事をはじめ、判事、判事補、裁判所書記官、裁判所事務官、廷吏その他の職員が勤務しているところを意味しています。その二つは、官庁としての裁判所です。これは、裁判所としての意思を決定し、これを表示する機関としての裁判官会議を指します（裁判所法第12条、第20条、第29条、第31条の5）。その三つは、訴訟法上の裁判所です。これは、具体的な事件の審理・裁判を行う三人一組の裁判官（合議制）や一人の裁判官（単独制）を指します。したがって、新聞やテレビなどで、「○○地方裁判所は、平成○○年○月○日、○○事件について判決を言い渡した」などと報道される場合の「○○地方裁判所」は、訴訟法上の裁判所を意味し、また「○○地方裁判所は、平成○○年○月○日、裁判所事務官何某を○○により懲戒免職した。」というような場合の「○○地方裁判所」は、官庁としての裁判所を指します。

さらに、○○地方裁判所の○○支部が○○に移転したという場合の○○支部は、官署としての裁判所を意味します。

4 裁判所の種類と構成

(1) **裁判所の種類**

　　裁判所の種類には、最高裁判所のほか、下級裁判所として、8つの高等裁判所、50の地方裁判所と同数の家庭裁判所、438の簡易裁判所があります。

　　なお、高等裁判所、地方裁判所および家庭裁判所には一定数の支部があります。

(2) **裁判所の構成**

　　官署としての裁判所は、裁判官のほか、これを補助する裁判所書記官、裁判所事務官、裁判所速記官、裁判所調査官、家庭裁判所調査官、廷吏その他の職員によって構成されていますが、訴訟法上の裁判所の構成は、

次のように定められています。
   ア　最高裁判所
　　　最高裁判所の大法廷は、15人全員の裁判官によって構成され、これとは別に、15人の裁判官が5人ずつに分かれて、三つの小法廷を構成しています（裁判所法第9条）。通常の事件は、小法廷で審理・裁判がされますが、法律、命令、規則または処分が合憲であるか違憲であるかを判断するとき、殊にこれらが違憲であるとの判断をくだすときあるいは、法令の解釈について従前の最高裁判所の判例に変更を加えるときは、必ず大法廷で審理・裁判をしなければならないことになっています（同法第10条）。
   イ　高等裁判所
　　　高等裁判所の場合は、原則として3人の裁判官によって構成される合議制で審理・裁判が行われますが、内乱罪の事件など一定の事件の場合は、例外的に5人の裁判官の合議制によって行われます（裁判所法第18条）。
   ウ　地方裁判所
　　　地方裁判所での審理・裁判は、1人制（単独制）と3人制（合議制）が併用されます。すなわち、原則としては、1人の裁判官によって審理・裁判が行われますが、次のような事件については、3人の裁判官による合議制で審理・裁判をしなければならないことになっています（裁判所法第26条）。ただし、故意の犯罪行為によって被害者を死亡させた事件、死刑または無期の懲役・禁錮にあたる事件については、裁判員が参加し、原則として、裁判官3人、裁判員6人の合議制で行われることになります（裁判員法第2条、第3条）。
   ①　合議で審理・裁判をする旨の決定を合議制でした事件（裁定合議事件）
   ②　死刑または無期もしくは短期1年以上の懲役・禁錮にあたる罪の事件（法定合議事件）

ただし、強盗罪、準強盗罪その他一定の罪の事件の一部については、1人制でもよいとされています。
③ 簡易裁判所の判決に対する控訴事件および簡易裁判所の決定・命令に対する抗告事件
④ その他法律により特に合議制の事件とされたもの

なお、判事補は、原則として、1人で裁判をすることができず、また、同時に2人以上が合議体に加わったり、裁判長になることが許されていません（同法第27条）。

エ　家庭裁判所

家庭裁判所での審理・裁判は、原則として1人制ですが、法律によって特に合議制の事件とされたものについては、例外として、3人の合議制によって行われることになっています（裁判所法第31条の4）。

オ　簡易裁判所

簡易裁判所においては、すべて1人の裁判官によって審理・裁判が行われます（裁判所法第35条）。

以上裁判所の構成について簡単に触れましたが、3人以上の裁判官による合議制で審理・裁判が行われる場合、そのうちの1人が裁判長となります（同法第9条第3項、第18条第2項、第26条第3項、第31条の4第3項）。

5　裁判所の管轄

裁判所の管轄には、①審級管轄、②事物管轄、③土地管轄、④関連事件の管轄があります。

(1) **審級管轄**

審級管轄とは、刑事事件の第一審は、どの裁判所が受け持ち、第一審判決に対する上訴（控訴・上告）は、どの裁判所が受け持つかということです。

通常、刑事裁判の第一審は、地方裁判所、家庭裁判所または簡易裁判所が管轄し、これらの裁判所の判決または決定に対する控訴または抗告は、高等裁判所が管轄します（裁判所法第16条第1号・第2号）。刑事事件においては、第一審が簡易裁判所の場合でも第二審（控訴審）はすべて高等裁判所が管轄する点に特色があります。ちなみに、民事事件においては、第一審が簡易裁判所の場合、第二審（控訴審）は地方裁判所なのです。

また、高等裁判所が第二審（控訴審）としてくだした判決や高等裁判所が例外的に第一審としてくだした判決（例えば、内乱罪に対する判決）に対する上告は、最高裁判所が管轄します。

なお、地方裁判所、家庭裁判所または簡易裁判所の判決に対して、例外的に上告することが許される場合（法律、命令、規則などを違憲とした判断または地方公共団体の条例規則が法律に違反するとした判断が不当であることを理由とする場合）もありますが、この場合の上告（跳躍上告）も最高裁判所が管轄します。特別抗告（刑事訴訟法によって不服を申し立てることができない決定または命令について、憲法違反または判例違反を理由として、最高裁判所に対して特に認められている不服の申立て）の場合も最高裁判所の管轄に属します。

参考までに、裁判所の管轄のうち、審級管轄を図示すると**図1**のとおりです。

(2) **事物管轄**

事物管轄とは、事件の軽重等によって、第一審の裁判所間で事件の受持ちを配分することです。

第一審の裁判所には、地方裁判所、家庭裁判所、簡易裁判所のほか、例外として高等裁判所がありますが、このような裁判所が、事件の軽重等によりどのような事件を受け持って審理・裁判をするかという問題です。

ところで、簡易裁判所は、罰金以下の刑にあたる罪の事件について、

もっぱら事物管轄をもっており、①選択刑として罰金刑が定められている罪の事件および②常習賭博罪や窃盗罪、横領罪等の一定の罪の事件については、簡易裁判所と地方裁判所がいずれも事物管轄をもっています。

ただし、簡易裁判所は、原則として、懲役刑や禁錮刑を科すことができないことになっています。

図1　審級管轄

	第一審	第二審（控訴審） 抗　告	第三審（上告審） 特別抗告
刑事事件	地方裁判所 家庭裁判所 簡易裁判所 高等裁判所（例外）	高等裁判所	最高裁判所

(3) **土地管轄**

土地管轄とは、事件の場所的な関係によって第一審の受け持ちを分配することです。

各裁判所は、それぞれ一定の管轄区域をもっていますから、その管轄区域内で犯罪が行われた場合や同区域に被告人の住所、居所、または現住所がある事件については、土地管轄を有することになります（刑訴法第2条第1項以下）。

したがって、同一事件について二以上の裁判所が管轄権をもつこともあり得ますが、その場合、どちらに公訴を提起するかは検察官の自由とされています。

(4) **関連事件の管轄**

同一の犯人が罰金だけにあたる罪（この場合は、簡易裁判所だけが事物管轄をもっています）と懲役だけにあたる罪（この場合は、地方裁判

所だけが事物管轄をもっています）とを犯したような場合には、別々の裁判所で裁判を行うのは不便ですから、このような関連事件（刑訴法第9条第1項第1号）については、一つの事件について管轄権をもっている上級の裁判所（地方裁判所）が他の事件についても管轄権をもつことになります（同法第3条、第6条）。「関連事件」とは、同一人が数個の犯罪を犯したとき、数人がともに同一または別個の犯罪を犯したとき、または数人が通謀して各別の犯罪を犯したときをいいます（同法第9条）。

なお、起訴された事件について裁判所に管轄権がないときは、裁判所は、実質的な審理に入ることなく、ただちに判決で管轄違いの言渡しをしなければなりません（同法第329条）。管轄裁判所への移送は認められていません。

ただし、土地管轄は、主として、被告人の人権を保障する見地から認められたものですから、管轄違いの判決は、被告人からの申立てがあった場合にのみ行うことができるという制限があります（同法第331条第1項）。

管轄違いの判決があった場合、検察官は、あらためて管轄権を有する裁判所に起訴しなければならないことになります。

6　裁判官

裁判官には、官名として、①最高裁判所長官、②最高裁判所判事、③高等裁判所長官、④判事、⑤判事補および⑥簡易裁判所判事の六つの種類があります。

最高裁判所は、最高裁判所長官および最高裁判所判事によって構成され（憲法第79条第1項）、高等裁判所は、高等裁判所長官および判事により（裁判所法第15条）、地方裁判所および家庭裁判所は、判事および判事補により（同法第23条、第31条の2）、また、簡易裁判所は、簡易裁判所判事によって（同

法第 32 条）それぞれ構成されています。

　地方裁判所長や家庭裁判所長は、判事のうちから任命されます（同法第 29 条第 1 項、第 31 条の 5）。したがって、〇〇地方裁判所長とか〇〇家庭裁判所長というのは、職名であって、これらの者の官名は判事なのです。

　最高裁判所長官および最高裁判所判事は、識見が高く、法律の素養のある年令 40 才以上の者のうちから任命されますが、15 人のうち、少なくとも 10 人は、高等裁判所長官または判事の在職期間 10 年以上の者であるか、または高等裁判所長官、判事、簡易裁判所判事、検察官、弁護士、特定の大学の法律学の教授・准教授の在職期間が通算して 20 年以上の者でなければなりません（同法第 41 条）。

　高等裁判所長官および判事は、判事補、簡易裁判所判事、検察官、弁護士などに 10 年以上在職した者のうちから任命されます（同法第 42 条）。

　判事補は、司法試験に合格し、司法修習生として 2 年間の修習を終えた者のうちから任命されます（同法第 43 条）。

　簡易裁判所判事には、判事補、検察官、弁護士などに 3 年以上在職した者のうちから任命されるものと、多年司法事務に従事した者などのうちから選考によって任命されるいわゆる特任の簡易裁判所判事があります（同法第 44 条、第 45 条）。

7　除斥、忌避、回避

(1) **除斥**

　裁判所は、常に公平無私でなければなりませんが、そのためには、裁判官や裁判所書記官が被告人やその他の訴訟関係人から不公平な裁判をするおそれがあると疑われるようなことがあってはなりません。例えば、裁判官が被告人または被害者の親族である場合とか、第一審で裁判をした裁判官が控訴審にも関与するというような場合などは、予断に基づく不公平な裁判をするおそれが著しいといわなければなりません。

このような場合には、裁判官は、職務の執行から排除されることになります（刑訴法第20条）。このことを「除斥」といいます。

(2) 忌避

裁判官に除斥の理由があったり、その他不公平な裁判をするおそれがあるときは、検察官または被告人・弁護人は、裁判所に対して忌避の申立てをすることができます。この申立てに対して理由があるとの決定がなされると、その裁判官は、その事件に関与することができなくなります（刑訴法第21条以下）。

(3) 回避

裁判官は、忌避される原因があると思料するときは、自ら事件への関与を回避しなければならないものとされています（刑訴規則第13条）。

なお、以上の除斥、忌避および回避についての規定は、おおむね裁判所書記官にも準用されています（同規則第15条）。

8　検察官・検察庁

(1) 検察官とは

検察官は、捜査機関（捜査官）や訴追機関（公訴官）としての任務のほか、裁判の執行を監督する任務などをもっています。

すなわち、検察官は、①捜査機関として、必要と認めるときに、いかなる犯罪についてもみずから捜査することができること（刑訴法第191条第1項、検察庁法第6条）、②刑事事件について、訴追機関として、裁判所に対し、被疑者を訴え（公訴の提起、俗にいう起訴）、裁判所がこの被告人（被疑者は起訴されることによって被告人となります）の罪状を認定し、刑罰法規を適用して、これに刑罰を加えることを求めること（検察庁法第4条）、裁判の執行（裁判によって確定した刑を執行すること）を監督すること（同条）、③裁判所の権限に属するその他の事項について職務上必要と認めるときに、裁判所に通知を求め、または意

見を述べ、また、公益の代表者として他の法令によって検察官の権限とされている事務(例えば、民法第7条の後見開始の審判に関する請求権など)を行うことを任務としています。

このうち、特に重要なものは、捜査機関と訴追機関の役割です。

(2) **検察庁**

検察官の行う職務を統括する官署を検察庁といいますが(検察庁法第1条第1項)、検察官は、それぞれの検察権(捜査権、公訴権等)を行使する独立の官庁ですから、検察庁には、複数の独立官庁である検察官が存在することになります。

検察権を行使するのは、検察庁の検察官であって、検察庁自体ではありません。

したがって、例えば、「○○地方検察庁は、○○を○○の疑いで○○地方裁判所に起訴した。」というような新聞記事などは正確ではなく、本来は、「○○地方検察庁の○○検察官は、○○を○○の疑いで○○地方裁判所に起訴した。」と記載すべきなのです。

検察庁には、最高検察庁、高等検察庁、地方検察庁および区検察庁があり、それぞれ最高裁判所、高等裁判所、地方裁判所および簡易裁判所に対応して置かれています(同法第1条第2項)。

9 検察官の種類・検察事務官

(1) **検察官の種類**

検察官には、検事総長、次長検事、検事長、検事および副検事の5種類があります(検察庁法第3条)。これらは、いずれも官名ですが、このうち、検事総長と次長検事はそれぞれ1名しかいませんので、官名と職名が一致します。したがって、検事総長や最高検察庁の次長検事への任命行為は、同時に補職行為になります。

このほかの検察官については、任命行為のほかに補職行為(一定の職

名に充てる行為）が必要となります（同法第16条第1項）。例えば、地方検察庁の検事正・次席検事・刑事部長などはいずれも職名で検事の中からその職に充てられますので、これらの者の官名はあくまでも検事なのです。

　副検事は、区検察庁の検察官の職のみに充てられますが（同条第2項）、検事総長、検事長または検事正は、副検事に、区検察庁以外の検察庁の検察官としての事務を取り扱わせることができるものとされています（同法第12条）。

　検察官の等級には1級と2級とがあり、検事総長、次長検事および各検事長は1級として、内閣が任命し、その任命は天皇によって認証されます。すなわち、これらの者は、認証官（旧親任官）として、皇居において、内閣総理大臣立会いのもとに天皇から直接辞令が交付されるという高い地位にあります（同法第15条第1項）。

　なお、法務省での格づけは、法務大臣に次ぐナンバーツーは、法務次官ではなく、検事総長であり、以下東京高等検察庁検事長、大阪高等検察庁検事長、次長検事、法務次官………の順位となっています。

　検事は1級と2級、副検事は2級となっています（同条第2項）。

　2級の検察官は、司法修習生の修習を終えた者、裁判官の職にあった者、3年以上特定の大学で法律学の教授または准教授の職にあった者から任命されますが、副検事については、副検事選考審査会の選考によって任命されることも認められています。また、3年以上副検事の職にあって、検察官特別考試に合格した者は、2級の検事に任命される資格が与えられます（同法第18条）。いわゆる「特任検事」というのはこのような形で任命されます。

　1級の検察官は、①8年以上2級の検事、判事補、簡易裁判所判事または弁護士の職にあった者　②最高裁判所長官、最高裁判所判事、高等裁判所長官または判事の職にあった者から任命されます（同法第19条）。

　参考までに検察官の官名を図示すると**図2**のとおりです。

図2　検察官官名図

検事総長
次長検事
検事長
検　　事
副検事
※　検事正は官名ではなく、職名です。

(2) **検察事務官**

　官署としての検察庁には、検察官のほかに、これを補佐する検察事務官その他の職員が置かれています。

　検察事務官は、検察官を補佐し、またはその指揮を受けて犯罪の捜査を行うことができます（検察庁法第27条、刑訴法第191条第2項）。捜査に従事する検察事務官は捜査事務官といわれ、犯罪の捜査に関する記事で、○○地方検察庁の係官と記載されているのは、おおむね捜査事務官のことを指します。

10　検察官の職務権限

　検察官は、その主な権限として、刑事事件について、捜査機関としての権限、訴追機関としての権限および刑の執行機関としての権限をもっています。

(1) **捜査権**

　検察官は、必要と認めるときは、自ら犯罪を捜査することができ（刑訴法第191条第1項）、また、いかなる犯罪についても捜査することができる（検察庁法第6条第1項）とともに、捜査のため必要があるときは、管轄区域外で職務を行うこともできる強い権限をもっています（刑

訴法第195条)。

　従前(戦前)は、検察官が犯罪の捜査を行い、司法警察職員は、検察官の指揮のもとこれを補助するにすぎませんでしたが、現在では、原則として、司法警察職員が第1次的捜査機関としての役割をもち、検察官は、これを補充(完)する第2次的な捜査機関の役割をもっています。

　検察官は、捜査官としての職務のほかに公訴官としての重要な役割をもっていることに加え、裁判官と同様に人員の極めて少ないエリート集団ですから、ぼう大な犯罪事件に対し、すべて戦前のように第1次的な捜査機関として捜査に従事することは、所詮物理的に不可能なことです。このようなことから、犯罪の捜査は、原則として1次的に司法警察職員に任せているわけです。

　ところで、本来、犯罪の捜査は、検察官が公訴を提起(起訴)し、有罪の判決をかちとる目的でなされるものですから、司法警察職員から送致された捜査書類が公訴の提起あるいは公判の維持のために不十分であると考えたときは、さらに警察に捜査を行わせることもできますが、検察官自ら捜査することもできるのです。また、事件によっては(特に法律上むずかしい問題を含んでいる事件など)、法律知識の深い検察官が始めから捜査をしたほうがよい場合もあるわけです。

(2) **公訴権**

　検察官は、訴追機関(公訴官)として、被疑者について公訴を提起(起訴)するか否かを決定する権限をもっています。このような権限を公訴権といい、公訴権は、もっぱら検察官にのみ与えられています。

　この公訴権には、犯罪の証拠が十分であるとして、被疑者を起訴する権限、犯罪の証拠がない(嫌疑なし)あるいは証拠が不十分(嫌疑不十分)として、被疑者を不起訴にする権限のほか、犯罪の証拠が十分であっても、被疑者の性格、年令および境遇、犯罪の軽重および情状ならびに犯罪後の情状により、訴追を必要としないと認めた場合に起訴を見合せる起訴猶予処分を決定する権限も含まれています。

このように、被疑者を起訴するか否かについて検察官の判断に任せている考え方を起訴便宜主義といいます（刑訴法第248条）。

　そして、検察官の判断に基づく起訴、不起訴あるいは起訴猶予処分は、いわば裁判官に準じた準司法的な作用であるとされています。

　犯罪の内容は、千差万別で、犯罪に該当する事件のすべてを起訴することは、必ずしも適切ではなく、しかも、裁判所の負担できる限界（同時に検察庁の負担できる限界）を超えることになるとともに、事件処理の遅滞を招くことになるほか、起訴することによって犯罪者の社会復帰が妨げられる場合もあることなどの理由から、起訴するに値する（処罰に値する）事件を選択することが必要とされるのです。

　ちなみに、消防機関が消防法令違反について告発する場合に、可罰性の高い違反事案（処罰に値する度合いの高い違反事案）、例えば、特定防火対象物（人命危険の高い建物）に人命危険を防止するための重要な消防用設備等（スプリンクラー設備や自動火災報知設備など）が設置されていない違反事案や消防法令違反に起因して火災が発生したり、拡大したり、あるいは人身事故が発生した事案などを吟味・選択して行っているのは、検察官の起訴便宜主義を念頭においたものです。

　また、検察官は、起訴した事件につき、公判において、訴追官として証拠を提出し、法律の適用を論じ、被告人が起訴状に記載された犯罪を行ったことを「合理的な疑いを容れない程度」に立証する責任を負い、被告人に対する刑罰について意見を述べることができます。このことは、いわば「国の代理人」あるいは「国民の弁護人」として、公判廷において、被告人の代理人である弁護人と意見をたたかわす役割です。

(3)　**刑の執行権**

　検察官は、裁判の執行、すなわち裁判によって確定した刑の執行を指揮する権限をもっています（刑訴法第472条）。刑は、検察官の執行命令によってはじめて執行されるのです。

11　検察官同一体の原則

　検察官は、各自が独立の官庁として、その権限と責任において検察権を行使できるのですが、裁判官のように完全に独立してその職権を行うものではなく、上司の指揮監督に服さなければならないことになっています。検察権といえども、国の行政権の一部である以上、国の方針や考え方が反映されるように、また、全国的な統一性が保たれるように行使しなければならないからです。

　このため、検事総長は、すべての検察庁の職員を指揮監督し（検察庁法第7条）、検事長および検事正は、その庁およびその庁に対応する裁判所の管轄区域内にある下級の検察庁（地方検察庁）の職員を指揮監督し（同法第8条、第9条）、区検察庁の上席検察官は、その庁の職員を指揮監督することになっています（同法第10条）。

　また、検事総長、検事長または検事正は、その指揮監督する検察官の事務を自ら引き取って自己の名で事務処理することができますし（事務引取権。同法第12条）、さらに、その指揮監督する他の検察官に、その検察官の名で事務処理させることもできます（事務移転権。同条）。例えば、検事長は、指揮監督する地方検察庁の検察官の事務を、同じく指揮監督下にある高等検察庁の検察官に処理させるような場合がこれにあたります。

　このように、独立の官庁である一人の検察官の事務は、事務引取権や事務移転権によって、別個の官庁である他の検察官に処理させることができ、しかも、この場合、一つの官庁が事務を処理したのと同様の効果が与えられます。その結果、検察官が途中で交代しても、同一人の検察官が事務処理を行ったのと同様の効果が生じ、検察全体が、いつでも一体として活動できることになります。このように、検察官が一体として活動することを「検察官同一体の原則」といいます。

　ところで、法務大臣は、検察官に対し、検察権の行使に関する一般方針を

指示するなどの方法で一般的に指揮監督することはできますが、個々の事件の取調べや処分については、直接個々の検察官を指揮することはできず、検事総長のみを指揮することができるとされています(同法第 14 条)。これは、検察権の行使に対する不当な政治的圧力の介入を排除するためのものですが、検事総長は、法務大臣の指揮に従わなくてもよく、従わなかったからといって、その意に反して検事総長の官職を失うことはないとされています(同法第 25 条)。

12 司法警察職員

(1) **司法警察職員とは**

犯罪の捜査権をもつ捜査機関としては、検察官や検察事務官のほかに司法警察職員があります。

司法警察職員の用語は、刑事訴訟法により犯罪の捜査権を行使する資格を認められる者に対する一般的な名称(総称)として用いられているものです。

司法警察職員としての資格を認められているものには、「警察官」と「特定の行政機関の職員」とがあります。前者を「一般司法警察職員」と呼び、後者を「特別司法警察職員」と呼びますが、これらの者を一括総称して司法警察職員というわけです。

刑事訴訟法第 189 条第 2 項は、「司法警察職員は、犯罪があると思料するときは、犯人及び証拠を捜査するものとする。」と定めていますから、司法警察職員は、一次的な捜査機関としての地位を占めています。

(2) **一般司法警察職員**

一般司法警察職員とは、刑事訴訟法により犯罪の捜査権を行使できる資格を認められた警察官のことで、「司法警察員」と「司法巡査」に分けられます。

司法警察員は、独立した捜査権限をもっていますが、司法巡査は、司

法警察員の指揮を受けてこれを補助する立場にありますから、両者は、刑事訴訟上の権限を異にしています。例えば、逮捕状請求権（緊急逮捕の場合の逮捕状請求権を除く。）や被疑者を検察官に送致する権限などは司法警察員だけに与えられています。

警察官（警察庁長官を除く。）には、警視総監、警視監、警視長、警視正、警視、警部、警部補、巡査部長および巡査の階級（巡査長は職名で階級ではありません）がありますが（警察法第62条）、このうち、どのような階級の者を司法警察員とし、また、司法巡査とするかは、国家公安委員会または都道府県の公安委員会によって定められることになっていますが、国家公安委員会は、原則として、巡査部長以上の階級にある警察官を司法警察員、巡査の階級にある警察官を司法巡査と指定し、各都道府県の公安委員会もこれにならっています。

(3) 特別司法警察職員

特別司法警察職員とは、警察官以外の特定の行政機関の職員で、特定の事項について、刑事訴訟上の捜査権限を行使できる者のことですが（刑訴法第190条）、どのような者が特別司法警察職員であるかは、司法警察職員等指定応急措置法その他の法律で定められています。

現在、特別司法警察職員として指定されている主な例をあげると次のとおりです。

① 皇宮護衛官（司法警察職員等指定応急措置法第3条）
② 労働基準監督官（労働基準法第102条）
③ 船員労務官（船員法第108条）
④ 海上保安官および海上保安官補（海上保安法第31条）
⑤ 麻薬取締官および麻薬取締員（麻薬取締法第54条）
⑥ 鉱務監督官（鉱山保安法第37条）
⑦ 自衛隊の警務官および警務官補（自衛隊法第96条等）

このほか、特別司法警察職員として指定されていませんが、特定事項について犯罪捜査を行うことが認められている機関として、国税庁監察

官と鉄道公安官がありますが、これらの者の行う犯罪の捜査にも刑事訴訟法が適用または準用されます。

なお、消防法の制定時において、当時の消防界では、消防職員への捜査権の付与について努力されたようですが、消防法上、消防職員に捜査権が認められていないのは、消防法違反の捜査については、消防職員に捜査権を与えなければ、捜査上重大な支障をきたすというような特段の事由がないことによるものと思われます。

参考までに、司法警察職員の分類を表にすると**表1**のとおりです。

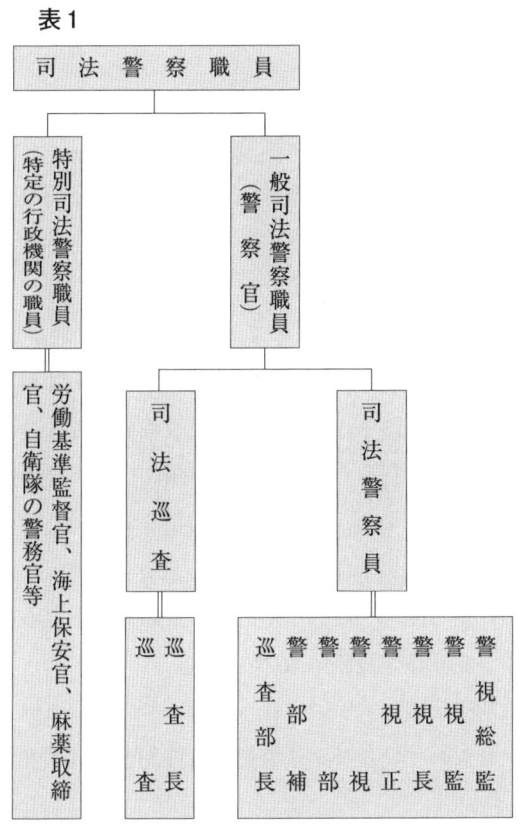

表1

13　検察官と司法警察職員との関係

　旧刑事訴訟法のもとでは、警察官（司法警察官吏）は、検察官の補助機関として、その指揮を受けて犯罪を捜査することができるにすぎませんでしたが、現在では、検察官と司法警察職員とは、それぞれ独立の捜査機関であり、両者の関係は、原則として、協力関係にあります（刑訴法第192条、犯罪捜査規範第45条第1項）。

　しかし、犯罪の捜査は、もともと検察官の公訴の提起（起訴）および公判の維持のために行われるものであり、しかも、公訴の提起は、もっぱら検察官の専管的権限となっています。

　このようなことから、刑事訴訟法は、両者の関係を全く対等のものとはしないで、捜査の適正と公判の維持を図るため、検察官に、一定の範囲で、司法警察職員に対する指示権や指揮権という強力な権限を与えています。

(1)　一般的指示権

　　検察官は、その管轄区域により、司法警察職員に対し、その捜査に関して必要な一般的指示を与えることができます（刑訴法第193条第1項）。この指示は、個々の具体的な事件について、個々の司法警察職員に対してなされるものではなく、司法警察職員一般に対して行われるもので、捜査を適正に行うための必要な事項のほか、公訴を提起するための書類作成に関する事項、事件送致に関する事項、公訴を提起するために必要な証拠の収集保全に関する事項など公訴の遂行を全うするために必要な事項に関して、一般的な準則（命令形式）を定めることによって行われます（犯罪捜査規範第46条）。

　　この一般的指示権に基づいてなされる一般的指示の例としては、検事総長から発せられている「司法警察職員捜査書類基本書式例」などがあります。

(2) **一般的指揮権**

検察官は、その管轄区域により、司法警察職員に対し、捜査の協力を求めるため必要な一般的指揮をすることができます（刑訴法第193条第2項）。この権限は、検察官が現に捜査し、または捜査しようとしている具体的な事件について行われる点で一般的指示権とは異なりますが、個々の司法警察職員に対してなされるものではなく、捜査の協力を求めなければならない司法警察職員一般に対してなされる点で一般的な性質をもっているわけです。

この一般的指揮権は、例えば、検察官が広域にわたる選挙違反事件などを捜査しようとする場合に、各地の警察が捜査方針や計画を調整統一する必要がある場合などに行われるものとされています（犯罪捜査規範第47条）。

(3) **具体的指揮権**

検察官は、自ら犯罪を捜査する場合において必要があるときは、司法警察職員を指揮して捜査の補助をさせることができます（刑訴法第193条第3項）。

この権限は、個々の具体的な事件についてなされる点では一般的指揮権と同じですが、個々の司法警察職員に対してなされる点でこれと異なります。

この具体的指揮権は、検察官が自ら犯罪を捜査する場合に限って行使することができますが（犯罪捜査規範第49条）、この場合、検察官は、自己の管轄区域外の区域の司法警察職員に対しても指揮をすることができます。

なお、犯罪の捜査終結権限は、検察官がその権限を司法警察職員に具体的に委ねた事件は別として、原則として、検察官にあるとされています。

(4) **検察官の指示・指揮に対する司法警察職員の服従義務**

司法警察職員は、検察官から一般的指示権に基づく指示または一般的

指揮権や具体的指揮権に基づく指揮を受けた場合には、これに従わなければなりません（刑訴法第193条第4項）。検察官の指示や指揮が当該司法警察職員の組織法上の上司からの指揮命令あるいは公安委員会の指示と矛盾・抵触する場合であっても、司法警察職員としての捜査活動に関するものである限り、検察官の指示または指揮がこれに優先するとされています。

　もし、司法警察職員が、正当な理由がないのに検察官の指示または指揮に従わない場合で、必要があると認めたときは、検事総長、検事長または検事正は、一般司法警察職員については、国家公安委員会または都道府県の公安委員会に、また、特別司法警察職員については、その者に対して懲戒権または罷免権をもっている機関に対し、当該司法警察職員の懲戒または罷免の訴追をすることができることになっています（同法第194条第1項）。

　訴追を受けた国家公安委員会、都道府県公安委員会あるいは懲戒権または罷免権を有する機関は、訴追に理由があると認めたときは、訴追を受けた者を懲戒し、または罷免しなければなりません（同条第2項）。

　司法警察職員に対する検察官の指示および指揮権が強大であるとされている理由は、この辺にあると思われます。

※　**検察官と都道府県の公安委員会との関係**

　検察官と都道府県の公安委員会は、捜査に関し、互いに協力しなければならないとされています（刑訴法第192条）。両者の関係は、常に対等の協力関係にあり、一方が他方を指示したり、指揮することはありません。

　この点が、検察官と司法警察職員との関係と異なるところです。

14 被疑者・被告人の意義と地位

(1) **被疑者・被告人**

犯罪の嫌疑を受けている者で、まだ起訴されていない者を「被疑者」といい、起訴された者を「被告人」といいますが、両者を含めた用語は、現行法上ありません。

新聞やテレビなどのマスコミが犯罪の疑いのある者について「容疑者」のことばを使っていますが、これはいわば俗称であって、刑事訴訟法上の正しい法令用語ではありません。

なお、刑事事件では、検察官によって起訴された者を「被告人」と呼んでいますが、行政事件を含む民事事件では、訴えられた者を「被告」といい、訴えた者を「原告」と呼んでいます。

しかし、現実には、「被告人」と「被告」の使い分けは必ずしも正確に行われていないようです。

(2) **被疑者の地位**

被告人の地位にくらべ、被疑者の地位は、必ずしも十分に確立されているとはいえないようです。

被疑者は、捜査の段階で捜査機関の取調べを受け（刑訴法第198条第1項）、黙秘権が保障されているものの（同条第2項）、押収・捜索の対象となり（同法第222条第1項）、逮捕・拘留され（同法第199条第1項、第204条第1項）、しかも、一定の条件のもとに国選弁護人制度（同法第37条の2）や弁護人（私選弁護人）の選任権（同法第30条第1項）が認められているとしても、捜査上の必要性から弁護人との接見が制限され（同法第39条第3項）、保釈も認められていません。また、検察官の収集した証拠の閲覧権も認められていません（同法第40条第1項）。

(3) **被告人の地位**

憲法は、被告人の当事者としての地位を保障するために二つの基本的

な権利を定めています。その一つは黙否権であり、その二つは証人尋問権です。

黙否権とは、「何人も、自己に不利益な供述を強要されない。」(憲法第38条第1項)という権利です。この権利は、被告人に限ったものではなく、被疑者や証人の場合にもあてはまりますが、被告人の場合に特に重要な意味をもっています。

そこで刑事訴訟法は、この憲法の規定を受けて、「被告人は、終始沈黙し、又は個々の質問に対し、供述を拒むことができる。」(刑訴法第311条第1項)と規定しています。

また、憲法は、「刑事被告人は、すべての証人に対して審問する機会を充分に与えられ、又、公費で自己のために強制的手段により証人を求める権利を有する。」と規定しています(憲法第37条第2項)。これは、自己に不利益な証人に対する反対尋問権と自己に有益な証人に対する強制的尋問権を定めたものです。この規定は、証人に対する被告人の権利を定めたものですが、刑事訴訟法の個々の規定では、証人以外の証拠に関する被告人の権利、例えば、証拠調請求権などが与えられています。

15 被告人の当事者能力・訴訟能力

刑事訴訟の場合の当事者は、検察官と被告人ですが、訴訟上被告人となり得る資格を「当事者能力」といい、自然人のほか、法人も当事者能力をもっています。刑事訴訟法は、「被告人が死亡し、又は被告人たる法人が存続しなくなったとき」は決定で公訴を棄却しなければならない。と定めていますが(第339条第1項第4号)、このことは自然人や法人に当事者能力があることを示しています。

また、被告人として自ら訴訟行為を行うことができる能力のことを「訴訟能力」といいますが、被告人が自然人である場合は、実質的な被告人の保護や防ぎょは、弁護人によって行われるわけですから、被告人に意思能力があ

りさえすれば訴訟能力があるとされています。刑事訴訟法第314条第1項本文が、「被告人が心神喪失の状態に在るときは、・・・その状態が続いている間公判手続を停止しなければならない。」と定めていることは、被告人に意思能力がある以上、訴訟能力があることを示しています。

　一方、法人の場合は、被告人となり得る当事者能力があるものの自ら訴訟行為をする訴訟能力がありませんから、被告人が法人の場合は、法人の代表取締役などの代表者が法人を代表して訴訟行為を行うものとされています（同法第27条）。

16　弁護人の意義と資格

(1)　弁護人とは

　刑事訴訟は、当事者である検察官と被告人との間で攻撃（犯罪の立証）・防ぎょ（犯罪の否定等）という形で進められていくものですから、法律的知識その他の面で、一般に検察官より劣っている被告人のためにその正当な利益をまもり、権利を主張してくれる制度として弁護人の制度があります。

　憲法が、「刑事被告人は、いかなる場合にも、資格を有する弁護人を依頼することができる。被告人が自らこれを依頼することができないときは、国でこれを附する。」（第37条第3項）と定めているのは、この弁護人制度を指しています。また、憲法が、「何人も、直ちに弁護人に依頼する権利を与えられなければ、抑留又は拘禁されない。」（第34条）と定めていることは、被告人だけでなく、被疑者も身柄を拘束されたときは、弁護人に依頼する権利が与えられていることを示しているものですが、さらに、刑事訴訟法は、「被告人又は被疑者は、何時でも弁護人を選任することができる。」（第30条第1項）と定め、身柄の拘束を受けていない被疑者についても、弁護人に依頼する権利を認めています。

(2) **弁護人の資格**

　弁護人となることができるものは、原則として、弁護士に限られます。

　憲法は、「刑事被告人は、いかなる場合にも、資格を有する弁護人を依頼することができる。」（第37条第3項）と定め、これを受けて刑事訴訟法第31条第1項は、「弁護人は、弁護士の中からこれを選任しなければならない。」と規定しています。

　ただし、弁護士の資格をもっていないものでも例外的に弁護人となることができますが、このような弁護人を特別弁護人といいます。特別弁護人を選任できるのは、地方裁判所、家庭裁判所または簡易裁判所において、当該裁判所の許可を得た場合に限られ、かつ、地方裁判所では、他に弁護士の資格をもった弁護人が選任されている場合に限られます（同条第2項）。

　以上のように、刑事事件の場合、弁護人は、原則として弁護士から選任されますが、ここで、「弁護人」と「弁護士」のことばの違いについて触れておきますと、前者は、弁護活動を行う者に着目したことばであり、後者は、弁護活動を行うことができる資格をもっているものに着目したことばです。

　ところで、弁護士は、「基本的人権を擁護し、社会正義を実現することを使命とし（弁護士法第1条）、当事者その他関係人の依頼又は官公署の委嘱によって、訴訟事件等に関する行為その他一般の法律事務を行うこと」を職務としています（同法第3条第1項）。

　弁護士になるために必要な資格は、裁判官や検察官の場合と同様に、原則として司法試験に合格し、司法修習を終えることによって得られますが（同法第4条）、例外として、検察官特別考試を経た検察官で通算して5年以上の職にあった者などは、司法修習の過程を経なくても弁護士の資格が与えられています（同法第5条）。

　弁護士として活動するためには、このような資格をもっているほか、日本弁護士連合会に登録することが必要です（同法第8条）。

弁護士会は、地方裁判所の管轄区域ごとに設けられ（同法第32条、ただし、東京の場合、東京・第1東京・第2東京の3つの弁護士会があります）、全国の弁護士会によって日本弁護士連合会が設立されています（同法第45条）。

17　弁護人の選任

1　被疑者の弁護人選任権

(1)　選任の根拠

すでに説明したように、刑事訴訟法第30条第1項は、「被告人又は被疑者は、何時でも、弁護人を選任することができる。」と定めていますから、被疑者は、身柄を拘束されている場合（逮捕されている場合など）は勿論、身柄を拘束されていない場合（いわゆる在宅の場合）でも弁護人を選任することができますが、特に逮捕された場合には、必ず捜査官の方から弁護人を選任することができる旨を告げられることになっています（同法第203条第1項等）。

(2)　選任の制限

被疑者の弁護人は、弁護士の資格をもっている者に限られ（刑訴法第31条第1項）、しかも、検察官または裁判所から特に許可された場合を除き3人以内に制限されています（同法第35条、刑訴規則第27条）。

なお、被疑者の弁護人にも一定の条件のもとに国選弁護人の制度が認められています（刑訴法第37条の2第1項）。

(3)　選任権者

被疑者の弁護人を選任できるのは、被疑者自身のほか、被疑者の法定代理人（例えば、未成年の被疑者の両親）、配偶者（被疑者の夫または妻）、直系の親族（被疑者の両親または子など）、兄弟姉妹などで、これらの者は、被疑者自身の意思に関係なく、被疑者に代わって弁護人を選任することができるのです（同法第30条第2項）。

(4) 選任の手続

　被疑者の弁護人を選任するには、弁護人選任届に弁護人を選任した者（被疑者自身またはその配偶者など）と弁護人をならべて署名押印し（連署し）、これを捜査官である検察官や司法警察職員に差し出さなければなりません（刑訴規則第17条、犯罪捜査規範第133条）。

　この弁護人選任届は、検察官が被疑者を起訴する際に起訴状とともに裁判所に提出され、これによって、被疑者の弁護人は第一審の公判においても、そのまま被告人の弁護人として選任されたことになります（刑訴法第32条第1項、刑訴規則第17条）。

2　被告人の弁護人選任権

(1) **選任の根拠**

　被告人の場合も、被疑者の場合と同様に、刑事訴訟法第30条第1項に基づいて弁護人を選任することができます。

(2) **選任の制限**

　被告人の弁護人も、原則として弁護士の資格のあるものから選任されますが（刑訴法第31条第1項）、簡易裁判所、家庭裁判所または地方裁判所では、当該裁判所の許可を得たときは、弁護士でない者を選任することができます。ただし、地方裁判所の場合は、弁護士の中から選任された弁護人がいる場合に限られます（同条第2項）。

　被告人が選任できる弁護人の数は、原則として制限がなく、特別の事情がある場合に限り、裁判所が、例外的に各被告人につき、3人にまで制限することが認められているにすぎません（刑訴法第35条、刑訴規則第26条第1項）。

　被告人に数人の弁護人が選任されている場合には、そのうちの1人が主任弁護人に選任され（刑訴法第33条、刑訴規則第19条）、弁護団を代表して訴訟上の通知を受けたり、書類を受けとったりするほか、法廷内では、他の弁護人の質問、尋問または陳述等について同意権が与えられています（刑訴法第34条、刑訴規則第25条）。

(3) 選任権者

　被告人の弁護人を選任できる者は、被疑者の弁護人を選任する場合と同様です（刑訴法第30条）。

(4) 選任の手続

　被告人の弁護人を選任するには、弁護人選任届に選任者と弁護人を連署したものを裁判所に提出しなければなりません（刑訴規則第18条）。

　なお、被疑者の段階ですでに弁護人選任届が捜査官に差し出され、それが起訴状とともに裁判所に提出されている場合は、被告人の弁護人が選任されているものと取り扱われ、あらためて弁護人選任届を提出する必要がありません。

18　国選弁護人の選任条件と報酬等

　憲法第37条第3項後段は、刑事被告人の弁護人の選任について、「被告人が自らこれを依頼することができないときは、国でこれを附する。」と規定していますが、この規定を受けて刑事訴訟法は、被告人について、国選弁護人制度を定め（第36条等）、さらに一定に条件のもとに被疑者にもこの制度を認めています（第37条の2）。

1　国選弁護人の選任要件

(1) 被告人の国選弁護人

　被告人の国選弁護人は、次の三つの要件のいずれかに該当する場合に、弁護士の中から選任されます。

　ア　被告人の請求による場合（刑訴法第36条）

　　　被告人が貧困その他の事由により弁護人を選任することができない場合で、被告人から請求があったときは、裁判所は、被告人のために国選弁護人をつけなければならないことになっています。ただし、被告人以外の者が弁護人を選任している場合は除外されます。

イ　裁判所の職権による場合（刑訴法第37条、第290条）。

　被告人が、①未成年者であるとき、②年令70年以上の者であるとき、③耳の聞こえない者または口のきけない者であるとき、④心神喪失者または心神耗弱者である疑いがあるとき、⑤その他必要と認めるときで、弁護人が選任されていないときまたは弁護人が選任されていても、たまたま公判期日に出頭しなかったときには、裁判所は、当事者からの請求をまたずに職権で国選弁護人をつけることができることになっています。

ウ　必要的弁護事件の場合（刑訴法第289条）。

　死刑、無期懲役・禁錮または長期3年を超える懲役・禁錮にあたる事件を審理する場合には、弁護人がいなければ公判を開くことができないことになっていますから（刑訴法第289条第1項）、このような事件において、たまたま弁護人が公判期日に出頭しなかったとき、または弁護人が選任されていなかったときは、被告人からの請求をまつまでもなく、裁判長が職権で国選弁護人をつけなければならないことになっています（同条第2項）。

(2)　**被疑者の国選弁護人**

　被疑者の請求による国選弁護人の選任は、平成16年の刑事訴訟法の改正（法62号）により、①死刑、無期懲役・禁錮または短期1年以上の懲役・禁錮にあたる事件について、②被疑者に対して勾留状が発せられており、③貧困その他の事由で弁護人を選任することができないときに認められます（刑訴法第37条の2）。なお、①の対象事件の範囲は、改正法の公布後、5年以内に、「死刑、無期懲役・禁錮または長期3年を超える懲役・禁錮にあたる事件」に変更されることになっています。

2　国選弁護人の報酬等

　国選弁護人に対する旅費、日当、宿泊料および報酬は、国が支払うことになっています（刑訴法第38条第2項、刑事訴訟費用法第7条）が、被告人が有罪になると、国が支払った金額は、被告人の訴訟費用という

ことで被告人が負担することになります（刑訴法第181条第1項本文）。ただし、被告人が貧困のため訴訟費用を納付することができないことが明らかであるときは、その全部または一部について免除を受ける途も開かれています（同法第181条第1項ただし書、第500条）。

19　弁護人の権限

　弁護人の任務は、被告人の正当な権利や利益をまもることです。つまり、被告人や被疑者の人権が侵されることがないかを監視するとともに、裁判官や検察官が見逃しがちな被告人に有利な事実などに光をあて、被告人を有罪とするに足るだけの証拠が提出されているかどうかを十分に吟味することです。このような弁護人の任務を達成することを可能にするために、弁護人には次のような権限が与えられています。

1　代理権

　代理権というのは、被疑者や被告人がすることができるすべての訴訟行為について、包括的に代理する権限のことです。代理権の中には、被疑者や被告人の明確な意思に反しても許されるものとして、保釈の請求権（刑訴法第88条）、証拠調べの請求（同法オ298条）、異議申立て（同法第309条）などがあり、また、被疑者や被告人の明確な意思に反して行うことは許されないが、特段にはっきりした意思が示されない場合に許されるものとして、忌避の申立て（同法第21条第2項）や上訴（控訴、上告）の申立て（同法第355条、第356条）などがあります。

2　固有権

　固有権というのは、法律上特に認められているもので、被疑者や被告人の代理として行うものではない訴訟行為をする権限のことです。

　固有権としては、被疑者や被告人と重複してもっている権限として、証人に対する尋問権（刑訴法第304条第2項）や第一審における弁論権（同法第293条第2項）などがあり、また、弁護人だけがもっている権限とし

て、訴訟書類や証拠物の閲覧・謄写権（同法第40条）、身柄の拘束を受けている被疑者や被告人に対する接見交通権（同法第39条）、上訴審（控訴審、上告審）における弁論権（同法第388条、第414条）などがあります。

第 2 部

捜　査

第2部　捜　査

〔1〕捜査の意義と方法

1　捜査とは

　捜査とは、司法警察職員、検察官または検察事務官などの捜査機関が、犯罪があると認めたときに、公訴の提起（起訴）または遂行（維持）のために、犯人および証拠を発見したり収集する手続のことです。

　捜査は、犯罪の嫌疑の有無が客観的に明らかになり、起訴または不起訴の処分を行うことができる段階で終了します。

　したがって、捜査は、犯人を起訴する以前に行われるのが原則ですが、公訴を維持するために特に必要があると認めたときは、起訴後に行うこともあります。

2　捜査の方法

　刑事訴訟法は、捜査の方法について、「捜査については、その目的を達するため必要な取調をすることができる。但し、強制の処分は、この法律に特別の定めのある場合でなければこれをすることができない。」（第197条第1項）と定めています。「強制処分」とは、被疑者の逮捕や勾留などのように相手方の意思に関係なく強制的に行われる処分のことですが、いわゆる強制捜査と呼ばれているものは、その代表的な例です。

　強制処分は、これを受ける者の人権に重大な影響を与えるものですから、刑事訴訟法に特別の規定がある場合に限って、その規定の定めるところに従ってのみ行うことができるのです。そして、このような強制処分を行うには、現行犯逮捕などの場合を除き、原則として、あらかじめ裁判官の許可を受けることが必要です。

これに対し、処分を受ける者の同意や承諾を得て行われる捜査を任意捜査といいます。この場合には、その方法・手段には特段の制約がありません。任意同行を求めることなどはその代表的な例です。
　いずれにしても、犯罪の捜査は、原則として、任意捜査の方法で行われるものであり、強制捜査は、必要のある場合に限り、刑事訴訟法の定めるところに従って行うことになります。犯罪捜査規範第99条も「捜査は、なるべく任意捜査の方法によって行わなければならない。」と定めています。

〔2〕捜査の端緒(たんちょ)(きっかけ)

　捜査の端緒とは、犯罪の発生を探知するきっかけとなるいとぐちのことです。

　刑事訴訟法は、犯罪の端緒として、現行犯人、変死体の検視、告訴、告発、請求および自首を規定しているにすぎませんが、捜査の端緒はこれに限定される趣旨ではなく、警察官への通報、警察官の職務質問、被害者の申告(届出)、投書、密告、新聞、雑誌、テレビ・ラジオによる報道、風評なども捜査の端緒となります。

1 現行犯人

　現行犯人とは、現に犯罪を行い、または犯罪を行い終った者のことです(刑訴法第212条第1項)、つまり、犯罪行為を継続中の者または犯罪行為を終った直後の者をいいます。

　なお、犯罪行為を行い終ってから間がないと認められた者が、次のいずれかに該当するときは、現行犯人とみなされますが(同条第2項)、このような犯人を「準現行犯人」といいます。

① 犯人として追呼されているとき
② 贓物(犯罪行為によって不法に得た財物)または明らかに犯罪の用に供した(犯罪に使用した)と思われる兇器その他の物を所持しているとき
③ 身体または被服に犯罪の顕著な証跡があるとき
④ 誰何(すいか)(誰かと呼びとめられること)されて逃走しようとしたとき

2　変死体の検視

　変死者または変死の疑いのある死体があるときは、その所在地を管轄する地方検察庁または区検察庁の検察官は、検視をしなければならない。(刑訴法第229条第1項) と定められ、また、検察官は、検察事務官または司法警察員に検視させることができることになっています（同条第2項)。

　「変死」とは、老衰死または病死などの自然死に該当しない事故死のうち、犯罪による死亡ではないかと疑いのあるものをいいます。「変死の疑いのある死体」とは、自然死か事故死か不明の場合で、事故死の疑いがあり、かつ、犯罪によるものかどうかが不明のものをいいます。「検視」とは、変死者または変死の疑いのある死体について、その死亡の原因が犯罪に起因するものかどうかを確かめるために、死体の状況を見分することです。

3　告　訴

1　告訴とは

　告訴とは、犯罪の被害者などが検察官または司法警察員などの捜査機関に対して犯罪の事実を申告し、犯人の処罰を求める意思表示のことです（最高裁昭和22年11月24日判決、同昭和26年7月12日判決)。したがって、被害届を提出しただけでは、犯人の処罰を求める意思が表示されていませんから告訴とはいえません。また、犯罪事実を示されていないものも同様です。

　なお、名誉毀損罪などのような親告罪(注1)については、告訴が捜査の端緒となるとともに、検察官が公訴を提起（起訴）することができるための前提条件となっています。このような条件を訴訟条件といい、親告罪については、告訴がないのに起訴しても、裁判所によって公訴が棄却されます。

2　告訴権者（告訴ができる者）

(1)　被害者

　告訴権者の代表的なものは被害者ですが、「被害者」とは、犯罪行為によって直接被害を受けた者のことです。

　被害者であれば、自然人に限らず、国のほか、都道府県、市町村などの公共団体や会社などの私法人も告訴することができます。この場合には、その代表者、例えば、都道府県知事、市町村長または代表取締役などが告訴権者となります。ただし、国や公共団体では、器物損壊罪などの場合、関係法令等によりその財産について管理権をもっている職員も告訴権者となります（最高裁昭和33年7月10日決定）。

(2)　被害者の法定代理人

　被害者が未成年の場合には、その両親、養親などの親権者（民法第818条）や未成年後見人(注3)（民法第839条、第841条）が、また、被害者が精神病者などの成年被後見人(注4)（従前の禁治産者）の場合には、成年後見人(注5)（民法第8条、第843条）がそれぞれ法定代理人として未成年者や成年被後見人の意思に関係なく（独立して）告訴をすることができます（刑訴法第231条第1項）。

　このように、被害者が未成年者である場合には、その法定代理人が独立して告訴をすることができますが、未成年者である被害者が、告訴の意味を理解する能力をもっている限り、自ら告訴することができるものと解されています（最高裁昭和32年9月26日決定）。しかし、未成年者本人は、その法定代理人の行った告訴を取り消すことはできません。

　なお、被害者の法定代理人が、①被疑者であるとき、②被疑者の配偶者であるとき、③被疑者の4親等内の血族（いとこまでの血族）または3親等内の姻族（おじ、おばまでの姻族）であるときは、被害者の親族であれば誰でも、法定代理人と同様に、被害者の意思に関係なく、独立して告訴することができます（同法第232条）。この場合の法定代理人は、自分自身が被疑者であったり、被害者の身内であることから、被害者の

ために告訴が行われることは、通常期待できないからです。
(3) 被害者が死亡した場合の告訴権者

被害者が、被害にあったのち、告訴をしないうちに死亡してしまった場合は、生前に被害者が特に告訴しないようにという意思を表示していない限り、死亡した被害者の配偶者、直系の親族または兄弟姉妹が告訴をすることができます（刑訴法第231条第2項）。

ただし、この場合、被害者に対する罪が名誉毀損罪の場合には、告訴権者の範囲は、被害者の親族または子孫まで拡大されます（同法第233条第1項）。

また、死者の名誉が毀損された場合、つまり名誉が毀損される前に死亡した場合にも、死者の親族または子孫が告訴をすることができます（同条第2項）。

3 告訴の手続

(1) 告訴の形式

告訴は、捜査機関である検察官または司法警察員に対し、口頭で申し出るか、書面（告訴状）を提出するかのいずれかの方法で行わなければなりませんが、口頭で申し出た場合は、検察官または司法警察員は、これを調書にとらなければなりません（犯罪捜査規範第64条第1項）。このような調書を告訴調書といいます。

なお、電話による告訴は、告訴としての効力がないとされています（東京高裁昭和35年2月11日判決）。

(2) 告訴のあて先

告訴は、検察官か司法警察員のいずれかにしなければなりません。したがって、検察事務官や司法巡査には告訴を受理する権限がありません。しかし、告訴を受け付けることはできます。そして、この場合は、直ちに検察官や司法警察員に取り次がなければならないことになっています（犯罪捜査規範第63条第2項）。

(3) 告訴の代理

告訴は、代理人によっても行うことができます（刑訴法第 240 条）。

代理人は、必ずしも弁護士である必要がありませんが、代理人から告訴を受ける場合には、実務上、委任状の提出を求めることになっています（犯罪捜査規範第 66 条第 1 項・第 3 項）。

4　告訴の効力

親告罪については、一個の犯罪の一部について告訴またはその取消しがあった場合には、犯罪事実の全部について効力が生じ（客観的不可分の原則）、また、共犯の 1 人または数人に対して行った告訴またはその取消しは、他の共犯者に対しても効力が生じます（主観的不可分の原則）。

告訴不可分の原則が認められるのは、告訴は、犯罪事実について犯人の処罰を求めるものであって、特定の犯人を対象とするものではないという考え方に基づくものです。現行法は、主観的不可分の原則についてのみ明文の規定を設けています。（刑訴法第 238 条第 1 項）、客観的不可分の原則については、明文の規定を置いていません。したがって、客観的不可分の原則は、理論上の考え方とされています。

(1) 客観的不可分の原則

例えば、被害者が、時計 1 個の窃盗（せっとう）の事実について、非同居の親族を告訴した場合、告訴された親族が、さらに被害者（告訴人）のカメラ 1 台をも窃取（せっしゅ）していたことが判明した場合には、カメラの窃取についても告訴がなされたことになります。

また、共有者の 1 人が、共有物に関する犯罪（例えば、共有物を破壊させた器物損壊罪など）について告訴した場合、被害を受けた共有物について、その告訴人がどれほどの持分をもっているとしても、共有物全体に対する犯罪について告訴がなされたことになります（最高裁昭和 35 年 12 月 22 日決定）。

(2) 主観的不可分の原則

すでに説明したように、告訴は、犯罪事実について、その犯人の処罰

を求めるもので、特定の者を犯人として名指す必要はありません。したがって、犯人を名指したものの、それが間違っていたとしても、その告訴は、真犯人に対してなされたことになります。

　また、親告罪について共犯者がいる場合、そのうちの一人に対して行った告訴は、共犯者全員に対してなされたことになります（刑訴法第238条第1項）。

　なお、親族相盗罪（刑法第244条第1項、親族が被害者となる窃盗罪）については、犯罪者が直系血族、配偶者または同居の親族である場合は刑が免除され、非同居の親族が犯罪を犯した場合は、親告罪となります（同条第2項）。この場合のように、被害者と一定の身分関係にある犯人だけが親告罪とされている場合に、このような身分関係にある犯人と身分関係のない犯人が共犯であるときは、身分関係のない犯人だけを告訴しても、その告訴は、身分関係のある犯人（非同居の親族）を告訴したことにはなりません（同条第3項）。

5　告訴の取消し

　告訴は、一たん有効に行われた場合には、その後告訴人が死亡したり、告訴権を失ったとしても（離婚により親権者でなくなった場合など）告訴の効力は消滅することはありません。しかし、告訴人は、検察官が公訴を提起するまでは、いつでも取り消すことができます（刑訴法第237条第1項）。

　親告罪の場合は、告訴の取消しがあると、最初から告訴がなかったものと取り扱われ、訴訟条件が欠けることになります。

　したがって、検察官は、公訴を提起することができなくなります。

　告訴を一たん取り消した場合は、その後あらためて告訴をすること（再告訴）はできません（同条第2項）。

　なお、告訴の取消しの手続や効力は、告訴の代理の場合と同様です。

6　親告罪の告訴期間

　告訴は、一般に公訴の時効（刑訴法第250条。死刑―25年、無期の懲役・

禁錮—15年、長期15年以上の懲役・禁錮—10年、長期15年未満の懲役・禁錮—7年、長期10年未満の懲役・禁錮—5年、長期5年未満の懲役・禁錮—3年、拘留・科料—1年）にかかるまでは、いつでも行うことができます。

しかし、親告罪については、告訴権者が犯人を知ってから6か月が経過すると告訴することができなくなります（刑訴法第235条第1項）。「犯人を知った日」とは、犯人が誰であるかを知ることをいい、犯人の住所、氏名などの詳細を知る必要はないけれども、少なくとも犯人が誰であるかを特定できる程度に認識することが必要であると解されています（最高裁昭和39年11月10日決定）。

ある犯罪の共犯の場合には、そのうちの1人を特定できれば犯人を知ったことになります。

7　告訴事案の処理

司法警察員が告訴を受理したときは、親告罪であるかどうかに関係なく、すみやかにこれに関する書類および証拠物を検察官に送付しなければなりません（刑訴法第242条）。

検察官は、起訴、不起訴、起訴の取消しまたは他の検察庁への移送などの処分をしたときは、すみやかにそのことを告訴人に知らせなければなりません（同法第260条）。

また、検察官が告訴事案につき、不起訴処分をした場合で、告訴人から請求があったときは、すみやかに告訴人にその理由を告げなければならないことになっています（同法第261条）。

（注1）　**親告罪**　親告罪とは、被害者等の告訴権者からの告訴があった場合にのみ検察官が起訴することができる犯罪のことで、次のようなものがあります。

① 信書開封罪、秘密漏示罪（刑法第133条、第134条・第135条）

② 強制わいせつ罪、準強制わいせつ・準強姦罪、強姦罪（刑法第176条、第178条、第177条・第180条）

③　過失傷害罪（刑法第209条）
④　略取誘拐罪（刑法第224条、第225条・第229条）等
⑤　名誉毀損罪、侮辱罪（刑法第230条、第231条・第232条）
⑥　親族相盗罪（刑法第244条第2項）
⑦　親族間の詐欺・背任・恐喝罪（刑法第251条）
⑧　親族間の横領罪（刑法第255条）
⑨　私用文書等毀棄罪、器物損壊罪、信書隠匿罪（刑法第259条、第261条、第263条・第264条）

（注2）　**親権者**　親権者とは、未成年の子を一人前の社会人となるまで養育するため子を監護教育し、子の財産を管理する権利義務をもっている者のことで、通常子の両親が親権者となります。

（注3）　**未成年後見人**　未成年後見人とは、未成年者に親権者がいないときに親権者に代わって身上監護と財産管理を行い、また、親権者がいても財産管理権をもっていないときに未成年者の財産管理を行う者のことです。

（注4）　**成年被後見人**　成年被後見人とは、精神上の障害により、通常、物事の是非善悪を判断する能力を欠いている状況にあるもので、家庭裁判所の審判により成年後見人を付されている者のことです。

（注5）　**成年後見人**　成年後見人とは、成年被後見人の療養看護と財産の管理を行う者のことで、成年被後見人に配偶者がいる場合はその配偶者が当然に後見人（法定後見人）となり、配偶者がいない場合は、家庭裁判所の審判によって選任されます（選定後見人）。

4　告　発

消防機関にもっともかかわりの深い捜査の端緒として告発があります。

1　告発とは

告発というのは、犯人または告訴権者（被害者またはその法定代理人、

例えば、被害者が未成年者である場合の父母等または被害者の配偶者、直系親族、兄弟姉妹等刑訴法第230条～第234条）以外の第三者が、捜査機関である検察官、検察事務官または司法警察員に対して犯罪事実を申告し、犯人の処罰を求める意思表示のことです（最高裁昭和34年3月12日決定、同昭和36年12月26日決定）。

告発は、捜査機関に対して犯罪事実を申告し、犯人の処罰を求める意思表示である点では、告訴と似ていますが、告訴の場合と異なり、犯人や告訴権者以外の者であれば誰でも行うことができる点に特徴があります（刑訴法第239条第1項）。

告発の内容を分説すると、次のとおりです。

① 告発は、犯人の処罰を求める意思表示ですから、そのような意思が表示されていない、単なる犯罪事実の申告や上申書の提出等があっても告発とは認められません。

② 告発は、犯罪事実を申告することが重要な要素となっていますから、犯罪事実を示していない告発は無効とされています（広島高裁昭和26年1月22日判決、同昭和27年7月7日判決）。

③ 刑事訴訟法に基づく告発については、犯罪事実が特定されていれば、必ずしも犯人が特定されている必要がありません。したがって、告発人が指定した犯人が真犯人と違っていたとしても、告発の効力には影響がないとされています。

④ 告発には、実在の告発人の表示が必要ですが、匿名の投書、密告などは捜査の端緒となり得るとしても、犯人または告訴権者以外の第三者が作成したものであるかどうかを確知することができませんから、告発とはいえないとされています。

2　告発の法的性質

告発は、告訴の場合と同様に、一般には捜査の端緒となるにすぎません。消防機関の行う消防法令違反の告発も、この告発の一般的性質により捜査機関の捜査の端緒となるだけです。

しかし、特定の犯罪の告発については、親告罪の告訴と同様に訴訟条件（検察官が有効に起訴することができるための前提条件）となっているものもあります。この場合には、有効な告発がない限り、検察官はその被疑者について起訴することができないことになります。

　訴訟条件となっている告発の主な例のうち、法律上明文の規定のあるものとして、私的独占の禁止及び公正取引の確保に関する法律（独占禁止法）第89条違反に対する同法第96条第1項の公正取引委員会の告発等、解釈上訴訟条件と解されるものとして、国税反則取締法第13条、第14条または第17条違反についての国税局長または税務署長等の告発（最高裁昭和28年9月24日判決）、議院における証人の宣誓及び証言等に関する法律第6条第1項の偽証罪についての議院または委員会の告発（最高裁昭和24年6月1日判決）などがあります。

3　告発の効果

　告発は、訴訟条件となっていない場合であっても、法律上種々の効果が認められています。すなわち、告発を受理した者が、告発された事件の捜査や訴追を怠ることがあれば告発の実益が失われるため、告発人の権利を保護する見地から次のような効果が認められているのです。

(1)　司法警察員の送付義務

　　司法警察員は、告発を受けたときは、速やかにこれに関する書類および証拠物を検察官に送付しなければなりません（刑訴法第242条）。

①　司法警察員は告発があったときは、捜査の終結を待たずに送付しなければなりません。

②　司法警察員は、告発を受けた事件を微罪処分とすることができません。

③　司法警察員は、告発を受けた事件が罪とならず、あるいは犯罪の嫌疑がないと認められた場合であっても、送付しなければなりません。

(2) 検察官の処分結果の通知義務

　検察官は、起訴または不起訴の処分を決定したときは、速やかにその旨を告発人に通知しなければなりません（刑訴法第260条）。

(3) 検察官の不起訴処分の理由告知義務

　検察官は、不起訴処分をした場合で、告発人の請求があるときは、速やかにその理由を告げなければなりません（同法第261条）。

　なお、訴訟条件となっている公正取引委員会の告発事件について検察官が不起訴処分をしたときは、検事総長は、法務大臣を経由して、その旨および理由を、文書をもって内閣総理大臣に報告しなければならないことになっています（独禁法第73条第2項）。

　また、検察官の不起訴処分に対して不服のある告発人は、検察審査会に不起訴処分の当否について審査を求めたり（検審法第30条）、上級検察庁の長に対して不服申立てをし、あるいは準起訴手続(注1)の請求をし（刑訴法第262条以下）、その是正を求める手段が保障されています。

4　告発権者

　訴訟条件となっていない一般の告発については、犯人および被害者等の告訴権者以外の者は、意思能力のある限り何人でも告発をすることができます。

　したがって、訴訟条件となっていない消防法令違反の告発については、法律上、消防長または消防署長等の行政庁だけでなく、補助機関である消防職員でも行うことができます。

　しかし、行政組織上の運用としては、内部規程の定めるところにより、消防長または消防署長等の行政庁を告発権者としているのが通例です。

　なお、訴訟条件とされている告発については、告発権者が法定されています。例えば、私的独占の禁止及び公正取引の確保に関する法律第96条第1項に基づく告発の場合、告発権者は公正取引委員会であり、議院における証人の宣誓及び証言等に関する法律第8条に基づく告発の場合は、各議院または委員会等が告発権者となります。

5　告発義務

　一般人の告発は、権利であって義務ではありませんから、告発するかどうかは当人の自由ですが（刑訴法第239条第1項）、公務員の告発については、「官吏又は公吏は、その職務を行うことにより犯罪があると思料するときは、告発をしなければならない。」と定めています（同条第2項）。この規定は、一見義務規定のようにみえますが、公務員の裁量を否定し、公務員が職務上発見した犯罪のすべてについて、必ず告発をしなければならないという羈束的な義務を定めたものではなく、当該違反の危険性重大性、違反に起因して発生した災害の状況、違反の社会性（社会的影響性）、悪質性等の諸事情を考慮し、処罰を求めるのが相当であると認めた場合には、告発をしなければならないという限定的な義務規定であると解されています。

　この考え方は、後述の検察官の「起訴便宜主義」と符合するもので、合理性があり、違反の内容に処罰に値いするものが存在すること（可罰性の存在）が告発の前提なのです。

　消防機関が、通常、可罰性の高い消防法令違反を告発の対象としているのは、このような趣旨に基くものです。

　犯罪の内容は千差万別で、犯罪が成立したからといって起訴されるわけではありません。

　起訴してもらえるためには、告発事案に処罰に値いする内容（可罰性）が存在していることが必要なのです。

　筆者は、東京消防庁に在職中、数多くの告発事案を取り扱いましたが、その殆んどが受理され、東京地方検察庁の検事さんから、消防の方は、違反の内容をよく吟味して告発してくれるので助かりますというお賞めの言葉をいただいたことが懐しく思い出されます。

　このことは、いうまでもなく告発事案の可罰性の問題なのです。

　公務員が告発義務を負うのは、当該公務員が職務を行うことにより、その職務に関係のある違反行為を発見した場合に限定されます。したがって、

職務に関係のない違反行為を発見した場合には、当該犯罪について告発する義務はないことになります。

また、公訴時効の完成した犯罪については、告発しても無意味ですから、告発の義務はありません。

6　告発期間

告発は、親告罪の告訴の場合のような期間の制限がありませんから、犯罪事実の公訴の時効が完成するまでは、いつでも告発することができます。このことは、訴訟条件となっている告発の場合も同様です。

7　公訴の時効と起算点

公訴の時効およびその起算点は、次のとおりです。

(1)　**公訴の時効**

公訴の時効とは、犯罪が成立、終了してから一定の期間が経過すると検察官が公訴を提起することができなくなることをいいます。

消防法令違反の公訴の時効は、次のとおりです。

①　長期10年未満の懲役または禁錮にあたる罪については5年（刑訴法第250条第5号）

例えば、消防法第38条および第39条に定める消防用施設の損壊等の罪、同法第39条の2第2項および第39条の3第2項に定める製造所等からの危険物の流出等による死傷の罪がこれに該当します。

②　長期5年未満の懲役もしくは禁錮または罰金にあたる罪については3年（同条第6号）。

前掲例示の消防法令違反以外は、すべてこれに該当します。

(2)　**公訴時効の起算点**

公訴時効の起算点は、犯罪行為が終了したときから進行しますが（刑訴法第253条第1項）、消防法令違反の公訴時効の起算点は、次のとおりです。

①　製造所等における危険物のもれ、あふれ等（法第10条第3項、危政令第24条第8号、法第43条第1項第1号）、無資格者による

危険物の取扱い（法第13条第3項、法第42条第1項第7号）、製造所等からの危険物の流出等の罪（法第39条の2、法第39条の3）などのように即時犯(注2)の性質を有する違反行為については、違反が成立すると同時に終了し、その時点から時効が進行します。

② 消防法第5条第1項の防火対象物の改修等の命令違反（法第39条の3の2第1項）、同法第17条の4第1項の消防用設備等の設置命令違反（法第41条第1項第5号）などの作為命令違反については、命令事項が履行されないまま履行期限を経過したときに、命令違反としての犯罪が成立すると同時に終了し、その時点から時効が進行します。また、消防法第5条の2第1項の防火対象物の使用禁止・停止等の命令違反（法第39条の2の2第1項）や消防法第12条の2第1項の製造所等の使用停止命令違反（法第42条第1項第4号）などの不作為命令違反については、使用の禁止や停止等の命令に違反して使用を開始したときに、命令違反としての犯罪が成立すると同時に終了し、その時点から時効が進行します。

③ 防火管理者の選・解任届義務違反（法第8条第2項、法第44条第8号）、危険物の無許可貯蔵（法第10条第1項、法第41条第1項第3号）、危険物の許可品名外の貯蔵（法第10条第3項、危政令第24条第1号、法第43条第1項第1号）などの継続犯(注3)の性質を有するものについては、犯罪として成立しても違反状態が存続する限り終了することがありませんから、時効は進行しません。したがって、このような違反の場合は、違反行為をやめた時点あるいは違反状態が是正された時点で犯罪が終了し、その時点から時効が進行することになります。

8 告発の方法

告発の方法については、法律上特段の定めがなく、書面でも口頭でもよいとされています（刑訴法第241条第1項）。しかし、行政機関が告発を行う場合には、運用上、原則として書面（告発書あるいは告発状）によっ

て行うべきであり、口頭による告発は、緊急を要する場合に限って例外として行うべきものとされています。

口頭による告発というのは、告発権者が、捜査機関の面前で、直接、犯人、犯罪事実、処罰を求める趣旨等について陳述することです。したがって、電話による告発は、直接、捜査機関と面接していない点で、口頭による告発とは認められません。なお、捜査機関が口頭による告発を受けた場合は、当該告発者から調書を作成することになっています（同法第241条第2項）。

書面による告発を原則とするのは、行政機関がその所管する法令違反について告発する以上、その権限において可能な限りの調査や資料の収集等を行い、書面をもって処罰を求めるのが当然であるという考え方のほか、書面による告発のメリットとしては、①犯罪事実等について、その内容を捜査機関に明確に示すことができること、②検察官の調書作成に伴う職員の出頭や陳述などの煩雑さを避けることができることなどがあげられます。

告発書の形式（様式）についても、法律上特別の定めがなく、基本的には、告発権者が捜査機関に対し、犯人および犯罪事実を特定し、犯人の処罰を求める趣旨が明らかにされていれば足りるとされています。しかし、公務員の行う告発の形式については、実務上一般に次頁に掲げたような様式が用いられています。

```
                        ○○第○○号
                        年月日
  ○○地方検察庁
  検事正○○○○殿        ○○市消防本部
 ⎛○○県警察本部⎞       消防長○○○○ 印
 ⎝○○警察署長 殿⎠      ⎛○○市消防本部       ⎞
                        ⎝○○消防署長○○○○ 印⎠

            告  発  書

        下記の犯罪があると思料するので刑事訴訟法第239
        条第2項により、関係資料を添えて告発します。

                    記

        1 被告発人
        2 罪名及び適用法条
        3 犯罪の事実
        4 証拠となるべき資料
        5 参考事項
        6 犯罪の情状
        7 意見

        ※ 「犯罪の情状」と「意見」をまとめて、「情状等に関
          する意見」として記載する方法もあります。
```

9 告発の代理

　告訴とその取消しの代理については、法律上明文の規定がありますが（刑訴法第240条）、告発とその取消しについては、これを準用する規定がないことから、告発とその取消しについては代理を認めない趣旨であると解されています（通説）。

　一般人の告発は、犯人および被害者以外の者であれば、その資格に制限がなく、誰でも行うことができることから、あえて代理を認める必要がなく、また、公務員による告発についても、訴訟条件となっている告発の場合を除き、告発権者が法定されているわけではありませんから、その性質上代理を認める実質的な理由が乏しいとされています。

10 告発の取消し

　告発の取消しというのは、告発の撤回のことですが、公訴提起前の告発の取消しが可能であることは法律上明らかです（刑訴法第238条第2項、第243条）。

　しかし、実際問題として、行政機関が、処罰に値するものとして一たん告発した以上、これを取り消すというようなことは、犯罪事実の認定に重大な誤りがあった場合などのように、告発者側に重大な瑕疵があった場合以外には通常考えられないことです。

　告発の取消権者は、告発を行った者ですが、取消しの方法は、告発を行う場合と同様、書面でも口頭でもよいことになっています（刑訴法第243条、第241条第1項）。しかし、行政機関が告発の取消しを行う場合は、書面をもって行うのが通例です。

　告発の取消しを書面で行う場合の様式については、法律上特別の規定はありませんが、告発を取消す趣旨が明確に示されていれば足りるとされています。

11 消防法令違反と責任条件

　消防法令違反と責任条件というのは、消防法令違反を告発する場合、過失によって行われた違反も処罰の対象となるのかどうかという問題です。

　消防法令をはじめ、刑罰を設けた行政法規の場合、当該行政法規に特別の規定が設けられていない限り、刑法第8条の規定により、原則として刑法総則の適用を受けることになりますが、刑法総則の中に定められた第38条第1項は、「罪を犯す意思がない行為は、罰しない。ただし、法律に特別の規定がある場合は、この限りでない。」と規定し、故意犯処罰の原則を明らかにしています。

　ここで、「特別の規定がある場合」というのは、過失を処罰する旨の明文の規定がある場合を意味することは当然ですが、判例によれば、このような場合に限らず、事柄の本質に鑑み、過失を処罰する趣旨が明らかであると認められる場合も含まれるとしています（最高裁昭和28年3月5日

決定)。

　ところで、ここにいう「事柄の本質に鑑み」とは、その違反行為が通常(殆んどの場合)過失によって行われ、故意に行われるのはむしろ例外のことである場合には、過失をも処罰しなければ取締規定の存在意義が失われることになるから、その性質上、明文の規定がなくとも当然に過失をも処罰し得ることを意味すると解されています(東京高裁昭和40年1月19日判決)。

　このほか、外国人登録証明書の携帯義務違反や古物営業にかかる帳簿の記載義務違反について、最高裁判所は次のような判断を示しています。

○　「・・・外国人登録令第13条で処罰する同第10条の規定に違反して登録証明書を携帯していない者とは、その取締る事柄の本質に鑑み、故意に右証明書を携帯しない者ばかりでなく、過失によりそれを携帯しない者をも包含する法意と解するを相当とする。・・・」(最高裁昭和28年3月5日判決)。

○　古物営業法違反事件につき、「・・・同法第29条で処罰する「同法第17条の規定に違反した者」とは、その取締る事柄の本質に鑑み、故意に帳簿に所定の事項を記載しなかったものばかりでなく、過失により記載しなかったものをも包含する法意であると解した原審の判断は正当である。」(最高裁昭和37年5月4日判決)。

　以上のことから、明文の規定がなくとも過失犯を処罰し得る場合としては、①違反行為が殆んど過失によって行われる場合、②証明書、免状等の携帯義務違反、帳簿への記載義務違反、届出・報告義務違反のようないわゆる忘却犯などがあげられます。

　このことを踏え、消防法令違反のうち、過失を処罰する旨の明文の規定がなくても処罰できる例としては、次のような違反が考えられ、現に次の①に該当する多くの事案が東京地方検察庁への告発によって起訴され、有罪(罰金刑)をかち得ています。

①　製造所等における危険物のもれ、あふれ等(法第10条第3項、危政

令第24条第8号、法第43条第1項第1号)、危険物の運搬中における危険物収納容器の落下等(法第16条、危政令第29条第3号、法第43条第1項第2号)その他これらに類するもの
② 危険物取扱者免状の携帯義務違反(法第16条の2第3項、第44条第6号)
③ 消防法令上の各種の届出・報告義務違反(法第8条第2項、第12条の6、第17条の3の3、第17条の14等)

ところが、昭和50年12月17日の消防法の一部改正(法律第84号)により、過失を処罰する旨の明文の規定として、消防法第39条の3の規定が設けられたことから、検察当局は前記規定の反面解釈、つまり、同じ消防法の中に過失を処罰する旨の明文の規定が置かれている以上、このような明文の規定のない消防法違反については、過失を処罰できない趣旨であるとの解釈に立ち、従来起訴されていた製造所等における過失による危険物のもれ、あふれ等については、消極的になっているようです。

消防法の中にあえて、第39条の3の規定のような明文の過失処罰規定を設けることの弊害(デメリット)については、当時、消防法の罰則規定の審査にあたった法務省刑事局参事官木藤繁夫検事(当時)がするどく指摘されたところですが、残念ながらそれが現実となったようです。

(参考)

消防法令上の故意犯と故意の認定

消防法第10条第1項違反としての危険物の無許可貯蔵や同法第17条の4第1項の消防用設備等の設置命令などの命令違反は故意犯ですから、過失によって行われた場合は、処罰できないことになります。

しかし、消防法第10条第1項違反については、違反者が、製造所等以外の場所で指定数量以上の危険物を貯蔵または取り扱ったことについての事実の認識があれば故意が認められるわけですから、通常、故意の認定が容易であり、過失による違反は殆んどないように思われます。

また、消防法第17条の4第1項の消防用設備等の設置命令などの命令

違反はすべて、受命者が命令を受けながらあえてこれに従わない場合に成立するものですから、常に故意犯としての認定が可能です。

なお、このほかの故意犯についても、事前に当該違反の是正について指導がなされている限り、故意犯として成立します。したがって、実務上、故意の認定に支障をきたすことは殆んどないように思われます。

12　消防法令違反と危険犯

危険犯は、抽象的危険犯と具体的危険犯に分けられますが、消防法令違反を告発する場合、それが抽象的危険犯であるか具体的危険犯であるかは重要なことですので、この問題について触れておきたいと思います。

抽象的危険犯とは、犯罪構成要件として定められている一定の規定違反や命令違反の事実があれば、法益を侵害する危険が当然に生じたものとして、直ちに犯罪が成立するものをいい、具体的危険犯とは、犯罪構成要件として定められている一定の行為を行い、かつ、公共の危険を具体的に発生させたときに、はじめて犯罪として成立するものをいいます。

例えば、消防法第10条第1項違反（危険物の無許可貯蔵・取扱い）という規定違反（犯罪）は、製造所等以外の場所で、承認（許可）を受けずに指定数量以上の危険物を貯蔵または取り扱ったという事実があれば直ちに犯罪として成立しますから、抽象的危険犯です。このことは、「第10条第1項の規定に違反した者」（法第41条第1項第3号）という犯罪の構成要件をみれば一目瞭然です。

また、消防法第5条第1項の命令違反は、命令違反の事実があったとき、つまり履行期限内に命令事項が履行されなかったときに直ちに成立します。このことは、「第5条第1項の規定による命令に違反した者」（法第39条の3の2第1項）という犯罪の構成要件上明らかなことです。

一方、消防法第39条の2第1項および第39条の3第1項の犯罪は、製造所等から故意または過失により危険物を漏出させるなどして火災危険を生じさせ、かつ、公共危険を発生させたときにはじめて犯罪として成立するものですから、具体的危険犯に属します。

消防法令上の危険犯のうち、消防法第39条の2第1項および第39条の3第1項の犯罪以外は、すべて抽象的危険犯です。
　したがって、これらの消防法令違反の成立には、公共の危険の有無について詮索する必要はありません。
　このことは、消防法令違反を告発する場合の基本的な重要事項です。

（注1）　**準起訴手続**　準起訴手続とは、刑法の公務員の職権濫用罪（刑法第193条〜第196条）、または破壊活動防止法第45条の職権濫用罪等について、検察官が公訴を提起しない場合に、この罪の告訴人または告発人は、その処分に不服があるとき、その検察官が所属する検察庁所在地を管轄する地方裁判所に対し、事件を裁判所の審判に付することを請求することができる制度のことです（刑訴法第262条第1項）。
（注2）　**即時犯**　即時犯とは、犯罪構成要件に該当する一定の行為があれば直ちに犯罪が成立し、終了するもの
（注3）　**継続犯**　継続犯とは、犯罪が成立しても、違反状態が継続している間は犯罪の終了がないもの

5　請　求

　請求とは、外国国旗損壊罪（刑法第92条）や争議予告義務違反（労働関係調整法第39条第1項）など特定の犯罪が行われた場合、外国政府や労働委員会などの一定の機関が、捜査機関に対して犯罪事実を申告し、その犯人の処罰を求める意思表示のことですが、請求の性質は、親告罪における告訴の場合と同様に、捜査の端緒であると同時に訴訟条件となっています。
　したがって、この種の犯罪については、検察官は、請求がなければ公訴を提起することができず、公訴を提起したときは、公訴棄却の判決が下されます（刑訴法第338条第4号）。

6 自首

1 意義

　自首とは、犯罪事実または犯人が発覚しないうちに、犯人が捜査機関に対して自己の犯罪事実を申告し、その訴追を受けることを認める意思表示のことです。

　このように自首といえるためには、捜査機関に犯罪事実または犯人が知られていないことが必要ですから、犯罪事実も犯人もわかっているが、犯人の所在だけが不明であった場合に、犯人が自発的に捜査機関に出頭した場合は、法的には自首とはいえません。

　判例も自首の意義について、「犯罪の事実が全く官に発覚しない場合は勿論、犯罪の事実は発覚していても犯人の何人たるかが発覚していない場合をも包含するのであるが、犯罪事実および犯人の何人たるかが官に判明しているが、犯人の所在だけが判明していない場合を包含しない。」（最高裁昭和24年5月14日判決）と判示しています。

2 自首の方式

　自首も、告訴や告発の場合と同様に、検察官または司法警察員に対し、口頭または書面で行わなければならず、犯人が口頭で自首してきたときは、検察官または司法警察員は調書（自首調書）を作成しなければならないことになっています（刑訴法第245条、第241条、第242条）。

7 職務質問

　職務質問は、警察官職務執行法第2条に基づく警察官の権限であって、消防官の業務とは直接かかわりがありませんが、参考までに簡単に触れておきたいと思います。

　警察官は、異常な挙動その他周囲の事情から合理的に判断して、①なんら

かの犯罪を犯し、もしくは犯そうとしていると疑うに足る相当な理由のある者または②すでに行われた犯罪について、もしくは犯罪が行われようとしていることについて、知っていると認められる者を停止させて質問することができ（同法第2条第1項）、また、その場で質問することが本人にとって不利であり、または交通の妨害になると認められる場合には、質問のため付近の警察署、派出所または駐在所に同行することを求めることができる（同条第2項）ことになっています。これがいわゆる職務質問と呼ばれているものです。この職務質問は、犯罪の疑いがあることを要件としていないので、犯罪の捜査ではありませんが、捜査の端緒として重要な役割をもっているとされています。

　また、職務質問は犯罪を事前に予防するために認められているものですから職務質問による犯罪の事前予防活動を「行政警察活動」と呼び、犯罪発生後に行われる警察活動を「司法警察活動」といいます。

　第1項の「異常な挙動」とは、服装の乱れが不自然であるとか、異様な荷物をもっているなど不自然な動作、言動、服装、所持品などがあって、なんらかの犯罪に関係があると考えられる状態にあることをいい、「その他周囲の事情」とは、深夜とか、非常警戒中など、なんらかの犯罪に関係があると考えられるような事情をいいます。

　職務質問を受ける者は、刑事訴訟に関する法律の規定によらない限り、身柄を拘束され、またはその意に反して警察署、派出所もしくは駐在所に連行され、もしくは答弁（警職法、所得税法、薬事法などの行政法規上の質問権に対する答えは「答弁」という用語が用いられ、これが法令上の正しい用語となっています。）を強要されることはない。（同条第3項）と定められていますが、質問のために「停止」あるいは「同行」を求める手段として、どの程度の行為が許されるかという問題があります。これについて判例は、質問中、逃げ出した相手方を追跡し、背後から腕をつかまえる程度のことをしてもさしつかえないと判示し（最高裁昭和29年7月15日決定等）、また、警察官が酒気帯び運転の疑いのある者の自動車を停止させるために、自動車の

窓から手を差し入れ、エンジンキーを回転してスイッチを切った行為について、職務質問を行うために停止させる方法として必要、かつ、相当であると判示し（最高裁昭和53年9月22日判決）、警察官の行為を適法と認めています。いずれにしても、職務質問の続行の必要性、事態の緊急性および手段の相当性（妥当性）を総合的に考慮し、その適法性を認めているようです。

　職務質問の際には、相手方の所持品検査が行われることがあります。所持品検査については明文の規定がありませんが、所持品を単に外部から観察するだけのものであれば、職務質問の一環として許されるとされています。問題は、例えば、バッグを開いてその中身を確認するというような強制的な手段によって行う所持品検査の是非ですが、この点について判例は、所持品検査の必要性、緊急性および相当性（所持品検査によって害される個人の法益と保護されるべき公益との均衡性）があれば、相手方の承諾がなくとも強制的な所持品検査が許容されるという判断を示しています（最高裁昭和53年6月20日判決）。

8　自動車検問

　自動車検問とは、警察官が、犯罪の予防や交通の取締りのために走行中の自動車を停止させ、運転者や同乗者に必要な質問などを行うことですが、これも効果的な捜査の端緒とされています。

　自動車検問のうち、犯罪の疑いのある不審車を停止させ、必要な質問を行うことは、運転者などの任意の協力によって行われる限り、警察官職務執行法第2条第1項に基づく職務質問そのものであり、また、無免許運転や酒気帯び運転などの疑いのある車両に対して運転を中止させることは、道路交通法第67条等に基づく権限として行われるものですが、このほか、外観上は別段不審な点がなくても、犯罪の予防または検挙のため、ある地点を通過する自動車を一斉に停止させ、運転者や同乗者に質問などを行うという形のものがあります。いわゆる「自動車の一斉検問」と呼ばれるものですが、これ

には、特定の重大犯罪が発生した場合に犯人の検挙と情報の収集を目的とする緊急配備検問、不特定の一般犯罪の予防と検挙を目的とする警戒検問および交通違反の予防と検挙を主な目的とする交通検問があります。

ところで、このような自動車の一斉検問については、警察法規上の明文の規定がないことから、その法的根拠の有無について争われた事件がありますが、最高裁判所は、警察法（消防でいえば、消防組織法にあたります）第2条第1項に定める警察の責務（任務と同義）である交通の取締に属し、その一環として行われるものであり、しかも、運転者などに対する質問などは相手方の任意の協力を求める形で行われる限り適法なものであると判示しています。

なお、この判決は、行政機関がその任務（責務）に属する行為を、相手方の権利や自由を制限しないような形で行うことの適法性について判断を示したものであり、行政上、重要な意味をもっていますので、詳細については、拙著『消防関係行政・刑事判例の解説』（近代消防社刊）7頁以下または拙著『新版消防法の研究』（近代消防社刊）（17頁以下）を参照して下さい。

〔3〕被疑者の身柄の拘束

　被疑者の身体を強制的に拘束する手段として、逮捕と勾留の二つがあり、強制捜査の典型的な手段とされています。

　逮捕や勾留は、個人の自由を拘束し、その人権に重大な制限を加える捜査手段であることから、逮捕については、原則として、裁判所の令状により、勾留については、検察官の請求に基づき、裁判所の発布する勾留状によって行うこととされています。

1　逮　捕

1　逮捕の意義

　逮捕とは、被疑者の身体の自由を拘束し、引き続き短時間その拘束を継続することをいい、被疑者の逃亡や罪証隠滅を防止し、円滑な捜査を確保するために行われるものです。

　逮捕には、通常逮捕、緊急逮捕および現行犯逮捕の3種があります。

2　逮捕の種類

(1)　通常逮捕（令状逮捕）

ア　意義

　　　通常逮捕とは、あらかじめ裁判官から発布される令状（逮捕状）に基づいて被疑者を逮捕することをいい、令状逮捕ともいわれています。

　　　憲法第33条は、「何人も、現行犯として逮捕される場合を除いては、権限を有する司法官憲が発し、且つ理由となっている犯罪を明示する令状によらなければ、逮捕されない。」と規定していますが、ここでいう「令状」とは、裁判官から発布される逮捕状のことで、憲法は、令状による通常逮捕を原則としなければならないことを明らかにしています。

イ　通常逮捕の要件

　通常逮捕を行うためには、①逮捕の理由、つまり被疑者が犯罪を犯したことを疑うに足りる相当な理由があること（憲法第33条、刑訴法第199条第1項）および②逮捕の必要性、つまり被疑者が逃亡し、または罪証隠滅を図るおそれがあること（刑訴規則第143条の3）という二つの要件（逮捕の実体要件）のほかに、③令状入手の時間的余裕がある場合には、逮捕令状が発布されていること（逮捕の有効要件）という三つの要件が充たされていることが必要です。

ウ　逮捕状を請求できる者（逮捕状請求権者）

　逮捕状の発布を裁判官に請求できる者は、検察官または国家公安委員会・都道府県公安委員会が指定する警部以上の司法警察員に限られています（刑訴法第199条第2項）。したがって、検察事務官、警部補の階級にある司法警察員および司法巡査には、逮捕状を請求する権限がありません。

　このように、逮捕状の請求権者を限定したのは、請求権者に逮捕の理由や必要性を慎重に検討させ、軽率な逮捕状の請求を抑制するためです。

エ　逮捕状の請求手続

　逮捕状の請求は、逮捕状請求書に①被疑者の氏名、年齢、職業および住居、②罪名および被疑事実の要旨、③被疑者が罪を犯したことを疑うに足りる相当な理由、④被疑者の逮捕を必要とする事由等所定の事項を記載し、裁判所に提出しなければなりません（刑訴規則第139条）。

　なお、逮捕状の請求にあたっては、この請求書のほかに、逮捕の理由および逮捕の必要があることを認めるべき資料、例えば、被害届、参考人供述調書、捜査報告書などの資料を裁判官に提出しなければならないことになっています（同規則第143条）。

　また、逮捕状の請求にあたって、同一犯罪事実について、以前にそ

の被疑者に対し逮捕状の請求またはその発布があったときは、その旨を裁判所に通知しなければならないことになっています（刑訴法第199条第3項）。

オ　逮捕状の発布

逮捕状を発布するのは、事件の管轄に関係なく、請求者の所属する官公署を管轄する地方裁判所または簡易裁判所の裁判官です。ただし、やむを得ない事情があるときは、もよりの下級裁判所の裁判官が発布できることになっています（刑訴規則第299条第1項）。

逮捕状の請求を受けた裁判官は、請求者から提出された資料を検討し、必要があればみずから事実関係の取調べをし、その結果、罪を犯したことを疑うに足りる相当な理由があると認めたときは、逮捕状を発布することになります（刑訴法第199条第2項本文）。ただし、逮捕の理由があっても、明らかに逮捕の必要がないと認めるときは、逮捕状を発布しないことができます（同条同項ただし書）。「明らかに逮捕の必要性がない」とは、被疑者の年齢および境遇ならびに犯罪の軽重および態様その他諸般の事情に照らし、被疑者が逃亡するおそれがなく、かつ、罪証を隠滅するおそれがない場合などをいいます（刑訴規則第143条の3）。

なお、一定の軽微な事件（30万円以下の罰金、拘留または科料にあたる事件）については、被疑者が定まった住居を有しない場合または出頭要求に応じなかった場合に限り逮捕状を発布することができます（刑訴法第199条第1項ただし書）。

逮捕状には、被疑者の氏名および住居、罪名、被疑事実、引致すべき官公署その他の場所、有効期間など所定の事項を記載し、これに裁判官が記名押印することになっています（同法第200条第1項）。

カ　逮捕の手続

逮捕状が発布された場合には、検察官や司法警察員のほか、逮捕状の請求権限をもっていない検察事務官や司法巡査なども、その逮捕状

によって被疑者を逮捕することができます。

　逮捕状によって被疑者を逮捕する場合には、原則として、逮捕状を被疑者に示さなければなりませんが、逮捕状を所持していないためこれを示すことができない場合で、急を要するときは、被疑者に対して被疑事実の要旨および令状が発せられている旨を告げて被疑者を逮捕することができます（刑訴法第201条第2項）。このことを逮捕状の緊急執行といいますが、この手続は、後に説明する緊急逮捕の手続（逮捕の際にまだ逮捕状が出ていない場合）とは別個のものです。

(2) **緊急逮捕**

　ア　意義

　　憲法第33条は、令状による逮捕と現行犯逮捕しか認めていないようにみえますが、刑事訴訟法第210条第1項前段は、①死刑または無期もしくは長期3年以上の懲役または禁錮にあたる罪を犯したことを疑うに足りる充分な理由がある場合で、②急を要し、③裁判官の逮捕状を求めることができないときには、検察官、検察事務官または司法警察職員は、その理由を告げて令状なしで被疑者を逮捕できることを認めています。これを緊急逮捕といいます。

　　「罪を犯したことを疑うに足りる充分な理由」とは、通常逮捕の場合の「被疑者が罪を犯したことを疑うに足りる相当な理由」よりも一層嫌疑の程度が高い場合をいいます。

　イ　緊急逮捕した場合の逮捕状の請求と発付

　　緊急逮捕した場合は、直ちに裁判官に逮捕状を請求する手続をとらなければなりません（刑訴法第210条第1項後段）。この場合の手続は、通常逮捕の場合と同じですが（同法第211条）、その請求は、逮捕した者であれば検察事務官や司法巡査でも行うことができます。

　　逮捕状の請求を受けた裁判官は、緊急逮捕の理由と必要性を判断してその許否を決定することになりますが、逮捕状が発せられないときは、直ちに被疑者を釈放しなければなりません（同法第210条第1項

後段)。

ウ　緊急逮捕と憲法第33条との関係

憲法第33条は、「何人も、現行犯として逮捕される場合を除いては、権限を有する司法官憲が発し、且つ理由となっている犯罪を明示する令状よらなければ、逮捕されない」と定め、令状主義をとっています。

ところで、緊急逮捕の場合は、逮捕の直後に逮捕状が発せられることから、あらかじめ発せられた令状による逮捕とはいえず、憲法第33条の令状主義に違反するのではないかとの疑義がもたれています。学説のなかには、これを違憲とする見解もみられますが、判例は、「厳格な制約の下に、罪状の重い一定の犯罪のみについて、緊急やむを得ない場合に限り、逮捕後直ちに裁判官の審査を受けて逮捕状の発布を求めることを条件とし、被疑者の逮捕を認めることは、憲法第33条の規定の趣旨に反するものではない」と判示し、緊急逮捕を合憲としています（最高裁昭和30年12月14日判決）。

(3) 現行犯逮捕

ア　意義

現に犯罪を行い、または現に犯罪を行い終った者を現行犯人といい（刑訴法第212条第1項）、現行犯人は誰でも令状なしに逮捕することができます（同法第213条）。これを現行犯逮捕といいます。

現行犯逮捕は、憲法第33条自体が、令状主義の例外として認めたものですが、その根拠として、①現行犯の場合は、犯罪と犯人が逮捕者に明白で誤認逮捕のおそれがないこと、②逮捕の機会を逃すと逃亡や証拠隠滅のおそれがあることなどの理由があげられます。

イ　現行犯人を逮捕できる者

現行犯人は、検察官、検察事務官、司法警察職員だけでなく、私人も逮捕することができます（刑訴法第213条）。

ただし、犯罪が軽微である場合には、犯人の住居もしくは氏名が明らかでない場合または犯人が逃亡するおそれがある場合でなければ、

現行犯の逮捕は許されないことになっています（同法第217条）。

ウ　準現行犯人

　　刑事訴訟法は、さらに次のようなものについても現行犯とみなし、その逮捕についても令状を必要としないと定めています。すなわち、犯罪を行い終ってから間がないと明らかに認められる者が、①犯人として追呼されているとき、②盗品等または明らかに犯罪の用に供した（犯罪のために使用した）と思われる凶器その他の物を所持しているとき、③身体または被服に犯罪の顕著な証跡があるとき、④誰何されて逃亡しようとするとき、のいずれかにあたるときは現行犯人とみなされます（第212条第2項）。これが準現行犯人です。

エ　現行犯逮捕と緊急逮捕の異同

　　現行犯逮捕と緊急逮捕は、いずれも非常の場合に、逮捕状がなくても被疑者を逮捕することができるという点では共通していますが、次の点で差異が認められます。すなわち、現行犯逮捕は、現に犯罪を行っているか、あるいは犯罪を行い終ってから間もない者に対して行うことができるものですから、被疑者の犯罪行為と逮捕行為との間に時間的間隔がないことが必要となります。

　　これに対して、緊急逮捕の場合は、犯罪行為と逮捕行為との間に、このような時間的接着性が要求されていません。緊急逮捕の要件は、犯罪の内容が重大であること、嫌疑が充分であること、緊急の場合であることなどとなっていますから、要件を充たしている限り、いつでも逮捕することができることになります。

　　このようなことから、犯罪行為と逮捕行為との間に時間的接着性が要求されるか否かが、現行犯逮捕と緊急逮捕の相違点となります。

オ　現行犯逮捕の際の実力行使

　　現行犯逮捕の際に、現行犯人から抵抗を受けたときは、捜査機関であると私人であるとを問わず、その際の状況からみて社会通念上逮捕のため必要、かつ、相当と認められる限度で実力を行使することがで

カ　私人が現行犯人を逮捕したときの手続

　　私人が現行犯人を逮捕したときは、ただちにこれを地方検察庁もしくは区検察庁の検察官または司法警察職員に引き渡さなければなりません（刑訴法第214条）。司法巡査が現行犯人を受けとったときは、すみやかに司法警察員に引致（引渡）しなければならないことになっています（同法第215条第1項）。

3　逮捕後の手続

被疑者を逮捕した後の手続については、誰が逮捕したかによって異なります。

(1)　令状による逮捕後の手続

ア　司法巡査が被疑者を逮捕したときは、直ちにこれを司法警察員に引致（引渡）しなければなりません（刑訴法第202条）。

イ　司法警察員みずからが被疑者を逮捕したとき、または司法巡査によって逮捕された被疑者を受け取ったときは、直ちに犯罪事実の要旨を告げ、弁護人の有無を尋ね、弁護人がいないときは、弁護人を選任することができることを告げたうえ、弁解の機会を与えなければなりません。被疑者の弁解を録取した書面を弁解録取書といいます（刑訴法第203条第1項・第2項）。

　　このような手続を経たうえで、

①　司法警察員が留置の必要がないと認めたときは直ちに被疑者を釈放しなければなりません。被疑者を留置する必要があるかどうかは、その事案の軽重および態様ならびに逃亡、罪証隠滅、通謀など捜査上の支障の有無ならびに被疑者の年令、境遇その他の状況を考慮して判断すべきものとされています（犯罪捜査規範第130条第3項）。

②　司法警察員が留置の必要があると認めたときは、被疑者が身体を拘束された時から48時間以内に、書類および証拠物を添えて被疑者を検察官に送致する手続をとらなければなりません（刑訴法第

203条第1項)。この制限時間内に送致の手続をとらないときは、直ちに被疑者を釈放しなければなりません(同条第3項)。

ウ　検察官が司法警察員から送致された被疑者を受け取ったときは、被疑者に弁解の機会を与え、弁解録取書を作成します。なお、犯罪事実の要旨および弁護人選任権については、すでに司法警察員によって告げられているので、あらためて告げる必要はありません。

このような手続を経たうえで、

① 　検察官が被疑者を留置する必要がないと認めたときは、直ちに被疑者を釈放しなければなりません。

② 　検察官が留置の必要があると認めた時は、被疑者を受け取った時から24時間以内に裁判官に勾留の請求をしなければなりません(刑訴法第205条第1項)。この時間的制限は、被疑者が身体の拘束を受けた時から72時間を超えることができないことになっています(同条第2項)。

　　この制限時間内に公訴を提起したときは、勾留の請求をする必要はありませんが、勾留の請求も、公訴の提起もしないときは、被疑者を直ちに釈放しなければなりません(同条第3項・第4項)。

エ　検察事務官が被疑者を逮捕したときは、直ちに検察官に引致(引渡)しなければなりません(刑訴法第202条)。

オ　検察官がみずから被疑者を逮捕したとき、または検察事務官によって逮捕された被疑者を受け取ったときは、直ちに犯罪事実の要旨を告げ、弁護人の有無を尋ね、弁護人がないときは、弁護人を選任することができることを告げたうえ、弁解の機会を与えなければなりません。

このような手続を経たうえで、

① 　被疑者を留置する必要がないと認めたときは、直ちに被疑者を釈放しなければなりません(刑訴法第204条第1項)。

② 　被疑者を留置する必要があると認めたときは、被疑者の身体を拘束した時(検察事務官から被疑者を受け取った時ではありません。)

から48時間以内に裁判官に被疑者の勾留を請求するか、公訴を提起しなければなりません（同条第1項）。

　この制限時間内に勾留の請求または公訴の提起をしないときは、直ちに被疑者を釈放しなければなりません（同条第2項）。

　令状による逮捕後の手続は以上のとおりですが、検察官または司法警察員が、やむを得ない事情によって各制限時間（刑訴法第203条～第205条）に従うことができなかったときは、検察官は、その理由を疎明(注1)して、被疑者の勾留を請求することができ、この請求を受けた裁判官は、その遅延がやむを得ない事由に基づく正当なものであると認めた場合には、勾留状を発することができます（同法第206条）。

(2) **現行犯逮捕後の手続**

　捜査機関でない一般私人が現行犯人を逮捕したときには、直ちにこれを地方検察庁もしくは区検察庁の検察官または司法警察職員に引き渡さなければなりません（刑訴法第214条）。司法巡査が現行犯人を受け取ったときは、すみやかにこれを司法警察員に引き渡さなければなりません（同法第215条第1項）。その際、司法巡査は、逮捕者の氏名、住居および逮捕の事由を聴き取り、逮捕手続書を作成しなければなりません（同条第2項前段、犯罪捜査規範第129条第1項）。また、必要があるときは、逮捕者に対し、ともに官公署に行くことを求めることができます（刑訴法第215条第2項後段）。

　検察官または司法警察員が捜査機関でない一般私人から現行犯人を受け取った場合のその後の手続は、通常逮捕の場合と同様ですが、逮捕後の留置時間は、一般私人が逮捕した場合でも、捜査機関への引渡しの時からではなく、逮捕の時から起算されます。

　捜査機関が現行犯人を逮捕した場合のその後の手続も通常逮捕の場合と同様です（同法第216条）。

2 勾留

1 勾留の意義

　逮捕された被疑者を72時間以上拘束する必要があるときは、これを勾留することになりますが、勾留とは、被疑者が罪を犯したことを疑うに足る相当な理由があると認められる場合に、被疑者の逃亡または被疑者による証拠等の隠滅を防止して、捜査の円滑・迅速な進行を確保することを目的として行われる被疑者の身柄を拘禁する裁判およびその執行をいいます。

　勾留は、被疑者の身柄を拘束するという点では逮捕と変りませんが、逮捕の手続だけでは最大72時間しか拘束できないのに対して、勾留は、さらに10日ないし20日間の拘束が可能となります。

　このように、勾留は長期の身柄拘束が予定されていることから、これにより身柄を拘束される者の人権保障を図るため、より慎重な手続が要求されています。

　なお、勾留には、起訴前に被疑者に対して行われる被疑者勾留（起訴前勾留）と、起訴後に被告人に対して行われる被告人勾留（起訴後勾留）とがありますが、ここでは、被疑者勾留について説明することにします。

2 勾留の要件

　勾留を行うことができるためには、被疑者が罪を犯したことを疑うに足る相当な理由（勾留理由）が認められることのほかに、

① 被疑者が「定まった住居を有しない」こと。
② 被疑者が罪証を隠滅するに足る相当な理由があること。
③ 被疑者が逃亡し、または逃亡すると疑うに足る相当な理由があること。

のいずれかの要件（勾留の必要性）に該当することが必要です（刑訴法第60条第1項、第207条第1項）。

　①の要件については、定まった住居を有しない者は、一般に逃亡の危険

性があることを法律上推定したものと考えられています。したがって、「定まった住居」の有無は、実質的に判断されるべきものと解されています。例えば、定まった住居を有しない場合でも、確実な連絡先があるため、勾留の必要がないという場合もあり得るとされています。

3　勾留の請求手続

被疑者の勾留は、検察官の請求によって行われます。勾留請求権は、被疑者の身柄を拘束している検察官の専権事項となっています。

検察官は、逮捕した被疑者について、留置の必要があると認めたときは、その被疑者の勾留を裁判官に請求することになりますが、その際には、勾留請求書および添付資料を提出することになります（刑訴規則第139条第1項、第147条、第148条）。

勾留請求書には、①被疑者の氏名、年令および住居、②被疑事実の要旨および被疑者が現行犯人として逮捕された者であるときは、罪を犯したことを疑うに足る相当な理由、③勾留の理由、④検察官または司法警察員がやむを得ない事情によって法定の制限時間に従うことができなかったときは、その事由、⑤被疑者に弁護人があるときは、その氏名が記載され、また、添付資料は、①逮捕請求書、②逮捕状（現行犯逮捕の場合は、逮捕手続書）、③勾留の理由が存在することを認めるべき資料、④やむを得ない事情によって、制限時間に従うことができなかったときは、これを認めるべき資料となっています。

被疑者に対する勾留請求は、逮捕されている者についてのみ認められています（刑訴法第204条、第205条第1項）。逮捕の手続をとらずに、在宅の被疑者について勾留の請求をすることはできません。この原則を逮捕前置主義といいます。勾留の請求には必ず逮捕手続を先行させることによって、裁判官による審査の回数を増加させ、違法・不当な身柄の拘束をチェックし、不必要な身柄拘束を抑制することを目的としています。

4　勾留の請求に対する裁判

検察官から勾留の請求を受けた裁判官は、被疑者に対し、被疑事実を告

げ、これに関する陳述（被疑事実に対する被疑者の言い分）をきくことになっていますが（刑訴法第207条第1項、第61条）、このことを勾留質問といいます。質問に対する供述については調書（勾留質問調書）を作成しますが（刑訴規則第69条、第39条、第42条）、この場合は、被疑者にかけられた犯罪の疑いに対する被疑者の言い分をきくだけですから、供述拒否権を告知する必要がありません（刑訴法第198条、第291条第2項）。また、弁護人には立会権がありません。

(1) **勾留状の発付**

裁判官は、検察官から提出された勾留請求書および添付資料の内容を検討し、勾留の請求が適法であり、かつ、勾留の理由があると認めたときは、すみやかに勾留状を発しなければなりません（刑訴法第207条第2項）。勾留状には、①被疑者の氏名および住居、②罪名および被疑事実の要旨、③勾留すべき監獄、④有効期間、⑤勾留の理由、⑥勾留状発付の年月日、⑦勾留請求の年月日などを記載し、裁判官がこれに記名押印します（同法第64条、刑訴規則第70条、第149条）。

裁判官は、被疑者を勾留したときは、すみやかに勾留に関する書類を検察官に送付するとともに（刑訴規則第150条）、直ちに被疑者の弁護人（弁護人がないときは、被疑者の法定代理人、保佐人、配偶者、直系の親族または兄弟姉妹のうち被疑者の指定する者一人、これらの者もいないときは、被疑者の申出によりその指定する者一人）に勾留した旨を通知しなければなりません（刑訴法第207条第1項、第79条、刑訴規則第79条）。これを「勾留通知」といいます。

裁判官の勾留状の発付に対しては、被疑者などが準抗告（後述）を申立てることができますが、犯罪の嫌疑がないことを理由としてこれを申し立てることはできないことになっています。したがって、手続に誤りがあるとか勾留の理由がないことに限定して争われることになります。

(2) **勾留請求の却下**

裁判官は、勾留の請求が不適法であるとき（勾留請求の制限時間を超

えたことについて、やむを得ない正当な事由が認められないとき、または勾留請求の手続自体に瑕疵があり、それが補正されないとき）および勾留の理由がないと認めることきは、勾留状を発付しないで、直ちに被疑者の釈放を命じなければなりません（刑訴法第207条第4項）。この裁判は、「勾留請求却下の裁判」と呼ばれています。

この勾留請求却下の裁判に対しては、検察官が準抗告を申し立て、その取消し、または変更を請求することができます。準抗告の請求先は、簡易裁判所の裁判官のした却下の裁判については、同裁判所を管轄する地方裁判所、その他の裁判官がした却下の裁判については、その裁判官の所属する裁判所です。準抗告の裁判は合議体で取り扱われます（同法第429条第3項）。

準抗告裁判所は、検察官の準抗告に理由のないときは、決定でこれを棄却し、理由のあるときは、みずから被疑者に対し勾留質問をしたうえで勾留請求却下の原判決を取り消し、勾留状を発付します。

勾留請求却下の裁判があると、検察官は、被疑者の身柄を現に拘束している者に対し、その旨を通知して、釈放させる手続をとらなければなりません。

5　勾留状の執行

裁判官から勾留状が発付された場合、その勾留状は、通常、検察官の指揮によって、検察事務官または司法警察員が執行しますが（刑訴法第70条第1項）、急を要する場合は、裁判官がその執行を指揮することができます。

なお、監獄にいる被疑者に対して発せられた勾留状は、検察官の指揮によって、監獄官吏が執行します（同条第2項）。

検察官の指揮は、発付された勾留状に認印（指揮印）をして、これを執行すべき者に交付して行われます。

勾留状を執行するには、これを被疑者に示したうえ、できる限りすみやかに、かつ、直接、指定された監獄に引致しなければなりません（刑訴法

第70条第2項)。ただし、急を要するときは、勾留状を所持していなくても、被疑者に対し、被疑事実の要旨および勾留状が発せられている旨を告げて、その執行をすることができます（同条第3項本文)。

この場合は、勾留執行後、できる限りすみやかに勾留状を被疑者に示さなければならないことになっています（同条同項にただし書)。

6　勾留期間

勾留状が発せられたときは、被疑者は、勾留を請求した日（勾留状が発付された日ではありません）から原則として10日留置されます（刑訴法第208条第1項)。この10日間のうちに検察官が公訴を提起しない場合は、被疑者を釈放しなければなりません。ただし、やむを得ない事由があるときは、勾留期間の延長が認められます（同条第2項)。

この期間の延長は、一般の事件については、10日間を超えることができません。したがって、勾留請求の日から合計20日間が限度です。なお、内乱に関する罪、外患に関する罪、国交に関する罪、騒乱の罪にあたる事件については、さらに5日間の延長が可能です（同法第208条の2)。

7　被告人の勾留（被疑者が起訴されたのちの勾留）

勾留されている被疑者が起訴されると、被疑者は被告人となり、被告人としての勾留が開始されます。被疑者が起訴された後の勾留期間は、起訴の日から2か月であり、勾留期間の更新の手続がとられない限り、2か月が経過した時点で勾留はその効力を失い、被告人は釈放されることになります。

一般の事件では、逃亡のおそれがあるということだけが勾留の理由となっているような場合には、1回だけ勾留期間の更新ができ、重罪事件や証拠隠滅のおそれのある事件については、拘束の期間が不当に長くならない限り、何回でも更新できることになっています。このような勾留期間の更新によって、その都度勾留期間が1か月ずつ延長されることになります（刑訴法第60条第2項、第91条第1項参照)。

8　接見交通

　接見交通とは、刑事手続により身柄の拘束を受けている被疑者や被告人が外部の人と面会したり、書類や物などを授受することですが、このような権利を接見交通権といいます。

　身柄を拘束されている被疑者や被告人は、弁護人を選任する機会を十分に与えられていますが、選任された弁護人や弁護人となろうとする者と被疑者や被告人とは、立会人なしで接見することができるし、また、互いに書類や物などを授受することができます。これに対して、捜査機関は、起訴前に限って、捜査上の必要に応じ、被疑者と弁護人または弁護人となろうとする者との接見について、日時、場所、時間などについて指定をすることができますが、被疑者の防御権を不当に制限する結果となるような指定の方法は許されないとされています（刑訴法第39条）。

　なお、被疑者や被告人の接見交通権は、弁護人や弁護人となろうとする者との間にだけ認められているわけではありません。勾留されている被疑者や被告人は、その家族など弁護人以外の人たちとも、監獄法や同法施行規則の定める範囲内で接見したり、書物や物の授受をすることができます（同法第80条）。勾留されている者に家族の者が面会に行ったり、物を差入れたり、あるいは手紙のやりとりをするのがこれにあたります。ただし、被疑者や被告人が特に証拠を隠滅するおそれが大きいと認められる場合には、裁判所は、検察官の請求により、または職権で、被疑者や被告人と弁護人以外の者との接見や書類・物などの授受を禁止することができます（同法第81条）。いわゆる「接見禁止決定」と呼ばれるものですが、食事の差入れについてだけは禁止することができないとされています。

9　勾留理由の開示

　憲法第34条は、「・・・何人も、正当な理由がなければ、拘禁されず、要求があれば、その理由は、直ちに、本人及びその弁護人の出席する公開の法廷で示さなければならない。」と規定していますが、これを受けて刑事訴訟法は、勾留理由開示の手続を定めています。

勾留理由開示の請求をすることができるのは、勾留されている被疑者や被告人のほか、その弁護人、法定代理人、保佐人、配偶者などです（刑訴法第82条第1項・第2項）。この請求があると、被疑者や被告人および弁護人が出席して公開の法廷が開かれ、裁判長から勾留の理由が告げられたのち、これに対して、被疑者や被告人および弁護人または検察官が意見を述べることができます（同法第83条、第84条）。

　ところが、憲法第34条が要求しているのは、拘禁の理由を示すことだけであり、これに対して意見を陳述させるのは、憲法の要請ではないと解されています。そして、意見の陳述の時間は、各自10分以内に制限されており（刑訴規則第85条の3）、また、相当と認めるときは、意見の陳述に代えて意見を記載した書面を差し出すよう命ずることもできるとしています（刑訴法第84条第2項ただし書）。

　参考までに、被疑者の逮捕から勾留までの時間的な経過を図示すると**図3**のとおりです。

図3　被疑者の逮捕から勾留までの経過

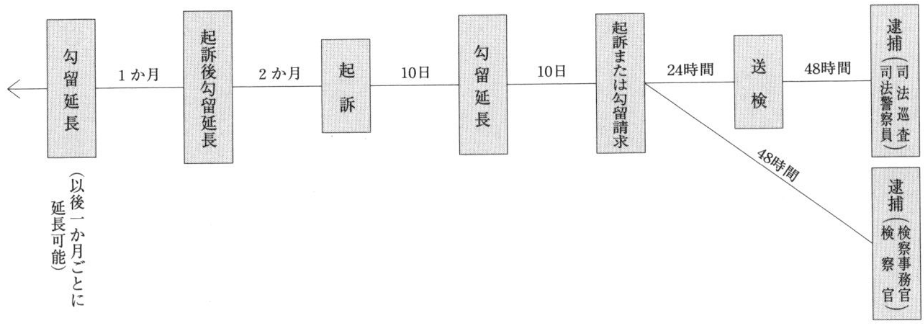

勾留延長 ← 1か月 ― 起訴後勾留延長 ← 2か月 ― 起訴 ← 10日 ― 勾留延長 ← 10日 ― 起訴または勾留請求 ← 24時間 ― 送検 ← 48時間 ― 逮捕（司法巡査・司法警察員）

起訴または勾留請求 ← 48時間 ― 逮捕（検察事務官・検察官）

（以後、1か月ごとに延長可能）

10　保釈

(1)　保釈の意義

　保釈とは、保証金の納付を条件として、勾留中の被告人を現実の拘束状態から解放する制度のことで、正当な理由なく出頭しないときは、保証金を没取するという心理的威嚇を加えて、直接の拘束を避けながら、

被告人の公判への出頭および刑の執行のための出頭を確保するための制度のことです。

(2) **請求による保釈と職権による保釈**

保釈は、起訴後の勾留、つまり被告人の勾留についてのみ許されるもので（刑訴法第207条第1項ただし書）、起訴前の勾留、つまり被疑者の勾留については認められていません。

保釈には、被告人、弁護人、法定代理人、配偶者などの請求によって許される「請求による保釈」（同法第88条）と裁判所が訴訟関係人の請求をまたずに、独自の判断で許される「職権による保釈」（同法第90条）があります。

(3) **権利保釈**

被告人、弁護人、法定代理人、配偶者の他の請求権者から保釈の請求があったときは、裁判所は、次に掲げる要件（保釈が許されない要件）に該当する場合を除き、必ず保釈を許さなければなりません（刑訴法第89条）。これを権利保釈あるいは必要的保釈といいます。

① 重罪事件（殺人、放火などの死刑にあたる罪、強盗傷人、強盗強姦などの無期懲役にあたる罪、公文書偽造や強盗などの短期1年以上の懲役または禁錮にあたる罪）で勾留されているとき

② 被告人が前に重罪（死刑にあたる罪、無期懲役にあたる罪、強盗などのように長期が10年を超える懲役または禁錮にあたる罪）で有罪の判決を受けたことがある者であるとき

③ 窃盗や横領などのように長期が3年以上の懲役または禁錮にあたる罪で勾留されている場合であって、それが常習として犯されたものであると認められるとき

④ 被告人が証拠を隠滅すると疑うに足る相当な理由があるとき

⑤ 被告人がいわゆる「お礼参り」をすると疑うに足る相当な理由があるとき

⑥ 被告人の氏名と住居の両方あるいはそのいずれかがわからないとき

(4) 裁量保釈

　裁判所は、保釈の請求権者から保釈の請求があった場合、被告人が前記①から⑥までのいずれかに該当する場合であっても、裁量によって被告人の保釈を許すことができます。これを裁量保釈あるいは任意的保釈といいます。

(5) 保釈保証金

　「被告人が逃亡し、または逃亡すると疑うに足る相当な理由があるとき」（刑訴法第60条第1項第3号）という要件は、勾留の理由の一つとなっていますが、保釈を許さない理由にはなっていません。それは、保釈制度が保証金を納付させることによって被告人の逃亡を防止するための制度だからです（同法第93条第1項）。

　保証金の額は、裁判所が保釈を許すときに定められますが、「犯罪の性質及び情状、証拠の証明力並びに被告人の性格及び資産を考慮して、被告人の出頭を保証するに足りる相当な金額」でなければならないものとされています（同条第2項）。

(6) 保釈許可条件

　裁判所は、保釈を許すにあたって、被告人の住居を制限したり、旅行を制限したり、あるいは毎月1回裁判所に出頭することを命じたりするというように、被告人に一定の条件を付けることができます（刑訴法第93条第3項）。このことを保釈許可条件と呼んでいます。

(7) 保釈の取消し

　裁判所は、次に掲げる要件に該当する場合に、検察官からの請求により、または職権で保釈を取り消すことができますが、その場合、保釈保証金は、その全部または一部が没収されます（同法第96条）。

①　被告人が正当な理由がないのに、裁判所の召喚に応じて出頭しないとき

②　被告人が逃亡したとき、または逃亡すると疑うに足る相当な理由があるとき

③　被告人が証拠隠滅を図ったとき、またはそのおそれがあると疑うに足る相当な理由があるとき
④　被告人が「お礼参り」を企てたとき
⑤　被告人が保釈許可条件に違反したとき

　なお、保釈になっている被告人に対し、死刑、懲役または禁錮の刑に処する判決の言渡しがあると、保釈は、自動的にその効力を失い、あらためて保釈の決定がない限り、再び収監されることになります（同法第343条）。

　（注1）　**疎明**　疎明とは、一応確からしいとの推測を裁判官が得た状態またはこのような状態に達するように証拠を提出する当事者の行為のことです。
　（注2）　**証拠の証明力**　証明力とは、裁判官に対し、合理的な疑いを差しはさまない程度に真実らしいとの確信を抱かせるような証拠が存在することをいいます。

〔4〕証拠の収集方法

物的証拠の収集方法には、任意処分と強制処分とがありますが、このうち、任意処分についてはあとで触れることにします。強制処分としての証拠の収集方法には、①捜索・差押え、②検証および③鑑定があります。

1 捜索・差押え

(1) **捜索の意義**

捜索とは、一定の場所について、差押えるべき証拠物や没収の対象となる物または人（被疑者またはそれ以外の者）を発見することを目的として行われる強制処分のことです（刑訴法第102条）。捜索は一般に差押えの前提として行われます。

捜索は、被疑者の身体、物または住居その他の場所については、「必要があるとき」に認められるのに対し、被疑者以外の者の身体、物または住居その他の場所については、「差し押えるべき物の存在を認めるに足りる状況にある場合」に認められています。つまり、被疑者以外の者に対する捜索は、その要件がより厳しくなっています。

(2) **差押えの意義**

差押えとは、押収という捜査方法の一種で、物理的な力を加えて証拠物または没収すべき物を強制的に占有する（手に入れる）行為のことです（刑訴法第99条第2項）。この場合、「証拠物」とは物的証拠のことで、例えば、証拠となりそうな書類や手紙などもこれに含まれると解されています。

(3) **差押の客体（目的物）**

差押えの客体（目的物）は、証拠物（物的証拠）という有体物（形のある物）ですが、有体物とはいえない、いわゆる「電話盗聴」が差押え

あるいはこれに類似する捜査手続として許されるか否かについては、刑事訴訟法上明文の規定がなく、憲法の保障する「通信の秘密」や「プライバシー」を侵害するおそれがあるとして争われてきましたが、平成11年8月15日に成立した犯罪捜査のための通信傍受に関する法律（通信傍受法）によって、薬物関連、集団密航関連、銃器関連、組織殺人などのような犯罪に限定して、一定の要件のもとに、捜査機関による盗聴が法的に認められることになりました。

(4) **捜索・差押えと令状主義**

捜索・差押えにあたっては、原則として、それを許可する旨の令状（捜索許可状、差押許可状あるいは捜索・差押許可状）が必要となります（刑訴法第218条第1項）。令状は、捜索や差押えの対象が不当に拡大され、被疑者等の権利が侵害されることを防ぐために発せられるものですから、その令状には、捜索場所と差押えの対象となる物件を被疑者等に明確となる程度に特定されていることが必要であるとされています。

どの程度特定されていればよいかについては、一般には、捜査の段階で証拠物を個別的に具体的に特定することは困難であることから、個々の物の個性まで明記・特定する必要はなく、「具体的な物を例示したうえで、その他本件に関係する物件」などと記載することを認めてもよいというのが通説的な考え方です。

このように、捜索・差押えにあたっては、原則として令状が必要なのですが、憲法は、令状によらなくても捜索・差押えが認められる場合を例外的に定めています。すなわち、憲法第35条第1項は、逮捕の際の捜索・差押えについては、令状が不要であることを明らかにし、これを受けて、刑事訴訟法第220条第1項・第3項は、被疑者等を逮捕する場合において必要があるときは、逮捕の現場で令状がなくとも捜査・差押えができることを規定しています。

その趣旨は、単に、逮捕が許されている以上犯罪の嫌疑があることは明らかであるから、別に令状を必要としないというだけではなく、この

ような場合には、逮捕者の身体の安全を保護し、逮捕者の逃亡や罪証隠滅を防止する緊急の必要があるためと解されています。

(5) 捜索・差押えの執行

捜索・差押えを行うのは、検察官、検察事務官または司法警察職員です。

捜索許可状、差押許可状または捜索差押許可状は、処分を受ける者にこれを示さなければなりません。被疑者またはその弁護人は捜索・差押えに立ち会う権利はありません。これに反して、捜索・差押えを行う検察官は、物や場所を指示させるために必要があるときは、被疑者を立ち会わせることができることになっています（刑訴法第222条第6項）。ただし、この場合は責任者の立会いが必要です。また、公務所ではその長またはこれに代わるべき者を、それ以外の人の住居または人の看守する邸宅、建造物もしくは船舶内では、住居主、看守者もしくはこれに代わる者または隣人もしくは地方公共団体の職員を立ち会わせなければなりません（同法第114条第1項・第2項）。

2 検　証

1　検証の意義

証拠物の中には、被疑者の足跡などのように差押え等を行うことができないものもあります。このような場合には、物の状態を確認し、調書等に記録して証拠として残しておくほかありません。そのための手段として検証があります。

検証とは、場所、物または人について、視覚等の五感（官）作用によりその状態を確認する強制処分のことです。

このような確認を強制的でなく相手方の任意の同意を得て行うことを「実況見分」といいますが、このことはあとで触れます。

検証のうち、人に対して行う場合を「身体検査」といい、特別に慎重な

手続が定められています。

2 検証の手続

(1) 物に対する検証の場合

検察官、検察事務官または司法警察職員は、犯罪の捜査をするについて必要があるときは、検証許可状により検証することができます（刑訴法第218条第1項前段）。

検証にも令状による場合と令状によらない場合とがありますが、令状による検証が原則です。

令状による検証の手続は、物に対する検証の場合は、捜索・差押えの場合と同様です。

物に対する検証のうち、令状を必要としないのは、捜索・差押えの場合と同様に被疑者等を逮捕したときです。

(2) 身体検査

ア 令状による検査

身体検査については、例外的な場合を除いては、すべて令状によらなければならないことになっていますが、この令状を身体検査令状と呼びます（刑訴法第218条第1項後段）。

身体検査は、その性質上、特に慎重を期するため、一般の検証許可状とは別個の令状を必要とするとして、身体検査を受ける者の人権の保護を図っているのです。

身体検査令状を請求するには、検察官から裁判官に身体検査を必要とする理由および身体検査を受ける者の性別、健康状態を示さなければならないことになっています（同法第218条第4項）。裁判官は、令状を発する場合に、身体の検査に関し適当と認める条件を附することができます（同条第5項）。

(ア) 身体検査についての注意事項

身体検査にあたっては、これを受ける者の性別、健康状態などを考慮し、特にその方法に注意し、名誉を害しないようにしなければ

ならず、女子の身体検査の場合には、医師または成年の女子を立ち会わせなければならないことになっています（刑訴法第131条、第222条第1項）。

(イ) 身体検査の拒否と過料等

被疑者等が正当な理由がなく身体の検査を拒んだときは、検察官等の請求により裁判所は決定で10万円以下の過料に処し、かつ、その拒絶により生じた費用の賠償を命ずることができます（刑訴法第137条、第222条第1項・第7項）。

(ウ) 身体検査の拒否と刑罰

被疑者等が正当な理由がなく身体の検査を拒んだときは、過料とは別に10万円以下の罰金または拘留に処せられ、情状により、罰金と拘留が併科されます（刑訴法第138条、第222条第1項）。

(エ) 身体検査の直接強制

過料や刑罰等の間接強制によっても効果がないと認めるときは、そのまま身体検査を強行することができます（刑訴法第139条、第222条第1項）。

イ 令状によらない検査

例外的に令状によらずに身体検査をすることができるのは、身柄を拘束されている被疑者について、裸にすることなく、指紋や足型を採取したり、身長や体重を測ったり、あるいは写真を撮影する場合です（刑訴法第218条第2項）。これらのことは、逮捕や勾留などの身柄の拘束にあたって、当然に行われるべきものと考えられることから、身体検査の一種ではあるけれども、特に令状を必要としないと定められているわけです。

3　鑑　定

(1) 鑑定の意義

　　検証をするのに、特別の専門知識や経験を必要とするときは、その知識・経験を有する者を、いわば捜査官の目とし耳として検証を行うことになります。このように、捜査官の知識・経験の不足を補うため、専門的な知識・経験を有する者に依頼して一定の事項について調査をし、その結果を報告してもらうのが鑑定です。

(2) 鑑定嘱託

　　検察官、検察事務官または司法警察職員は、犯罪の捜査をするについて必要があるときは、被疑者以外の第三者に鑑定を委嘱することができるものとされていますが（刑訴法第223条第1項）、この場合の鑑定は、裁判所の命ずる鑑定人と異なり、宣誓をしないで鑑定を行うことができます。

　　捜査段階での鑑定は、鑑定人となる人の承諾を前提として行われるものです。

　　刑事訴訟法上、鑑定を嘱託することができる者として検察官、検察事務官または司法警察職員と定められ、司法警察職員については特段の制限が加えられていませんが、事柄の重要性にかんがみ、原則として司法警察員（巡査部長以上の階級にある者）が行うよう運用されています。

(3) 鑑定書

　　鑑定の経過と結果については、鑑定書に記載して提出されるのが通常ですが、簡単な鑑定の場合は、口頭で報告される場合もあります。この場合には、その報告の内容を供述調書に録取しなければならないことになっています（刑訴法第223条第2項、第198条第3項～第5項、犯罪捜査規範第89条）。

(4) 鑑定に必要な処分

　鑑定のために人の住居などに立ち入ったり、身体を検査したり、死体を解剖したり、墓を発掘したり、あるいは物をこわしたりする必要が生じたときは、検察官、検察事務官または司法警察員から裁判官に対し、鑑定処分許可状の発付を請求しなければなりません（刑訴法第225条第1項～第3項）。

　この場合、司法巡査は、請求できません。

　請求先の裁判官は、原則として、請求者の所属する官公署の所在地を管轄する地方裁判所または簡易裁判所の裁判官です（刑訴規則第299条）。

　なお、鑑定処分許可状により、鑑定人が死体の解剖を行い、死因などを究明することを俗に「司法解剖」と呼んでいます。これに対し、「行政解剖」というのがありますが、この行政解剖は、死体解剖保存法などに基づき、行政上の目的から死因を明らかにするために行われるものです。

(5) 鑑定留置

　ア　意義

　　被疑者の精神状態を鑑定するような場合には、被疑者を一定期間病院などに収容して、継続的にその行動を観察しながら診察をすることになりますが、このように、被疑者の心神または身体について鑑定させる必要があるときに、一定期間病院その他の相当な場所に被疑者を強制的に収容することを鑑定留置といいます。鑑定留置には裁判官の鑑定留置状が必要です。（刑訴法第167条第2項、第224条第2項）

　イ　鑑定留置処分の請求等

　　鑑定を嘱託する場合に、その鑑定のために病院などに収容する必要があるときは、検察官、検察事務官または司法警察員は、裁判官に対し鑑定留置処分を請求しなければなりません（刑訴法第224条第1項）。

裁判官は、この請求を相当と認めるときは、鑑定留置状を発しなければならないことになっています（刑訴法第167条第2項、第224条第2項）。

ウ　鑑定留置の執行

鑑定留置は、検察官の指揮によって、検察事務官、司法警察職員または監獄官吏が鑑定留置状を被疑者に示し、できるだけすみやかに、かつ、直接、令状に指定された病院その他の場所に引致することによって執行されます（刑訴法第167条第5項、第73条第2項）。

なお、鑑定留置の期間を延長したり、短縮したりする必要があるときは、裁判官に対して鑑定留置の延長または短縮を請求しなければなりません。

また、被疑者が自殺したり、逃亡したりするおそれがあるときは、裁判所は、病院等の収容場所の管理者の申出により、または職権で、司法警察職員に被疑者の看守を命ずることができます（同法第167条第3項）。

エ　鑑定留置と勾留期間との関係

勾留中の被疑者に対して鑑定留置が行われた場合は、その期間中は、勾留の執行が自動的に停止され、鑑定留置が終わってから、ふたたび勾留期間の進行がはじまります（同法第167条の2第1項）。

〔5〕任意捜査

　犯罪の捜査の方法には、逮捕、勾留、捜索、差押えなどのような、いわゆる強制捜査の方法のほかに任意処分の性質をもつ任意捜査の方法があり、任意捜査の方法が原則であることはすでに触れたとおりです。

　任意捜査は、捜査を受ける相手方がいない場合を除き、相手方の同意または承諾を前提として行われるものであって、相手方の意思にかかわりなく強制的に行われる強制捜査が、刑事訴訟法に特別の規定がある場合に限り行うことができるのと異なり、その方法には特に制限がありません。すなわち、刑事訴訟法上の規定の有無にかかわらず、捜査の目的を達成するために必要な範囲で、捜査官の裁量によって行うことができるのです（刑訴法第197条第1項本文）。

　例えば、被疑者の任意同行や家屋内での実況見分などは、刑事訴訟法には規定されていませんが、捜査を受ける被疑者の同意や家屋所有者の承諾がある限り、適法に行うことができます。

　このように、任意捜査においては、強制的な手段を用いることは許されませんが、相手方に有形力を用いることが一切許されないわけではなく、場合によっては、ごく軽度の有形力を用いることは許されると解されています。

　例えば、酒酔運転の被疑者を任意同行により取調べ中、退室しようとした被疑者の両手首をつかんでこれを阻止しようとした行為は、任意捜査として許される限度内の有形力の行使とされています（最高裁昭和51年3月16日決定）。

　刑事訴訟法に規定されている任意捜査の方法としては、①被疑者の出頭要求および取調べ（同法第198条）、②被疑者以外の者の出頭要求、取調べ、鑑定などの嘱託（同法第223条）、③公務所または公私の団体に対する必要事項の照会（同法第197条第2項）、④領置（同法第221条）があります。

　なお、刑事訴訟に規定されていない任意捜査の手段として、実況見分およ

び犯行現場の写真撮影があります。

1 被疑者の出頭要求および取調べ

1 被疑者の出頭要求

　被疑者を逮捕または勾留しないで捜査を進める、いわゆる在宅事件の場合、被疑者を取り調べるためには、まず、被疑者の出頭を求めなければなりませんが、刑事訴訟法は、その根拠として、「検察官、検察事務官または司法警察職員は、犯罪の捜査をするについて必要があるときは、被疑者の出頭を求め、これを取り調べることができる。」と定めています（刑訴法第198条第1項本文）。出頭を求める方法には、特に制限はありません。

　被疑者の出頭要求は、任意捜査の一つであって、被疑者の同意を前提として行われるものです。したがって、出頭を求められた被疑者は出頭の義務を負うものではなく、これを拒むこともできるし、また、いったん求めに応じて出頭したとしても、いつでも退去することができます（同項ただし書）。

　これに対し、被疑者が逮捕または勾留されている、いわゆる身柄事件においては、逮捕または勾留されている被疑者は、捜査官の要求があれば、取調室への出頭を拒むことができないし、また、出頭後、勝手に退去することも許されません（同項ただし書）。

　もともと、逮捕または勾留の処分は、被疑者の逃亡を防止し、その出頭を確保するための制度であるからです。

2 被疑者の取調べ

(1) 供述拒否権の告知

　捜査官が被疑者を取り調べる場合には、被疑者に対し、あらかじめ、自己の意思に反して供述する必要がない旨を告げなければならないことになっています（刑訴法第198条第2項）。

　憲法第38条第1項は、「何人も、自己に不利益な供述を強要されない。」

と規定し、これを受けて刑事訴訟法第319条第1項は、「強制、拷問または脅迫による自白、不当に長く抑留または拘禁された後の自白その他任意にされたものでない疑いのある自白は、これを証拠とすることができない。」と定めています。

このため、あらかじめ、自己の意思に反して供述する必要がないことを告知したうえで被疑者を取り調べることにより、被疑者の権利を保護するとともに、その反面、自白の任意性の裏付をしようとしているわけです。

(2) **供述調書の作成**

取調べの結果、被疑者が任意に供述をしたときは、その供述は、調書に録取することができます（刑訴法第198条第3項）。

調書を録取し終わったときは、その調書を被疑者に閲覧させ、または読み聞かせ、誤りがないかどうかを尋ね、被疑者が増減変更の申立てをしたときは、その供述を調書に記載しなければならないことになっています（同条第4項）。これは、調書の任意性あるいは信用性を確保するために定められた手続です。

被疑者が調書に誤りのないことを申し立てたときは、捜査官は被疑者に対し、その調書に署名押印を求めることができます。被疑者が文字を知らないとか、けがなどにより署名することができないときは、取調官が代筆したうえ、代筆の理由を記載して署名押印し、被疑者が印鑑を持っていなかったため押印ができないときは、指印（原則―左手示指）させることになっています。

しかし、被疑者は、署名押印を拒絶することもできることになっており（同条第5項）、署名または押印を拒んだときは、取調官がその旨を調書に記載し、署名押印しておくことになります。

被疑者の供述を録取した書面で、その署名または押印のあるものは、その供述が被疑者に不利益な事実の承認を内容とするものであるとき、または特に信用すべき情況の下になされたものであるときは、公判廷に

おいて証拠とすることができるとされています（同法第322条第1項）。したがって、被疑者が署名押印を拒否したため、これを欠いた供述調書は、そのままでは証拠能力がないことになります。

(3) 起訴後の取調べ

被疑者について公訴が提起されると、その者は被告人の地位に立つことになり、被疑者の身分を失うことになりますが、捜査官は、公訴の提起後も任意捜査の一方法として、この被告人を取り調べることができるかどうかについて最高裁判所は、刑事訴訟法第197条は、捜査官の任意捜査について何ら制限していないから、起訴後においても、捜査官は、その公訴を維持するために必要な取調べを行うことができると判示しています（最高裁昭和36年11月21日判決）。

2 被疑者以外の者の出頭要求、取調べおよび鑑定などの嘱託

検察官、検察事務官または司法警察職員は、犯罪の捜査をするについて必要があるときは、被疑者以外の者の出頭を求め、これを取り調べまたはこれに鑑定、通訳もしくはほん訳を嘱託することができます（刑訴法第223条第1項）。被疑者以外の者は、俗に参考人と呼ばれています。

この参考人に対する出頭の要求、取調べ、鑑定・通訳またはほん訳の嘱託は、強制力のない任意処分の形で行われます。

したがって、参考人は、捜査官からの出頭要求があっても、出頭を拒み、または出頭後いつでも退去することができますし（同法同条第2項、第198条第1項ただし書）、鑑定などの嘱託を受けた者は、これを拒否することができます。

なお、参考人は、被疑者ではなく、供述拒否権をもっていませんから、参考人に対する取調べにあたっては、供述拒否権を告知する必要はありません（同法第223条第2項、最高裁昭和25年6月13日判決）。

参考人を取り調べた場合の供述の録取、調書の作成に関しては、被疑者の

供述の録取、調書の作成に関する規定がそのまま準用されることになっています（刑訴法第223条第2項、第198条第3項～第5項）。

犯罪の捜査に欠くことのできない知識を有することが明らかであると認められる者から出頭または供述を拒否されたことにより、捜査の遂行が不可能となるような場合には、拒否した者に対する証人尋問の制度があります。すなわち、検察官は、第1回の公判期日前に限り、裁判官にこの者の証人尋問を請求することができることになっています（同法第226条）。

しかし、鑑定、通訳またはほん訳について嘱託を拒否した者に対しては、刑事訴訟法上これを強制する手段はありません。それは、一定の者に鑑定、通訳またはほん訳の嘱託を拒否されたとしても、他の能力のある者に鑑定等を嘱託することが可能であるという考え方によるものです。

参考人の取調べや鑑定等の嘱託などについては、刑事訴訟法上弁護人の立会権が認められていませんが、必要があれば検察官の裁量により、弁護人を立ち会わせることができることになっています。

検察官や検察事務官の取り調べた参考人、嘱託した鑑定、通訳またはほん訳の受託者に対しては、旅費、日当、宿泊料、鑑定料、通訳料またはほん訳料その他必要な費用が支給されます。司法警察職員が行った場合もこれに準じた運用がなされています。

3　公務所または公私の団体に対する必要事項の照会

捜査機関は、捜査について、公務所または公私の団体に照会して必要な事項の報告を求めることができることになっています（刑訴法第197条第2項）。市町村長に対する被疑者の本籍地、生年月日、家族構成などについてのいわゆる「身上照会」、銀行などに対する取引状況の照会などがこれにあたります。

照会事項の範囲については、特段の制限はありません。

この照会は、相手方の承諾を前提として行われるものではなく、照会を受

けた相手方の公務所または公私の団体は、照会に対して報告義務を負い、正当な理由がないのに報告を拒絶することはできません。しかし、報告をしないからといって、これを強制することができませんから、この意味では、この照会も1種の任意処分の性質をもち、このような方法による犯罪の捜査は任意捜査に属します。

4 領　置

　検察官、検察事務官または司法警察職員は、被疑者その他の者が遺留した物または所有者、所持者もしくは保管者が任意に提出した物を留置することができることになっています（刑訴法第221条）。このように、領置とは、遺留物または任意に提出された物を占有する処分のことですが、遺留物の中には、占有者が遺失した物のほか、みずから置き去りにした物も含まれます。
　領置は、遺留物や所有者などから任意に提出された物の占有を取得する処分、すなわち、強制的でない方法で占有を取得する任意処分ですから、令状による差押えと異なり、任意捜査の一種とされています。
　しかし、捜査機関がいったん占有を取得した以上は、差押えの場合と同様、その物は、押収物件となり、提出者が還付（返還）を求めても、捜査上必要があるときは、還付を拒否することができます。

5 実況見分

1　実況見分の意義
　実況見分とは、物、身体または場所の状況を直接五官（感）作用（視覚、嗅覚、触覚、味覚または聴覚）によって実験・認識し、または現認（現実に確認すること）することですが、刑事訴訟法上定められた捜査方法ではなく、実務上行われている捜査方法です（犯罪捜査規範第104条第1項）。

2 実況見分の性質等

　実況見分は、相手方の同意がある場合や公道上など、誰の同意も承諾も必要としない公共の場所で行われるもので、強制力の伴わない任意捜査の一種とされています。強制力を伴わない点を除けば、その方法は前述の検証と同じです。

　実況見分は、居住者、管理者その他の関係者の立会いを得て行い、その結果を実況見分調書に記載し、できる限り、図面や写真を添付しなければならないことになっています（犯罪捜査規範第104条第2項、第3項）。

　なお、消防機関においても、違反処理の実務上、消防法令違反等の事実を確認するための調査方法の一つとして、実況見分の用語を用いていますが、これは、消防法第4条第1項または同法第16条の5第1項に基づく立入検査そのものです。立入検査は、五官作用により消防対象物や貯蔵所等の位置、構造、設備または管理の状況が消防法令に適合しているか否か、つまり消防法令違反の事実の有無を確認する行為だからです。

　そして、このような立入検査のうち、違反処理の対象としている特定の違反事実を確認するために行う立入検査を実務上実況見分と呼んでいるにすぎないのです。

　したがって、ここにいう実況見分の法的根拠は、消防法第4条第1項または同法第16条の5第1項であり、個人の住居内において実況見分を行う場合以外は、法的には関係者の承諾も同意も得る必要がないわけですが、実務上、実況見分を行う場合に、関係者の承諾や同意を得て行うことにしているとすれば、それは、法的な要請ではなく、運用上行っているにすぎないと理解すべき事柄でしょう。

　火災原因等の調査のための実況見分も消防法第34条第1項の立入検査のいわば別称です。

　そもそも、消防機関において実務上用いられている実況見分の用語は、捜査機関において、任意捜査の一手段として行われてきた実況見分という用語を移用したものですが、法的根拠があるという点で後者と異なり、相

手方から拒否された場合は強行できない点で後者と共通しています。

6　犯行現場写真の撮影

　犯行現場で被疑者の行動を撮影することは、一種の任意捜査として、別段令状なしに行うことが可能であるとされています。

　何人も、その承諾がなければ、みだりに写真をとられたり、これを公表されることがないという権利（肖像権）があるとされていますが、現に犯罪行為を行うこと自体その肖像権を放棄しているものとみられますし、また、現に犯罪行為が行われている場合、その状況を撮影することは、犯罪捜査のために必要であるという公益目的の正当性から許されるという考え方も成り立ちます。

　判例も、違法な集団行進に対する警察官の写真撮影行為について、「現に犯罪が行われ、もしくは行われたのち間がないと認められる場合であって、しかも、証拠保全の必要性および緊急性があり、かつ、その撮影が一般的に許容される限度をこえない方法をもって行われたときは、撮影される本人の同意がなく、また、裁判官の令状がなくても、警察官による個人の容ぼう等の撮影が許容されるものと解すべきである。」との見解に立ち、警察官の撮影行為は、「現に犯罪が行われていると認められる場合になされるものであって、しかも多数の者が参加し刻々と状況が変化する集団行為の性質からいって、証拠保全の必要性および緊急性が認められ、その方法も一般的に許容される限度をこえない相当なものであったと認められるから、たとえそれが被告らの集団行進者の同意もなく、その意思に反して行なわれたとしても、適法な職務執行行為であったといわなければならない。」（最高裁昭和44年12月24日判決）として、写真撮影行為の適法性を認めています。

〔6〕事件の送致・送付

1　事件送致の一般原則

　司法警察員は、犯罪を捜査したときは、刑事訴訟法上特別の定めがある場合を除き、原則として、すみやかに書類および証拠物とともに事件を検察官に送致しなければならないことになっています（刑訴法第246条本文）。
　「犯罪を捜査したとき」とは、相当の期間内に、司法警察員としてなすべき捜査を終了したときはという意味です。
　なお、事件送致後においては、司法警察員は、その事件についてもはや捜査ができないとか、補充捜査の必要がないというわけではありません。

2　事件送致の例外

　このように、司法警察員が犯罪の捜査を終了したときは、事件をすみやかに送致するのが原則ですが、これには、次のような例外があります。
① 　司法警察員が被疑者を自ら逮捕した場合または逮捕された被疑者を受け取った場合で、留置を継続する必要があると思料するときは、捜査終了前であっても、逮捕の時から48時間以内に、被疑者を書類および証拠物とともに、検察官に送致する手続をとらなければなりません（刑訴法第203条第1項、第211条、第216条）。
② 　司法警察員が告訴、告発または自首を受けたときは、すみやかにこれに関する書類および証拠物を検察官に送付しなければなりません（同法第242条、第245条）。
　　なお、告訴、告発事件や自首事件であっても、被疑者を逮捕することができますが、その場合には、前①の手続によって処理されることにな

ります。
③ 「検察官が指定した事件」については、送致する必要がありません（同法第246条ただし書）。ここにいう「指定」とは、検事総長の通達に基づいて、各地方検察庁の検事正が発しているいわゆる「微罪処分に関する一般的指示」のことです。すなわち、司法警察職員が捜査した成人の刑事事件であって、犯罪の内容が軽微で、次のいずれかに該当する事由があり、刑罰を科することを必要としないと明らかに認められるものは、事件送致の手続をする必要がないとされています（犯罪捜査規範第195条）。

① 被害額僅少で、かつ、犯情軽微であり、盗品等の返還その他被害の回復が行われ、被害者が処罰を希望せず、かつ、素行不良でない者の偶発的犯行であって、再犯のおそれのない窃盗、詐欺または横領事件およびこれに準ずる事由がある盗品等に関する事件

② 得喪の目的である財物がきわめて僅少で、かつ、犯情も軽微であり、共犯のすべてについて再犯のおそれのない初犯者の賭博事件

③ その他、検事正が特に指示した特定罪種の事件

第 3 部

公訴の提起（起訴）

第3部　公訴の提起（起訴）

〔1〕総　説

1　公訴の提起（起訴）の意義

　公訴の提起とは、検察官が裁判所に対し、特定の刑事事件について審判（審理および判決）を求める意思表示のことで、起訴とも呼ばれています。

　公訴の提起には、公判審理を求める公判請求（正式裁判の請求、俗に「正式起訴」と呼ばれています。）と簡易裁判所の書類審査による審理を求める略式請求（略式裁判の請求、俗に「略式起訴」と呼ばれています。）がありますが、量的には後者の方が圧倒的に多く、ちなみに、消防法令違反の告発に対する検察官の起訴については、その大半が略式起訴となっています。

2　国家訴追主義・起訴独占主義

　公訴を提起する権限のことを「公訴権」あるいは「起訴権」といいますが、公訴権は、国家機関である検察官が行使するので、これを国家訴追主義といい、また、国家機関のなかでも検察官だけが行使することができるので、これを起訴独占主義といいます。もっとも、起訴独占主義には、準起訴手続（付審判請求手続）という例外的な制度がありますが、これについては後で触れることにします。

　公訴の提起が公正に行われることは、公正な裁判が行われるための基本的な前提要件ですが、公訴の提起を被害者や一般の私人に委ねてしまうと、不公正な訴追が行われるおそれがあります。

　そこで、独立した国家機関である検察官だけに公益の代表として公訴権を

認めることが、公訴の提起を公正に保つうえでより適切であるという考え方に基づくものです。

3 起訴便宜主義

　刑事訴訟法第248条は、「犯人の性格、年令および境遇、犯罪の軽重および情状ならびに犯罪後の情況により訴追を必要としないときは、公訴を提起しないことができる。」と定め、公訴権をもつ検察官に対し、公訴の提起について裁量権を認め、犯人の情状や犯罪の軽重等により、起訴しない選択をすることができる制度を採用しています。

　このように、公訴権を有する検察官が自己の裁量で、犯罪が成立し、有罪を得ることができる場合であっても、あえて訴追しないという選択をすることができる制度を起訴便宜主義といいます。ここにいう「便宜」とは、同法同条に列挙された諸事情について、公正、かつ、客観的に判断したうえで、公訴を提起するか否かを合理的に決定するということで、不公正、かつ、独断的（主観的）な決定を認めるものではありません。

　なお、起訴便宜主義に対して、犯罪が成立すれば必ず公訴を提起し、その処罰を求めなければならないという制度を起訴法定主義といいます。

〔2〕公訴提起の手続

1 公訴提起の方法

　公訴の提起は、起訴状を管轄裁判所に提出することによって行われます（刑訴法第256条第1項）。

　判決は口頭で行われ、判決書はこれを証明する文章にすぎませんが、これと異なり、起訴状の提出は、それ自体公訴の提起を有効に行うための方法であり、口頭による方法は認められていません。

　公訴の提起と同時に、簡易な事件については、略式命令（同法第462条）や即決裁判（交通事件即決裁判手続法才4条第1項）を請求することができますが、これらの請求をしない公訴の提起は、裁判所による正規の公判を請求することになりますから、通常、「公判請求」と呼ばれています。

　また、公訴を提起する際、検察官は、起訴状の謄本（コピー）を裁判所に提出することになっています。これは、裁判所から被告人に送付するためのものです。

2 起訴状の記載事項

　起訴状には、次の事項を記載しなければなりません（刑訴法第256条第2項、第3項、第4項）。

① 被告人の氏名その他被告人を特定するに足りる事項（被告人の年令、職業、住居および本籍、被告人が法人のときは、その事務所ならびに代表者または管理人の氏名および住居—刑訴規則第164条第1項）
② 公訴事実
③ 罪名

このうち、公訴事実は、訴因を明示しなければならず（刑訴法第256条第3項）、また、罪名は、適用される罰条を明示して記載しなければならないことになっています（同条第4項本文）。

ここで、「公訴事実」とは、検察官が裁判所に対して審判を求める犯罪事実のことです。「訴因」とは、裁判所の審判の対象となるもので、公訴事実に明示され、特定された罪となるべき事実、あるいは犯罪構成要件に該当する具体的事実のことです。また、「訴因を明示し」とは、できるだけ日時、場所および方法を示して犯罪事実を特定しなければならないということです。その趣旨は、裁判所に対して審判を求める範囲を特定するとともに、被告人に対して防御の範囲を特定することにあります。

起訴状には、このほか、起訴状の作成年月日、検察庁名、検察官の署名・押印などが記載されます（刑訴規則第58条・第59条）。

なお、被告人が逮捕または勾留されているときは、起訴状という標題の下に、例えば「(勾留中)」と表示され、また、身柄を拘束されていないときは、「(在宅)」というように表示されます。

参考までに、消防法令違反に関する起訴状の実例を掲げると、次のとおりです。

（その1）

昭和46年検第○○○号

起 訴 状（在宅）

左記被告事件につき公訴を提起する。
　昭和47年12月19日
　　東京地方検察庁
　　　　検察官検事○○○○㊞
東京地方裁判所殿
本籍　　東京都板橋区大谷口北町○○番地
住居　　埼玉県八潮市大字新町○○番地○○寮内

職業　自動車運転手

消防法違反　〇〇〇〇

昭和18年6月15日生

　　　　　　　　公　訴　事　実

　被告人は、危険物取扱者でないのに、甲種危険物取扱者または乙種危険物取扱者を立ち会わせないで、昭和46年7月6日午後1時30分ころ、東京都足立区西伊興町53番地の13先道路上において、政令で定める技術上の基準に従わずに、危険物の貯蔵所である移動タンク貯蔵所（タンクローリー車）より、同所付近の用水堀の水中に、危険物であるアルコール類イソプロパノール約65パーセント・同メタノール約26パーセントを含有する工場廃液約4,000リットルを流出させ、もって、貯蔵所において不法に危険物を取り扱ったものである。

　　　　　　　　　罰　　条

　消防法第42条第1項第5号・第43条第1項第2号・第13条第3項・第10条第3項

　危険物の規制に関する政令第27条第5項第3号

（その2）

　　　　　　　　　　　　　　　　　　　　昭和49年検第〇〇号

　　　　　　　　起　訴　状（在宅）

左記被告事件につき公訴を提起し、略式命令を請求する。

　昭和〇〇年〇月〇日

　　新宿区検察庁

　　　　検察官副検事〇〇〇〇㊞

新宿簡易裁判所殿

本店の所在地　東京都新宿区下落合2丁目〇〇〇番地

法人の名称　株式会社〇〇

代表者の住居　東京都新宿区戸塚町3丁目〇〇〇番地

代表者の氏名　○○○○
本籍　東京都新宿区下落合1丁目○○○番地
住居　同区戸塚町3丁目○○○番地

　　　　　　　　公　訴　事　実
　被告人会社株式会社○○は、東京都新宿区下落合2丁目○○○番地（新町名は同区下落合一丁目○○番○号）に本店を置き旅館業を営むもの、被告人○○○○は同会社代表取締役としてその旅館営業全般の業務を統括しているものであるが、同会社が被告人○○○○から借り受け、旅館として使用中の木造二階建ラスモルタル塗瓦葺の建物は、その延面積が約1,637.288メートルあるから、避難口誘導灯、通路誘導灯および自動火災報知設備を設置すべきであるのにこれを設置しなかったので、昭和48年8月17日、東京消防庁淀橋消防署長から被告人会社代表取締役○○○○宛に右各消防用設備等を同年10月16日までに設置すべき旨命ぜられたので、被告人○○○○において、その命令に従って右期間内にこれらを設置すべきであるのに、右被告人会社の業務に関しその命令に違反して前記各消防用設備等を右建物に設置しなかったものである。

　　　　　　　　罪名および罰条
　消防法違反　同法第42条第1項第7号、第45条、第17条の4、第17条第1項、消防法施行令第21条、第26条、消防法施行規則第23条第5項

（その3）

　　　　　　　　　　　　　　　　　　　　昭和62年検第○号
　　　　　　　　起　訴　状（在宅）
左記被告事件につき公訴を提起し、略式命令を請求する。
　昭和62年1月10日
　　　立川区検察庁
　　　　　検察官副検事○○○○㊞

立川簡易裁判所殿
本籍　富山県富山市水橋町○○○番地
住居　東京都府中市日鋼町○番地の3
職業　灯油販売業
○　○　○
昭和8年3月28日生

公　訴　事　実

　被告人は、法定の除外事由がないのに、昭和60年7月4日、東京都府中市美好町2丁目○番地○○○○石油株式会社ウエストサービスステーション敷地内に駐車中の自己の普通貨物自動車荷台に設置した二基のタンク内に危険物である第4類第二石油類1,049リットルを積載し、もって、指定数量（500リットル）以上の危険物を貯蔵所以外の場所で貯蔵したものである。

罪名および罰条
消防法違反　同法第41条第1項第2号、第10条第1項
同法別表（第4類の項）

3　起訴状一本主義

　戦前の刑事訴訟手続では、検察官は、起訴状とともに、捜査で集めた証拠書類や捜査記録などをまとめて裁判所に提出していました。裁判官は、これらの書類や記録を十分に吟味したうえで審判にのぞんでいたのですが、検察側の提供する資料のほとんどは、被告人にとって不利なものです。

　このため、資料を受け取った裁判官の心証は、被告人が罪を犯した可能性が高いと有罪の方向に傾いてしまうおそれがあったわけです。公判が始まる前から裁判官がこのような予断に充ちていては、憲法の要請する「公平な裁判」（憲法第37条第1項）を期待することができません。

　そこで、現行の刑事訴訟法は、被告人にとって不利益となる予断を排除し、

公平な裁判を実現するため、起訴状一本主義を採用しました。

起訴状一本主義とは、起訴状には、裁判官に事件に関して予断を生じさせるおそれのある書類その他の物を添付したり、その内容を引用してはならないという原則のことです（刑訴法第256条第6項）。

予断を抱かせるような書類や記載を排除することで、裁判官が真っ白な状態で裁判にのぞめるようにし、公平な裁判の実現を図っているわけです。

このようなことから、起訴状には、事件送致書、供述調書、告訴状、告発状（書）、前科調書などを添付することができないのはもちろん、公訴事実のなかに、犯罪の構成要件に該当する事実と無関係な被告人の経歴、性行、前科などを記載することも、原則として許されないことになっています。

例えば、詐欺罪で起訴された事件について、起訴状に「被告人は詐欺罪により既に2度処罰を受けたものであるが、………」と記載されたことが問題となったことがあります。これに対して、最高裁判所は、「このように詐欺事件の公判について、詐欺の前科を記載することは、両者の関係からいって、公訴事実につき、裁判官に予断を生ぜしめるおそれのある事項にあたると解しなければならない。」として、起訴を無効とした事例があります。

もっとも、恐喝罪を犯したとして起訴された被告人が、恐喝の手段として、相手方に前科のあることを告げた場合のように、前科のあることを犯罪の手段として使った場合には、例外的に起訴状に前科のあることを記載することが許されるとされています。

4　公訴提起の効力と効果

1　公訴提起の効力

公訴の提起は、起訴状を裁判所に提出し、受理されることによってその効力が発生するもので、その謄本が被告人に届いたときに発生するものではありません。しかし、起訴状の謄本が二か月以内に被告人に送達されなかったときは、公訴の提起は、遡ってその効力を失います（刑訴法第271

条第2項)。この場合、裁判所は決定で公訴を棄却しなければならないことになっています(同法第339条第1項第1号)。

2 公訴提起の効果

公訴が提起されると、その被告人に対し、起訴状に記載された公訴事実について審理が開始されることになります。

裁判所は、公訴が提起されない事件については審判をすることができません。これを「不告不理の原則」といいます。

公訴が提起されると、公訴時効(あとで説明します)が停止します。

なお、公訴は、第1審判決があるまではいつでもこれを取り消すことができます。

5 訴訟条件

「訴訟条件」とは、公訴の提起を適法に行うことができるための要件のことで、一般に次のような事項があげられます。
① 受訴裁判所が裁判権および管轄権をもっていること。
② 検察官が適法な訴追権限をもっていること。
③ 被告人に当事者能力(被告人となり得る資格)があること。
④ 同一事件が別の裁判所に係属していないこと。
⑤ 公訴時効により公訴権が消滅していないこと。

なお、このほか、特定の犯罪については、適法に公訴を提起するための特別の要件として、事前に告訴、告発または請求などの特別の手続を必要とするものもあります。例えば、国税の脱税犯を適法に起訴するためには、検察庁への国税庁の告発が必要です。

〔3〕 公訴の時効

1 公訴の時効の意義

「公訴の時効」とは、犯罪が成立し、終了した後、公訴を提起しないで一定の期間が経過すると、検察官の公訴権が消滅してしまうことです（刑訴法第250条）。

公訴の時効によって公訴権が消滅することを時効の完成といいますが、時効が完成すると、検察官が公訴を提起しても、裁判所は、有罪か無罪かの審判をすることなく、免訴の判決をくだすことによって訴訟は終了してしまいます（同法第337条第4号）。

このような公訴の時効の制度は、時間の経過によって犯罪に対する可罰性が減少するとともに、有罪の証拠もまた無罪の証拠もともになくなってしまい、犯罪に関する真実の発見が困難になるという趣旨から設けられたものです。

なお、公訴の時効に似たことばとして、「刑の時効」がありますが、刑の時効とは、裁判によって刑が確定した後、その執行を受けることなく一定の期間がすぎると、その刑の執行が免除されるということです。

2 公訴時効の期間

公訴時効の期間は、法定刑を基準として決定されます。すなわち、死刑にあたる罪については25年、無期懲役または禁錮にあたる罪については15年、長期15年以上の懲役または禁錮にあたる罪については10年、長期15年未満の懲役または禁錮にあたる罪については7年、長期10年未満の懲役または禁錮にあたる罪については5年長期5年未満の懲役もしくは禁錮または罰

金にあたる罪については3年、拘留または科料にあたる罪については1年となっています（刑訴法第250条）。

ところで、消防法令違反の場合、望楼・警鐘台の損壊・撤去罪（法第38条）および製造所等からの危険物の漏出等による致死傷罪（法第39条の2第2項）については、いずれも法定刑が7年以下の懲役、また、火災報知機等の損壊・撤去罪（法第39条）および過失による製造所等からの危険物の漏出等に伴う致死傷罪（法第39条の3第2項）については、いずれも法定刑が5年以下の懲役となっています。したがって、これらの罪の公訴時効の期間は、5年ということになります。

これらの消防法令違反以外で、法定刑が法定刑は10年未満の懲役に該当し、5年未満の懲役刑または罰金刑となっている規定違反や命令違反は、すべて時効期間が3年となります。

参考までに消防法令違反の公訴時効期間を図示すると、**表2**のとおりです。

なお、両罰規定の適用によって、違反行為者のほかに事業主も、違反行為者に対する監督責任（過失責任）として処罰を受ける場合、違反行為者に対する法定刑として懲役刑が定められていても、事業主に対しては罰金刑または科料のみが科されることになっていますから、両者の間に法定刑の違いが

表2　消防法令違反の公訴時効期間

	罪　　名	時効期間
1	望楼・警鐘台の損壊・撤去罪（法第38条）	5年
2	製造所等からの危険物の漏出等による致死傷罪（法第39条の2第2項）	5年
3	火災報知機等の損壊・撤去罪（法第39条）	5年
4	過失による製造所等からの危険物の漏出等による致死傷罪（法第39条の3第2項）	5年
5	上記以外の規定違反または命令違反で、法定刑が5年未満の懲役刑または罰金刑となっているすべてのもの	3年

生じます。

そこで、事業主に対する刑罰の時効期間は、いずれの法定刑を基準として算定すべきかが問題となりますが、判例は、違反行為者と事業主に対する刑罰の時効期間は別個に考えるべきであると判示しています（最高裁昭和35年12月21日判決）。

3　公訴時効の期間の算定

公訴時効の期間は、犯罪が成立し、終了したときから起算されます（刑訴法第253条第1項）。例えば、あるホテルの代表取締役が、所轄消防署長から、消防法第17条の4第1項により、平成17年7月10日までにスプリンクラー設備を設置するよう命令を受けたが、履行期限の7月10日になっても同設備を設置しないときは、その日に命令違反が成立し、終了しますから、公訴時効は、7月10日から起算されることになります。

また、継続犯（違反が成立しても、違反状態「法益を侵害する状態」が存続する間は、違反の終了はなく、違反状態が是正されることによって、はじめて違反が終了するもの、代表的な例として、危険物の無許可貯蔵があげられます。）については、違反行為が是正されることによって終了したときから起算されます。例えば、ある工場内で、危険物の無許可貯蔵が平成15年4月ごろから行われており、同17年7月15日の立入検査によって発見され、同年7月20日に是正されたときは、無許可貯蔵違反の公訴時効は、違反の終了した7月20日から起算されます。

4　公訴時効の停止

公訴の時効は、次のような場合に進行が停止されます。
① ある事件について公訴が提起されたとき
　公訴の提起によって、いったん停止された公訴時効は、公訴棄却の判決が

決定すると、その時から再び時効の進行が始まります（刑訴法第254条第1項）。

② ある事件に関し、共犯者の1人について公訴が提起されたとき

この場合には、その共犯者について裁判が確定すると、再び時効の進行が始まります（同条第2項）。

③ 犯人が国外にいるとき

この場合は、犯人が国外にいる期間、時効の進行が停止されますが（同法第255条第1項）、日本に生活の本拠を有していながら、短期間、国外旅行をしているような場合は、国外にいるとはいえないと解されています。

しかし、犯人が国外にいる以上、逃げ隠れている必要もなく、国外にいる理由のいかんを問いません（最高裁昭和37年9月18日判決）。

④ 犯人が逃げ隠れているため、起訴状の謄本の送達または略式命令の告知が有効にできなかったとき

この場合は、逃げ隠れている期間、時効の進行が停止されます（同条同項）。

〔4〕不起訴処分

　検察官は、被疑事件について、訴訟条件が欠けている場合、犯罪を構成しない場合、嫌疑がない場合などには、不起訴処分をすることになります。

　なお、犯罪の嫌疑が認められる場合でも、起訴便宜主義により、「犯人の性格、年令および境遇、犯罪の軽量および情状ならびに犯罪後の情況により訴追を必要としないとき」（刑訴法第 248 条）にも不起訴処分とすることができます。

1　不起訴処分の理由

　不起訴処分は、いろいろな理由によって行われますが、その理由によって分類すると、次のようなものに分けられます。

(1) **訴訟条件がかけていることを理由とする不起訴処分**

①　被疑者が死亡したとき

②　処罰の対象となる法人等が消滅したとき

③　裁判権がない場合

　被疑事件がわが国の裁判管轄に属さないときに行われます。

　例えば、天皇や在任中の摂政の行為（憲法第 1 条、皇室典範第 21 条）、外国元首や外交使節の行為（外交関係に関するウィーン条約）、国際連合関係者の任務遂行中における行為（国際連合の特権および免除に関する条約）その他国際条約または国際慣習上治外法権が認められている者の行為（領事官の任務遂行中の行為など）にはわが国の裁判権がありません。

④　親告罪について被害者の告訴がない場合のほか、告発や請求がなければ起訴できない被疑事件について、告訴や請求がない場合または告発や請求が無効もしくは取り消された場合

⑤ 道路交通法違反の反則金納付の通告がないとき（道路交通法第130条）

⑥ 道路交通法違反の反則金がすでに納付されているとき（道路交通法第128条第2項）

⑦ 同一事件について、すでに確定判決がなされているとき

⑧ 同一事件について、すでに少年法第24条第1項の保護処分がなされているとき

⑨ 同一事件ついて、すでに公訴が提起されているとき

⑩ 犯罪後の法令により刑が廃止されたとき

⑪ 被疑事実について大赦があったとき

　大赦とは、恩赦（行政権によって国家の刑罰権の全部または一部を消滅させ、犯罪者また被疑者をゆるす制度）の一種で、政令で罪の種類を定めて行うもの

⑫ 公訴の時効が完成したとき

(2) **被疑事実が犯罪とならないことを理由とする不起訴処分**

① 被疑者が犯罪行為時14歳に満たないとき（刑法第41条）

② 被疑者が犯罪行為時心神喪失者であったとき（刑法第39条第1項）

③ 罪とならず

　「罪とならず」とは、被疑事実が犯罪構成要件に該当しないとき、または犯罪の成立を阻却する理由があるとき、例えば、正当防衛、正当な業務による行為（正当行為）、緊急避難に該当することが明らかなときを指します。

(3) **証拠がないことを理由とする不起訴処分**

① 嫌疑なし

　「嫌疑なし」とは、被疑事実について、被疑者が犯罪行為者でないことが明白なとき、または犯罪の成否を認定する証拠のないことが明白なときを指します。例えば、真犯人が現れたり、アリバイが成立したりして、人違いであることが明らかになった場合などがこれにあたります。

② 嫌疑不十分

「嫌疑不十分」とは、被疑事実について、犯罪の成立を認定する証拠が十分でないときを指します。

(4) **証拠は十分であっても、起訴すべきでない理由がある場合**

① 刑の免除

「刑の免除」とは、被疑事実が明白であっても、法律上刑が免除されるとき、例えば、直系血族（自分の親、子供など）、配偶者および同居の親族（6親等内の血族、配偶者および3親等内の姻族—民法第725条）の間で行われた窃盗罪の場合など

② 起訴猶予

起訴猶予は、被疑事実が明白であっても、被疑者の性格、年令および境遇、犯罪の軽重および情状ならびに犯罪後の情況により訴追を必要としないと検察官が認めた場合に行われます。つまり、犯罪は成立するけれども勘弁してやろうというのが起訴猶予の処分です。

不起訴処分の理由は、以上のとおりですが、このうち、不起訴処分の理由として代表的なものとしては、公訴時効の完成、罪とならず、嫌疑なし、嫌疑不十分、起訴猶予があげられます。

2　不起訴処分の効果

検察官の行う不起訴処分は、判決のような既判力をもっていません。つまり、事件の内容が確定し、同一事件について再び起訴することが許されないというような効果をもっていません。また、不起訴処分がなされたからといって、検察官の公訴権が消滅してしまうわけでもありません。

したがって、検察官は、被疑事件を不起訴処分にしたのちでも、その後新たな証拠が発見されたり、欠けていた訴訟条件が備わったり、あるいは起訴猶予処分を相当としないような新たな事情が発生した場合には、いつでも、いったん不起訴とした被疑事件について、あらためて公訴を提起することが

できます。

3　不起訴処分を行った場合の措置

　検察官は、被疑事件について不起訴処分をした場合、被疑者からの請求があったときは、すみやかに、不起訴処分にしたことを告げなければなりません（刑訴法第259条）。また、告訴、告発または請求のあった事件を不起訴処分とした場合には、その処分をした旨を告訴人、告発人または請求人に通知し（同法第260条）、さらに、告訴人、告発人または請求人からの請求があったときは、すみやかに、これらの者に不起訴の理由（「罪とならず」、「嫌疑なし」、「嫌疑不十分」または「起訴猶予」などの区分）を告げなければなりません（同法第261条）。

4　不起訴処分に対する救済制度

　わが国では、すでに説明したように、検察官による起訴独占主義および起訴便宜主義の制度が採用され、被疑事件について犯罪が成立するか否かの判断、犯罪が成立した場合、公訴を提起するか否かの判断などは、すべて検察官に任せられ、検察官が、公正、かつ、客観的な立場から適正妥当な事件処理を行うことが期待されています。しかし、公訴を提起した事件については、裁判所によって公正な裁判が行われることになりますが、不起訴処分となった事件については、検察官の判断が最終的なものとなります。

　そこで、検察官の処分の公正性を担保するため、次のような三つの制度が設けられています。

1　検察審査会に対する審査の申立て

(1)　**検察審査会への審査申立人**

　　　告訴もしくは告発をした者、請求を待って受理すべき事件について請求をした者または犯罪により被害をこうむった者は、検察官の不起訴処

分に不服があるときは、その検察官の属する検察庁の所在地を管轄する検察審査会にその処分の当否の審査の申立てをすることができることになっています（検察審査会法第30条）。

(2) **検察審査会の構成等**

検察審査会は、「公訴権の実行に関し民意を反映させてその適正を図るため」（同法第1条）に設けられているもので、地方裁判所の管轄区域内に少なくとも一つ置かれます（同法第1条）。

検察審査会は、管轄区域内の衆議院議員の選挙権を有する者の中からくじで選ばれた11人の検察審査員で構成され（同法第4条）、定期および臨時に会議を開き（同法第21条）、①不起訴処分の当否、②検察事務の改善に関する建議または勧告を行いますが（同法第2条第1項）、検察審査会は独立してその職権を行うものとされています（同法第3条）。

検察審査員の任期は、6か月です（同法第14条）。

(3) **検察審査会への審査申立ての方法等**

検察審査会への審査の申立ては、書面により理由を明示して行われなければなりません（同法第31条）。また、検察審査会は、申立てをまたずに職権で審査を開始することもできることになっています。すなわち、検察審査会は、その過半数の議決があるときは、みずから知り得た資料に基き、職権で検察官の公訴を提起しない処分の当否について審査を行うこともできるのです（同法第2条第3項）。

(4) **検察審査会の審査手続**

検察審査会は、検察官から必要な資料の提出を求めるとともに、必要に応じ、検察官の出席を求めてその意見を聴取し（刑訴法第35条）、さらに、必要に応じ、公務所または公私の団体に照会して必要な事項の報告を求め（同法第36条）、審査申立人や証人の出頭を求めて尋問し（同法第37条）、あるいは専門的助言者の助言を求める（同法第38条）などして、検察官の不起訴処分の当否について審査したうえ、議決をします。

議事は過半数で決しますが（同法第27条）、「起訴相当」の議決については、8人以上の多数者の賛成を必要とします（同法第39条の5第2項）。

検察審査会が「起訴相当」の議決をした場合は、理由を付した議決書が作成され、その謄本は、不起訴処分をした検察官指揮監督する検事正および検察官適格審査会に送付されるとともに、議決の要旨が公示されますが、審査申立人の対しても、議決の要旨が通知されます（同法第40条）。

(5) **検察審査会の議決の効果**

議決書が送付されると検察官は、速やかに公訴を提起すべきか否かの処分の決定を行い（検審法第41条第1項）、処分決定後直ちにその旨を検察審査会に通知する義務を負います（同条第3項）。

検査審査会が検察官から公訴を提起しない旨の通知を受けたときは、その処分の当否について再審査を行うことになりますが（同法第41条の2第1項）、その際審査補助員（主として弁護士）を委嘱し、法律に関する専門的な知見を踏まえながら再審査が行われます（同法第41条の4）。その結果、起訴を相当と認めるときは、審査員8人以上の多数決により「起訴議決」を行うことができますが（同法第41条の6第1項）、その際あらかじめ検察官に対して審査会に出席し、意見を述べる機会を与えなければならないことになっています（同条第2項）。

検察審査会が起訴議決をしたときは、その謄本を当該検察官を指揮監督する検事正・検察官適格審査会および地方裁判所に送付されます（同法第41条の7）。これによって、裁判所は、起訴議決がなされた事件について公訴の提起と維持にあたる弁護士を指定し（同法第41条の9第1項）、起訴議決にかかる事件について検察官の職務を行い、速やかに公訴を提起しなければならないことになっています（同法第40条の10）。なお、検察事務官や司法警察職員に対する捜査の指揮は、検察官に嘱託して行われます（同法第41条の9第3項）。

2　準起訴手続（付審判請求手続）

(1)　意義

　　刑法上の公務員職権濫用罪（第193条）、特別公務員職権濫用罪（第194条）、特別公務員暴行陵虐罪（第195条）および特別公務員職権濫用等致死傷罪（第196条）または破壊活動防止法上の公安調査官の職権濫用罪（第45条）について、検察官が公訴を提起しない場合に、これらの罪について告訴または告発をした者が、その不起訴処分に不服があるときは、その検察官の属する検察庁の所在地を管轄する地方裁判所に対し、事件を裁判所の審判に付することを請求することができます。このような制度を準起訴手続といいます（刑訴法第262条第1項）。

　　この制度は、検察官による起訴独占主義（同法第247条）および起訴便宜主義（同法第248条）の例外として認められているものです。

(2)　付審判の請求手続

　　この請求は、不起訴処分の通知を受けた日から7日以内に、付審判請求書を不起訴処分をした検察官に提出することによって行われます（刑訴法第260条、第262条第2項、刑訴規則第169条）。

　　検察官を経由させる理由は、検察官に再考の機会を与えるためです。

　　検察官は、その請求に理由があると認めたときは、公訴を提起し（同法第264条）、理由がないと認めたときは、請求書を受け取った日から7日以内に、公訴を提起しない理由を記載した意見書を添えて、書類および証拠物とともに、請求書を裁判所に送付しなければなりません（刑訴規則第171条）。

　　付審判請求は、付審判の決定があるまでは取り下げることができますが、いったん取り下げた場合には、再び付審判の請求をすることができません（刑訴法第263条）。

(3)　付審判請求についての審理および裁判

　　付審判請求についての審理および裁判は、合議体で行われ、必要があれば、合議体の構成員に事実の取調べをさせ、または地方裁判所もしく

は簡易裁判所の裁判官に、これを嘱託することができます（刑訴法第265条）。

付審判の請求を受けた裁判所は、①請求が法令上の方式に違反し、もしくは請求権消滅後になされたものであるとき、すなわち、請求が七日を徒過してから行われたとき、または請求が理由のないものであるときには、決定で請求を棄却し、②請求が理由のあるときには、事件を管轄裁判所の審判に付する旨の決定を行います（同法第266条）。

「請求が理由のない場合」とは、被疑事件について、嫌疑のないとき、嫌疑不十分のとき、証拠不十分のとき、犯罪不成立のとき、訴訟条件が欠けているとき、起訴猶予相当のときなどです。

(4) 付審判決定の効果

審判に付するとの決定があると、その事件について公訴の提起があったものとみなされ（刑訴法第267条）、一般の公訴提起があったときと同様、第一審の審理手続が開始されます。ただし、この場合、公訴の維持にあたる者は検察官ではなく、裁判所の指定する弁護士であり（同法第268条第1項）、この弁護士が裁判が確定するまで、検察官の職務を行います。検察事務官や司法警察職員の協力を必要とするときは、捜査の指揮は、検察官に嘱託します（同法第268条第2項）。

5　中止・移送処分

検察官は、被疑事件につき、公訴を提起したり、不起訴処分にするほか、場合によっては、中止処分や移送処分をすることがあります。起訴処分や不起訴処分が、検察官の事件処理として、最終的処分であるのに対し、中止、移送の処分は、中間処理といわれています。

「中止処分」とは、被疑者が不明であるとき、被疑者または重要参考人の所在が不明であるときなどの理由で捜査を継続し完結することができない場合に、捜査を一時中止する処分のことです。その後、所在不明の被疑者の所

在が判明した場合など、中止処分にした理由が解消すれば、その時点から捜査が再開されることになります。

　「移送処分」とは、検察官が、被疑事件を他の検察庁の検察官に送致する処分のことです。

　検察官は、被疑事件がその所属する検察庁に対応する裁判所の管轄に属しないものと思料するときは、書類及び証拠物とともに、その事件を管轄する裁判所に対応する検察庁の検察官に送致しなければならないことになっています（刑訴法第258条）。また、管轄権はあっても、捜査上の便宜や被疑者の都合などを考慮して、事件を管轄権のある他の検察庁の検察官に送致することもあります。例えば、犯罪地として管轄権のある裁判所に対応する検察庁の検察官から、被疑者の現在地として管轄権を有する裁判所に対応する検察庁の検察官に事件を送致する場合などがこれにあたります。

第4部

公判手続

消防官のための
刑事訴訟法入門

第4部　公判手続

〔1〕総説

1　公判の意義

　広い意味で「公判」とは、公訴の提起から訴訟が終結するまでの一切の訴訟手続をいい、刑事訴訟法の第2編第3章は、「公判」と題して起訴状の送達から第一審の終局裁判までの主要な手続について規定を設けています。このうち、公判期日における審理手続、すなわち、「公判手続」のことを狭い意味で「公判」と呼んでいます。

2　公判に関する三つの原則

(1)　公開主義

　「公開主義」とは、審判は公開の法廷で行われなければならないという原則です。これは、訴訟を広く一般市民に公開し、監視させることによって裁判の公平・公正を図ろうという考え方に基づくものです。

　公開主義は、憲法第37条第1項に定められており、公平・公正な裁判を確保するための不可欠の原則です。

　しかし、この原則も、審理を公開することが公の秩序、善良の風俗を害するおそれがあると裁判官全員が認めた場合には、非公開とすることができることになっています（憲法第82条第2項）。

(2)　口頭主義

　「口頭主義」とは、公判における当事者の主張や立証は、口頭で行わなければならないという原則のことですが、その趣旨は、裁判官に対し

て鮮明な印象を与えて正しい事実の認定をさせることにあります。

この原則に基づき、現行法は、判決をする場合には、原則として、口頭弁論に基づかなければならないと規定し（刑訴法第43条第1項）、判決の主文と理由の朗読、あるいは理由の要旨の告知を義務づけています（刑訴規則第35条第2項）。また、証拠書類の取調方法として朗読することを要求しています（刑訴法第305条、第307条）。

なお、公訴の提起など厳格な方式を必要とする訴訟行為については、例外として書面主義を採用しています（同法第256条第1項）。

(3) **直接主義（直接審理主義）**

「直接主義」とは、裁判の基礎にすることができるのは、裁判官自身が直接取り調べた証拠に限定されるという原則です。

裁判の基礎となる事実の認定は、証拠に基づいて行われますから、裁判官が正確な事実認定を行うためには、他人に証拠を調べさせるのではなく、自らが直接行う必要があるというのです（刑訴法第315条、第320条第1項）。

〔2〕 公判準備手続

検察官が公訴を提起してから、第1回公判が開かれるまでに行われる手続は、およそ次のとおりです。

1 起訴状謄本の送達

裁判所は、公訴の提起があったときは、遅滞なく起訴状の謄本を被告人に送達しなければならないことになっています（刑訴法第271条第1項）。

これは、被告人に十分な防御を行わせるための手続ですが、もし、公訴提起の日から2か月以内に起訴状の謄本が送達されない場合は、公訴の提起は、さかのぼってその効力を失い（同条第2項）、決定で公訴が棄却されることになります（同法第339条第1項第1号）。公訴の提起と被告人に対する起訴状の謄本の送達との間に、あまり時間がかかりすぎると、被告人の防御にとって不利益が生ずることになるからです。

2 弁護人選任権の告知等

裁判所は、公訴の提起があったときは、すでに弁護人が選任されている場合を除き、①弁護人を選任することができること、②貧困その他の事由により弁護人を選任できないときは、国選弁護人の選任を請求することができること、および③死刑または無期もしくは長期3年を超える懲役・禁錮にあたる事件については、弁護人がなければ開廷することができないことを、遅滞なく、被告人に知らせなければなりません。

また、裁判所は、弁護人がなければ開廷することができない事件（このような事件のことを「必要的弁護事件」といいます）の場合は、私選弁護人を選任するかどうかその他の事件の場合は、国選弁護人の選任を請求するかど

うかについて、被告人に対して回答を求め、その結果、必要的弁護事件について回答がなかったとき、または私選弁護人を選任しなかったときは、裁判長は、ただちに被告人のために国選弁護人を選任しなければならないことになっています（刑訴規則第178条）。

3　公判期日の指定等

「公判期日」とは、公法廷（公開の法廷）で審理を行う期日のことですが、裁判長は、公判期日を定めて、その期日に被告人を召喚するとともに、その期日を検察官および弁護人に通知しなければなりません（刑訴法第273条）。

裁判長は、公判期日について、検察官、被告人または弁護人の請求により、あるいは職権で変更できますが、変更するには、急を要する時を除き、これらの者の意見を聴かなければならず、急を要するため意見を聴かずに変更したときには、これらの者に異議申立ての機会を与えなければならないことになっています（同法第276条）。

また、裁判所が権限を濫用して公判期日を変更したときは、司法行政監督上の救済を求めることができます（同法第277条）。

なお、第1回の公判期日と被告人に対する起訴状謄本の送達との間には、少なくとも5日（簡易裁判所の場合は3日）の猶予期間を置かなければなりません。

4　訴訟関係人の事前準備

検察官、弁護人などの訴訟関係人は、第1回公判期日前に、できるかぎりの証拠の収集、整理を行い、相手方に対し、公判において尋問を請求する証人などの氏名、住居をあらかじめ知る機会を与えたり、公判で証拠調べの請求を予定している証拠書類や証拠物をあらかじめ閲覧する機会を与えるなど、公判が開かれた場合に、審理が迅速に行われるように事前準備に努める

ことが義務づけられています（刑訴法第299条第1項、刑訴規則第178条の2、第178条の3）。

5　訴訟関係人の出廷

　公判は、裁判官、裁判所書記官が列席し、かつ、検察官が出席して開かれます（刑訴法第282条第2項）。
　また、被告人も、原則として、出頭しなければならず（同法第285条）、弁護人は、必要的弁護事件の公判の場合は、出頭しなければなりません（同法289条）。
　被告人が公判期日への出頭が免除されているのは、次のような場合です。
① 　被告人が法人である場合には、その代理人を出頭させることができます（同法第283条）。
② 　50万円以下の罰金または科料にあたる事件（刑法、暴力行為等処罰に関する法律および経済関係罰則の整備に関する法律以外の罪については、当分の間、5万円）については、公判期日への出頭は必要ないとされ、代理人を出頭させることが認められています（同法第284条）。
③ 　拘留にあたる事件の被告人は、判決を宣言する公判期日には出頭しなければなりませんが、それ以外の場合には、裁判所の許可を得て出頭しないことができます（同法第285条第1項）。
④ 　長期3年以下の懲役、禁錮または50万円を超える罰金（刑法、暴力行為等処罰に関する法律および経済関係罰則の整備に関する法律以外の罪については、当分の間、5万円）にあたる事件の被告人は、冒頭手続（後述）および判決宣言の公判期日には出頭しなければなりませんが、それ以外の場合には、裁判所の許可を得て出頭しないことができます（同条第2項）。
　以上の場合のほかは、被告人は、公判期日に出頭することが義務づけられ、被告人が出頭しなければ、原則として、開廷することができないことになっていますが（同法第286条）、勾留中の被告人が公判期日に召喚を受け、正

当な理由なく出頭を拒否し、監獄官吏による引致を著しく困難にしたときは、裁判所は、被告人が出頭しなくても、例外的に開廷し、公判手続を行うことができます（同法第286条の2）。

公判廷において、出席者がどのような位置に席を占めるかについては、特に規定はありませんが、**図4**のような法廷図となっています。

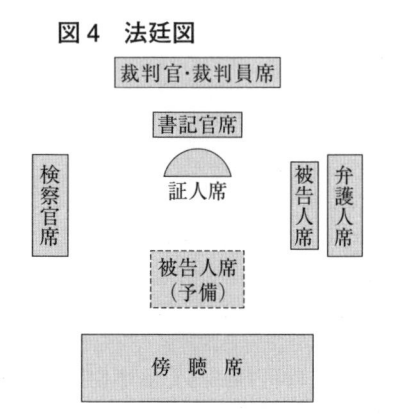

図4　法廷図

```
            ┌─────────────┐
            │裁判官・裁判員席│
            └─────────────┘
              ┌───────┐
              │書記官席│
              └───────┘
    ┌──┐      ╭───╮      ┌──┐ ┌──┐
    │検│      │証人席│     │被│ │弁│
    │察│              　　 │告│ │護│
    │官│              　　 │人│ │人│
    │席│              　　 │席│ │席│
    └──┘                   └──┘ └──┘
              ┌───────┐
              │被告人席│
              │ （予備）│
              └───────┘

            ┌─────────────┐
            │　傍　聴　席　│
            └─────────────┘
```

〔3〕公判前整理手続

1　公判前整理手続の意義

　裁判所は、充実した公判の審理を継続的、計画的、かつ、迅速に行うため必要があると認めるときは、検察官および被告人または弁護人の意見を聴いて、第1回公判期日前に、決定で、事件の争点および証拠の整理をすることができることになっています（刑訴法第316条の2第1項）。このような、刑事裁判における公判審理の一層の充実・迅速化を図るための手続を公判前整理手続といいます。

2　公判前整理手続が導入された背景

　従来、刑事裁判においては、予断排除の原則が適用され、裁判所は、第1回公判期日前には、検察官の起訴状のみを目にすることができ、その後の手続においても、裁判所に予断が生じないよう、検察官の冒頭陳述、証拠調べと手続が進むにつれて、証拠などを小出しにしていくようにして、徐々に裁判所の心証形成ができるような手続となっていました。

　しかし、このような審理方法は、他面において、刑事裁判の長期化という弊害が生じていることも事実です。また、裁判員制度の創設に伴い、裁判員となった国民を長期にわたって公判の審理に拘束するわけにもいかないという事情もあります。

　そこで、裁判員制度とあわせ、刑事裁判の充実・迅速化を図るために、平成16年の刑事訴訟法の改正により、公判前整理手続の制度が導入されたのです。

　したがって、裁判員が参加する刑事裁判では、必ず公判前整理手続がとら

れることになっています（裁判員法第49条）。

　なお、これ以外の刑事裁判であっても、争点を整理したうえで充実した審理を迅速に行う必要が認められる場合は、この手続が活用されることになります。

3　公判前整理手続の進め方のあらまし
（刑訴法第316条の2〜第316条の32）

　公判前整理手続においては、裁判官、検察官および弁護人が初公判前に非公開で協議し、証拠や争点を整理して審理計画を立てることになります。

　まず、検察官は、公判期日において証拠により証明しようとする事実（「証明予定事実」）を明らかにし、証拠を開示しなければなりません。一方、弁護人の側でも、争点を明示し、自らの証拠を示さなければならないことになっています。被告人が起訴事実を認めるか否かは、この手続の中で明らかにされ、従来、公判期日の冒頭陳述の段階で明らかにされていた検察側の主張も、この手続の中で示されることになります。

　どのような証拠や証人を採用するか、公判の日程をどのように設定するかもこの手続で決められることになり、手続終了後の新たな証拠の請求は、やむを得ない事由がある場合のほかは認められないことになっています。

　第1回公判期日で、検察官、弁護人双方が冒頭陳述を行い、公判前整理手続の結果については裁判所が説明することになります。公判審理については、3日から5日ぐらいにかけて連日で法廷を開き、合計1週間程度で結審し、判決を言い渡すのが目標とされています。

〔4〕公判期日における手続

1　冒頭手続

　「冒頭手続」とは、第1回公判期日における最初の手続のことで、具体的には、被告人に対する人定質問から証拠調べの前までの過程を指し、次のような順序で行われます。

(1)　**人定質問**

　　「人定質問」とは、裁判長が、被告人に対し、人違いでないことを確認するために行う質問のことで（刑訴規則第196条）、通常、被告人に対して氏名、本籍、住居、職業、生年月日などを尋ねる形で行われます。

(2)　**起訴状の朗読**

　　次に、検察官による起訴状の朗読が行われます（刑訴法第291条第1項）。この起訴状の朗読によって、検察官から被告人の公訴事実、罪名および罰条が提示されるわけですが、起訴状の内容については、裁判所は起訴状を受理した時点ですでに承知しており、また、被告人も起訴状の謄本を受け取った時点でわかっているはずですが、刑事訴訟法があえて検察官に起訴状を朗読させる理由は、すでに説明した公判における口頭主義と公開主義の要請にこたえるためなのです。

(3)　**黙秘権等の告知**

　　次に、裁判長は、被告人に対し、終始沈黙し、または個々の質問に対し陳述を拒むことができることを告げるほか、陳述をすれば自己に不利益な証拠ともなり、また、利益な証拠ともなることを告げなければなりません。この黙秘権の告知は、憲法第38条第1項の要請に基づくものです。さらに、必要と認めるときは、被告人が十分に理解していないと思われる被告人保護のための権利についても説明しなければならないこ

とになっています（刑訴法第291条第2項、刑訴規則第197条第1項・第2項）。

(4) 罪状の認否等

次いで、裁判長は、被告人および弁護人に対し、被告事件について陳述する機会を与えなければなりません（刑訴法第291条第2項）。これに基づいて被告人や弁護人は、起訴状に書かれている事実を認めるか否か（有罪か無罪か）のいわゆる罪状認否のほか、公訴棄却、正当防衛、心神喪失などについて主張することができることになります。

(5) 簡易公判手続の決定

被告人が罪状認否において、起訴状に記載された訴因（検察官の主張する犯罪事実）について有罪であることを認める陳述を行ったときは、裁判所は、検察官、被告人および弁護人（これらの者を「当事者」といいます。）の意見を聴いたうえで、簡易公判手続によって審判することを決定することができます。

「簡易公判手続」というのは、通常の公判手続と異なり、伝聞証拠排除の原則も、当事者の異議がないかぎり適用されないほか、証拠調べの方式が適用されないなど、審判の手続が簡略化されたもののことです。

このように、被告人が有罪を認めた事件については、通常の審判手続より簡略な手続をとることで、被告人の負担を軽減しようというのが簡易公判手続の趣旨です。

もっとも、審判の対象となる犯罪が死刑または無期あるいは1年以上の懲役にあたる事件の場合（このような事件を「法定合議事件」といいます。）は、簡易公判手続によることはできません（刑訴法第291条の2）。

なお、裁判所は、簡易公判手続によることを決定した場合でも、簡易手続に入ることができないとき、または相当でないと認めるときには、その決定を取り消さなければならないことになっています（同法第291条の3）。

例えば、罪状認否において有罪であることを認めた被告人の陳述が疑

わしくなった場合には、簡易公判手続の決定は取り消され、改めて通常の公判手続が行われることになります。

参考までに冒頭手続の流れを図示すると**図5**のとおりです。

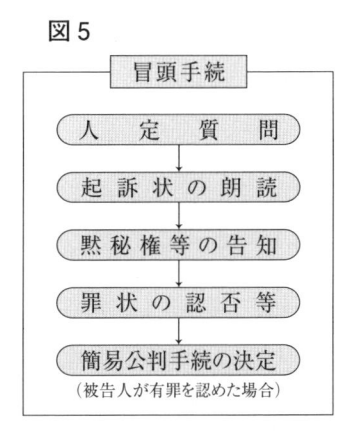

図5

```
┌─────────────────────┐
│      冒 頭 手 続      │
│  ┌───────────────┐  │
│  │  人 定 質 問   │  │
│  └───────┬───────┘  │
│  ┌───────▼───────┐  │
│  │  起訴状の朗読  │  │
│  └───────┬───────┘  │
│  ┌───────▼───────┐  │
│  │ 黙秘権等の告知 │  │
│  └───────┬───────┘  │
│  ┌───────▼───────┐  │
│  │  罪状の認否等  │  │
│  └───────┬───────┘  │
│  ┌───────▼───────┐  │
│  │簡易公判手続の決定│ │
│  └───────────────┘  │
│   (被告人が有罪を認めた場合) │
└─────────────────────┘
```

2　証拠調べの手続

冒頭手続が終わると、証拠調べの手続が行われます（刑訴法第292条）。

公判における証拠は、犯罪事実が存在するか否かを推認させる資料のことですが、証拠調べとは、このような証拠の信用性を具体的に調べる手続のことです。

この証拠調べを通じて、裁判官は、犯罪事実が存在するか否かの心証を形成していくのです。

1　検察官の冒頭陳述

証拠調べのはじめに、検察官は、証拠によって証明すべき事実を明らかにしなければなりません（刑訴法第296条）。これは、冒頭陳述と呼ばれているものですが、この冒頭陳述は、起訴状に記載された事実しか知らない裁判所に被告事件の全体像を明らかにすると同時に、被告人や弁護人に対し、具体的な防御の対象を明示するために行われるものです。冒頭陳述では、被告人が犯罪を行った動機や原因などのほか、犯罪が行われた日時、

場所、方法、被告人の経歴や前科などが具体的に述べられます。

なお、この段階では、証拠を提出することができず、また、証拠として取調べを請求する意思のない資料に基づいて、裁判所に事件についての偏見や予断を生じさせるおそれのある事項を述べることはできません（同条ただし書）。

2　弁護人等の冒頭陳述

検察官の冒頭陳述ののち、被告人や弁護人も、裁判所の許可を得て、冒頭陳述を行うことができますが（刑訴規則第198条）、実際には、あまり行われていないようです。

なお、被告人等の冒頭陳述の場合にも、裁判所に対し、事件についての偏見や予断をいだかせるおそれのある事項を述べることができません。

3　証拠調べの範囲等の決定

裁判所は、当事者（検察官および被告人または弁護人）の意見を聴いて、証拠調べの範囲、順序および方法を定めることができ（刑訴法第297条第1項）、また、適当と認めるときは、当事者の意見を聴いて、これを変更することができます（同条第3項）。

4　証拠調べの請求

証拠調べは、原則として、当事者の請求に基づいて行われ、補充的に裁判所の職権による証拠調べが行われます（刑訴法第298条）。公訴事実の存在や量刑の基礎となる情状などのすべては、原告官である検察官に立証責任があります。

そこで、まず検察官が、事件の審判に必要と認めるすべての証拠の取調べを請求することが義務づけられています（刑訴規則第193条第1項）。

検察官の証拠調べの請求は、書面によるのが原則であり、その際、証拠と証明すべき事実との関係を具体的に明示しなければならないことになっています（同規則第189条第1項）。この「証拠と証明すべき事実との関係」のことを立証趣旨といいます。

また、訴訟を公正、かつ、円滑に進行させるため、証人、鑑定人などの

尋問を請求するについては、あらかじめ、相手方に対し、その氏名および住居を知る機会を与えなければならないと定められています（刑訴法第299条第1項）。

なお、検察官の証拠調べの請求の場合、自白の証拠調べは、まず、補強証拠の証拠調べが成功し、被告人の犯行について一応の証明があった後でなければ請求できないことになっています（同法第301条）。

被告人または弁護人の証拠調べの請求は、検察官の証拠調べの請求が終った後に行われますが（刑訴規則第193条第2項）、その方法については、検察官の証拠調べの請求の場合と同様です。

5　証拠調べの請求に対する異議・同意

検察官、被告人または弁護人は、証拠調べに関して異議を申立てることができるほか、裁判長の処分に対しても異議を申し立てることができます（刑訴法第309条第1項・第2項）。

これに対して裁判所は決定という形で判断をくだすことになっています（同条第3項）。

また、書証や伝聞を内容とする証言は、検察官および被告人が証拠とすることに同意をすれば、その書面が作成され、または供述されたときの情況などを考慮して相当と認められるときには、伝聞証拠排除の原則にかかわらず、証拠能力が認められるので（同法第326条第1項）、書証について証拠調べの請求があると、これを証拠とすることに同意するか否かを相手方に確かめる手続が行われます。

6　証拠の決定

証拠調べの請求に対し、裁判所は、決定で、証拠調べの請求を採用するか、あるいは却下するかのいずれかの判断を示さなければなりません（刑訴規則第190条第1項）。

この決定にあたっては、証拠調べの請求に基づく場合には、その証拠を取り調べる必要性などについて、相手方またはその弁護人の意見を、また、職権による証拠調べの場合には、検察官および被告人または弁護人の意見

を聴かなければならないことになっています（同条第2項）。

当事者主義を採用する現行の刑事訴訟制度のもとでは、証拠調べの請求は、原則として採用されるべきものであると理解されていますが、証拠調べの請求手続が法令に違反して不適法であるとき、証拠資料に証拠能力が欠けているとき、あるいは証拠調べの必要がないと裁判所が判断したときなどには、証拠調べの請求が却下されます。

7 証拠調べ

証拠調べの請求が採用されると、証拠調べに入ります。

証拠調べについては、まず、検察官が取調べを請求した証拠で、事件の審判に必要と認めるすべてのものを取り調べ、これが終わったのち、被告人または弁護人が取調べを請求した証拠で、事件の審判に必要と認めるものを取り調べるものとされています（刑訴規則第199条第1項）。各種の証拠の取調べの方式は、次のとおりです。

(1) 証人、鑑定人等に対する尋問

刑事訴訟法上、証人、鑑定人、通訳または翻訳人（人証）に対する尋問は、まず、裁判長または陪席の裁判官が行い、次にその取調べの請求をした当事者（検察官および被告人または弁護人）が尋問し、最後に相手方が尋問するのが原則となっていますが（刑訴法第304条第1項・第2項）、裁判所は、適当と認めるときは、当事者の意見を聴いて尋問の順序を変更することができることになっているので（同条第3項）、実務上の運用では、まず、証人尋問を請求した当事者が主尋問し、その直後に相手方が反対尋問し、次いで、請求した当事者が再主尋問するといういわゆる交互尋問の方法がとられています（刑訴規則第199条の2第1項）。なお、再反対尋問、再々主尋問が許されるか否かは、裁判長の裁量によるとされています（同条第2項）。

ア 主尋問

主尋問は、証人尋問の請求者が行うものであり、立証すべき事項およびこれに関連する事項ならびに証人の供述の証明力を争うために必

要な事項について尋問するものです（刑訴規則第199条の3第1項・第2項）。主尋問では、原則として、誘導尋問をすることは許されません。ただし、証人の記憶が明らかでない事実について、その記憶を喚起するために必要があるときや証人が主尋問者に対して敵意または反感を示すとき、その他一定の場合には、誘導尋問をすることが許されています（同条第3項）。誘導尋問とは、尋問者の欲しい答えを示唆するような尋問方法のことです。つまり、「イエス」または「ノー」で答えることができる質問のことで、例えば、尋問者が具体的な事実を述べ、「そのとおりですか」というような尋問の方法がこれにあたります。

イ　反対尋問

　反対尋問とは、主尋問によって現われた事項およびこれに関連する事項ならびに証人の供述の証明力を争うために必要な事項について、相手方が行う尋問のことです（刑訴規則第199条の4第1項）。すなわち、反対尋問は、主尋問によって引き出された供述の価値を減殺（げんさい）することを目的とするもので、誘導尋問をすることも認められています（同条第2項）。この点が主尋問と異なるところです。

ウ　再主尋問

　再主尋問は、再び証人尋問の請求者が行うもので、反対尋問によって現われた事項およびこれに関連する事項について行います（刑訴規則第199条の7）。

　これらの尋問に対して、裁判長は、必要と認めるときは、いつでも当事者の尋問を中止させ、みずからその事項について尋問することができ（同規則第201条第1項）、訴訟関係人の権利を害しない範囲で、重複尋問や事件と関連性のない尋問など相当でない尋問を制限することができることになっています（刑訴法第295条第1項）。

(2) **書証の取調べ**

書証（証拠書類）の取調べは、その取調べを請求した者がこれを朗読

するか（刑訴法第305条第1項）、その要旨を告知する方法によって行われます（刑訴規則第203条の2第1項）。

(3) 証拠物の取調べ

証拠物（物的証拠）の取調べは、その取調べを請求した者がこれを法廷に展示する方法によって行われます（刑訴法第306条第1項）。もっとも、書面の内容だけが証拠となる書証（証拠書類）と違って、書面そのものの存在または状態などと書面の内容がともに証拠となるもの（証拠物たる書面）については、朗読または要旨の告知と展示の両方が必要であるとされています（刑訴法第307条、第306条、第305条、刑訴規則第203条の2第1項）。

8 公判準備の結果の取調べ

裁判所は、必要があるときは、公判期日外に、裁判所または裁判所外で、証人尋問（刑訴法第281条、第158条第1項）、検証（同法第128条）、押収（同法第99条第1項）、捜索（同法第102条第1項）などを行うことがありますが、これらについては、公判廷で直接に取り調べられた証拠に限って裁判の基礎とすることができるという直接主義（直接審理主義）の要請から、その調書や押収物は、公判期日において改めて証拠として取り調べなければならないことになっています（同法第303条）。

9 職権による証拠調べ

裁判所は、原則として、職権で証拠調べをする義務はありませんが（最高裁昭和33年2月13日判決）、必要と認めたときは、当事者の請求をまたずに職権で証拠調べをすることができます（刑訴法第298条第2項）。

10 証拠の排除決定

裁判所は、すでに取り調べた証拠について、証拠能力のないものであることが判明したときは、その証拠の全部または一部を排除する決定をすることができます（刑訴規則第207条、第205条の6第2項）。

参考までに、証拠調べの手続のうち主要なものを図示すると図6のとおりです。

図6

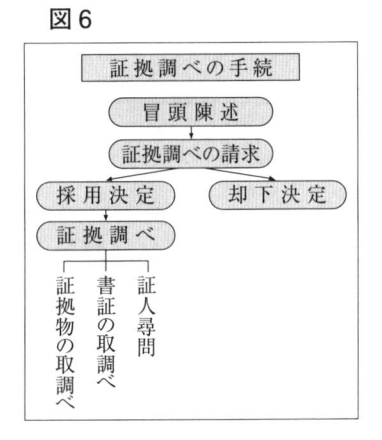

```
┌─────────────────────────────┐
│      証拠調べの手続           │
│         ↓                    │
│       冒頭陳述                │
│         ↓                    │
│      証拠調べの請求           │
│       ↙      ↘              │
│   採用決定    却下決定         │
│     ↓                        │
│    証拠調べ                   │
│   ┌──┼──┐                    │
│   証  書  証                  │
│   人  証  拠                  │
│   尋  の  物                  │
│   問  取  の                  │
│       調  取                  │
│       べ  調                  │
│           べ                  │
└─────────────────────────────┘
```

3 被告人質問

　公訴を提起されたのち、被告人は、自己に不利益な証言をする義務を一切負っていませんので（憲法第38条第1項）、公判においては、終始沈黙し、または個々の質問に対して供述を拒むことができますが（刑訴法第311条第1項）、被告人の任意の供述は証拠となります。

　そこで、被告人が任意に供述をする場合には、裁判長は、いつでも必要とする事項について被告人の供述を求めることができます（同条第2項）。このほか、陪席の裁判官、検察官、弁護人なども、裁判長に告げて、被告人の任意の供述を求めることができることになっていますが（同条第3項）、質問の主体は、できるだけ裁判長に限定しようとしています。

4 訴因または罰条の追加、撤回または変更

　裁判所は、検察官からの請求があるときは、公訴事実の同一性を害さない範囲内で、起訴状に記載された訴因または罰条の追加、撤回または変更を許可しなければならないことになっています（刑訴法第312条第1項）。これは、

たとえ裁判所がその必要がないと思っても許可しなければならない性格のものとされています（最高裁昭和42年8月31日判決）。

一方、裁判所には、原則として、検察官に対して訴因の変更などを命ずる義務はありませんが（最高裁昭和43年11月26日決定）、審理の経過から適当と認めるときは、検察官に訴因変更などを命ずることができることになっています（刑訴法第312条第2項）。しかし、検察官がこれに応じて訴因変更などの手続をとらない以上、訴因の変更などはないことになります（最高裁昭和40年4月28日判決）。

5 公訴の取消し

公訴は、第一審の判決があるまでは取り消すことができます（刑訴法第257条）。例えば、被告人が身代わり犯人で、真犯人が別にいたというような事実が判明した場合などに行われるようですが、このような公訴取消しの例は極めて稀のようです。

6 弁論の分離、併合および再開

裁判所は、適当と認めるときは、当事者の請求により、または職権で、弁論を分離したり、併合したり、あるいは一たん終結した弁論を再開する決定を行うことができます（刑訴法第313条第1項）。ここでいう「弁論」とは、公判期日に当事者を関与させて行う審理手続のことです。

「弁論の分離」とは、例えば、数人の被告人のある事件について、それらのうちの一人だけに関する証拠を取り調べるときに、その被告人だけを出頭させて証拠調べを行うことを指し、「弁論の併合」とは、例えば、数人の被告人のある事件について、それらの被告人の全部に共通する証拠を取り調べるときに、その全員を法廷に在廷させて、全員に対する取調べを行う場合などを指します。また、「弁論の再開」とは、一たん弁護人の弁論も終わり、

あとは判決の言渡しを待つだけとなっていたときに、被告人に有利な証拠が見つかったことを理由に、もう一度公判を開いてそれを取り調べてもらいたいとの弁護人の申立てを容認して、裁判所が再び証拠調べのための公判を開くことをいいます。

7 公判手続の停止および更新

1 公判手続の停止

公判手続の停止は、そのまま公判手続を進めると、公判審理を十分に行うことができない場合、あるいはそのおそれが高い場合に、裁判所の決定によって行われるものですが、その具体的な事由としては、次のようなものがあります。

① 訴因または罰条の追加または変更が被告人の防禦に実質的な不利益を生ずるおそれがあるとき、被告人または弁護人の請求により行われます（刑訴法第312条第4項）。

② 被告人が心神喪失の状態にあるときは、その状態の継続する間、検察官および弁護人の意見を聴いたうえで行われますが（同法第314条第1項）、その際には、医師の意見も聴くことになっています（同条第4項）。

③ 被告人が病気のため出頭できないときには、検察官および弁護人の意見、さらには医師の意見を聴いて行われます（同条第2項・第4項）。

④ 犯罪事実の証明に不可欠な証人が病気のため公判に出頭できないときには、公期期日外の証人尋問が適当な場合（臨床尋問が可能な場合）を除き、医師の意見を聴いたうえで、証人が出頭することができるまで停止されます（同条第3項・第4項）。

2 公判手続の更新

公判開始後に裁判官の交替があったときは、原則として、それまでの公判手続をやり直すことになります（刑訴法第315条、刑訴規則第213条の2）。これを公判手続の更新といいますが、以前の公判手続で行われた証

人尋問の結果を録取した供述録取書により、更新手続での事実認定を行うことが認められています（刑訴法第321条第2項）。また、裁判がすでに内部的に成立している場合、すなわち、すでに判決書が作成されている場合は、裁判官の交替があっても、他の裁判官が代わって、判決を宣告すれば足りるわけですから、公判手続を更新する必要がないことになります（同法第315条ただし書）。

簡易公判手続による旨の決定が取り消された場合には、簡易公判手続によって行われた事実の認定は、さかのぼって無効となりますので、はじめからやり直すことが必要になります。

8 訴訟指揮と法廷警察

1 訴訟指揮

(1) 訴訟指揮の意義

公判期日における審理は、裁判長の指揮のもとに行われます。この裁判長の指揮のことを訴訟指揮といっています（刑訴法第294条）。

(2) 訴訟指揮権の内容

裁判長は、裁判所を代表して訴訟指揮権をもち、当事者の証人に対する尋問や陳述を適当に制限したり（同法第295条）、検察官の論告や弁護人の弁論の時間を制限したり（刑訴規則第212条）、また、当事者の釈明を求めたり、立証を促したりする権能（同規則第208条）が与えられています。そして、これらの権能を十分に活用して、争点を整理し、関係者の発言を統制するなどして訴訟が円滑に進行するように適切に処理していくわけです。

2 法廷警察

(1) 法廷警察権の主体

法廷における秩序を維持することを法廷警察と呼び、法廷における秩序を維持する権能、すなわち法廷警察権は、裁判長（合議体の裁判所で

ない場合は、法廷を主宰する裁判官。以下同じ。）が行使するものとされています（裁判所法第71条第1項）。この法廷警察権を補助させるために必要があるときは、裁判長から警視総監または府県警察本部長に対して警察官の派遣を要請することができることになっています（同法第71条の2第1項）。そして、この要請に応じて派遣された警察官は、法廷における秩序の維持については、その裁判長の指揮を受けることになります（同条第2項）。

なお、法廷外の裁判所内の秩序維持については、裁判所の建物の管理権をもっている者（通常、裁判所長）がその権能を行使することになります。

(2) **法廷警察権の内容**

刑事訴訟法は、法廷警察権の内容として、被告人が暴力をふるったり、逃亡を企てたりした場合には、その身体を拘束したり、看守者を付けたりすることができますが（刑訴法第287条）、このほか、法廷の秩序を維持するため、被告人を退廷させることもできることになっています（同法第288条第2項）。被告人以外の訴訟関係人や傍聴人についても、同様の権限が裁判長に与えられています（裁判所法第71条第2項）。

なお、公判廷における写真の撮影や録音、放送などは、一般に裁判所の許可がなければできないことになっています（刑訴規則第215条）。

(3) **法廷等の秩序維持のための制裁**

法廷等の秩序維持に関する命令に従わない者や不穏な挙動で職務の執行を妨害するなどの行動に出た者に対しては、法廷等の秩序維持に関する法律により、裁判所が20日以下の監置または3万円以下の過料、またはその双方を併科するという制裁を加えることができることになっています（第2条第1項）。

9 最終的な手続

証拠調べの手続が終わると、次のような最終的な手続が行われます。

1 論告

　証拠調べが終わった後、検察官は、事実および法律の適用について意見を陳述しなければならないことになっていますが（刑訴法第293条第1項）、これを「論告」といい、弁護人の主張に反論を加えながら、公訴事実、量刑に関する事実、および公訴事実に適用すべき法律に関する検察官の意見が述べられていきます。有罪と思料する旨の論告にあっては、「懲役2年」あるいは「被告人を禁錮3年に処するのが相当であると考える」というような形で刑の量定に関する意見あるいは、科刑意見を述べるのが通例です。これを「求刑」といい、あわせて「論告求刑」と呼ばれています。

※　建築基準法・消防法違反被告事件に係る論告の実例

　本件論告は、昭和46年12月6日、大阪地方検察庁から大阪地方裁判所に公判請求のあった木造3階共同住宅に対する使用禁止・除却命令（建基法第9条第1項）および使用禁止命令（法第5条）違反等被告事件に係る論告の要旨です。やや長文にわたりますが、違反処理業務の執行に重要な示唆を与える内容も含まれていますので、参考までに原文のまま紹介すると、次のとおりです。

論　告　要　旨

建築基準法違反、消防法違反

Y

　右被告人に対する頭書被告事件についての検察官の論告要旨は、次のとおりである。

　　昭和48年○月○日

　　　大阪地方検察庁

　　　　検察官　検事○○○○
大阪地方裁判所第16刑事部殿
　　　　　　　　　　　記
第1　事実関係
1　本件各公訴事実は、取調べられた各証拠により、証明十分であると思料する。

　しかしながら、被告人・弁護人は、本件各公訴事実について、無罪を主張しているので、以下各争点につき意見を述べる。

2　建築基準法第6条第1項違反の点について

　被告人が、いわゆる新館の建築に際し、右条項に基づく確認を受けなかったことは、証拠上明らかである。

　ところで、被告人は、右建築工事については、請負業者に一切を任せていたので、確認手続もしてくれたと思っていたと主張するが、他に右を証明すべき証拠は何らなく、反って、本件建築工事に携ったMならびに被告人自身の警察・検察庁における各供述に照らすと、被告人が、本件建築を他に請負わせたことはなく、被告人において、右MやDらに、直接、間接に指図して建築せしめたものであり、もとより、確認手続を同人らに依頼したことはないものと認められる。さらに、被告人が、従来、数回にわたって、いわゆる旧館の増築を行なうに際し、確認を受けることが必要であることを知っていたにも拘らず、その都度、確認を受けることなく増築工事を行なってきたことに照らし、被告人には当初より確認を受ける意思がなかったことは明白である。

3　本件命令の受命者について

(1)　被告人が、建築基準法第9条に基づく本件使用禁止および除却命令の受命者であることは、疑いのないところである。

　　<u>即ち同条項は、受命者を列挙しているが、具体的には、当該命令に係る違反建築物に対する措置の内容に応じて特定される。</u>

　ところで、本件の如く、建築物の除却を命じる場合、その名宛人は、

原則として、処分行為たる除却をなし得る権限を有する当該建築物の所有者に限られると考えられる。

また、使用禁止を命ずる名宛人として、当該建築物の所有者、管理者が適格性を有することは、いうまでもないところである。

もっとも、本件の如く建築物が共同住宅である場合、当該建築物の入居者らも、一応名宛人としての適格性を有するとも考えられるが、建築物に対する権限や、命令違反に対して、体刑を含む刑罰を規定して対処している法意に照らし、本来の受命者は、所有者もしくは管理者であって命令権者としては、これに対して命令を発することをもって、必要にして、かつ十分であると解する。従って本件証拠に照らすと、本件各建築物は、被告人がその所有者・管理者であると認められるので、本件各命令の名宛人は、被告人となる。

もっとも、いわゆる旧館については、登記簿上、所有名儀がHとなっているが、同人は、被告人の内妻であり、本件証拠によると、右旧館の建築および増築は、全て被告人の意思に基づいてなされてきたのであって、右Hは、殆んど関与していなかったと認められるし、本件の経緯に照らし、右旧館に関する対外的な折衝も、専ら被告人において当っていたことが認められ、従って実質上、右旧館は、被告人において所有している（少なくとも、右Hと共同所有している）とみるのが相当である。

捜査段階では、被告人も自己が右旧館の所有者であることを認めており、登記簿上の所有名儀がHとなっている意味につき、被告人およびHは、仮りに被告人が死亡した場合、右Hの爾後の生活保障のために登記したものに過ぎない旨供述している。

(2) 次に、被告人が消防法第5条に基づく本件使用禁止命令の受命者たる「権原を有する関係者に該ること、および命令権者としては、被告人に対して本件命令を発することをもって、必要かつ十分であることは、前期1において詳述したところと同様であって、明らかであると

考える。

(3)　以上のとおりであって、被告人が、本件命令につき、受命者に該らないとの弁護人の主張は、到底首肯できない。

(4)　本件除却命令の猶予期限について

　建築基準法第9条に基づき、建築物の除却を命ずるにあたっては、相当の猶予期限（筆者注・「履行期限」と同義）をつけることが必要とされているが、相当の猶予期限がどの程度であるべきかは社会通念に基づき違反建築物の種類、形態、構造等を考慮して、個々の具体的場合につき、客観的に算定すべきであって、違反者の個人的事情によって左右すべきものではないと解されている。

　本件においては、2か月余の猶予期限をつけているところ、本件各建築物は、鉄骨建の一部を除いて木造建築物であり、堅固なものではないこと、後述の如く、共同住宅ではあるが、入居者の殆んどは、一時的入居者とみられるべきものであって、いわゆる簡易宿泊所的性質を有する建築物と認められること、本件命令以前にも、A消防署およびO市建築局の各係員より、再三にわたり、違反部分を使用しないよう指示されていたこと、などに照らし右猶予期限は、相当と思料する。

　本命令は、除却に必要な相当の期限を置いていないから無効であるとの弁護人の主張は、失当である。

5　本件各建築物の居住者らとの関係について

(1)　本件各建築物は、共同住宅であるため、入居者らの賃貸借契約に基づく、いわゆる居住権との関係において、命令の履行につき支障を来すのではないかとの問題が惹起する。

　然しながら、元来建築基準法ならびに消防法に基づく措置命令は、当該入居者自身および付近住民らの生命、身体および財産の保護を図る目的から発せられるもので、さらに消防法に基づく措置命令にあっては、具体的な火災危険性の存在、火災による人命危険が要件とされており、かかる措置命令の公益性、緊急性に鑑み、入居者の賃貸借契

約に基づく権利に優先して履行されるべきものと解する。

　　右の点は、措置命令の違反に対して罰則で担保している法意に照らしても明らかであると考える。即ち、受命者に対して、法が一方で不可能な措置を命じながら、他方、命令を履行しない受命者に刑罰を加えるという矛盾をおかすことはあり得ないからである。

(2)　さらに、本件の具体的な事実関係に則して考察すれば、本件建築物は、いずれも違反建築物であるうえ、本件入居者は、若干数を除き、殆んど長期にわたって居住する意図はなく、家具・夜具さえ持たないものもあること、賃料は日払いかもしくは10日乃至半月の比較的短期間払いであり、権利金、敷金は、一切支払っていないこと、入居者の入出は極めて激しいことなどの事実が認められ、右の諸点に照らすと、本件建築物は、いわゆる簡易宿泊所と見るべきであり、従って本件においては、借家法の規定は適用されないと思料する。

(3)　以上のとおりであって、本件各命令の履行に何ら支障はないと考えられるが、そもそも被告人は、本件命令の到達後、その履行のため入居者らに対し、明け渡し乃至転室を要求したことはなく、むしろ、本件命令の猶予期間後においても、多数の入居者を違法部分に入居させているのであって、本件各命令を履行する意思は全くなかったことが明らかである。

第2　情状

　本件各建築物は、違反の程度が大であり、構造、設備および周辺状況に照らし、入居者および付近住民の生命・身体および財産に対する危険性は極めて高いものである。

　また、被告人は昭和43年以降、再三、再四にわたる行政指導を無視し、自己の利益のみを追求して、本件各違法建築物の新増築を強行してきたのであり、犯情は極めて悪質である。

　さらに、かかる違法建築物がまかり通っていること自体著しく公益に反し、このような横着者が得(とく)をすることが公然と認められるほど人心に

> 悪い影響を与え、遵法精神を低下させるものはなく、かかる観点からも、この種事犯に対し、厳正な処罰をなすべきと思料する（傍線は筆者）。
>
> 第3　求刑
>
> 　懲役6月および罰金3万円

2　弁護人の最終弁論

　検察官の論告ののち、被告人および弁護人に意見を陳述する機会が与えられますが（刑訴法第293条第2項、刑訴規則第211条）、通常、弁護人が先にこの最終陳述を行います。これを一般に最終弁論と呼んでいます。

　「最終弁論」とは、弁護人が、事実および情状、法律の適用について自己の最終的な意見を述べることです。

　最終弁論は、弁護人が行ってきた訴訟活動の総まとめというべきものであって、非常に重要な手続ですから、その機会を奪うことは違法であると解されています。

3　被告人の最終陳述

　弁護人の最終弁論に引き続き、被告人の最終陳述が行われます。その内容は、弁護人と同様のものが予定されていますが、実際の訴訟では、被告人の反省の気持が述べられるだけなどの簡単な内容となっているようです。

　この弁護人の最終陳述によって審理が終了します。これを「弁論の終結」あるいは「結審」といい、あとは判決の言渡しを待つだけということになります。

第5部
裁　判

第5部　裁　判

〔1〕裁判の意義と種類

1　裁判の意義

　裁判とは、裁判所または裁判官が訴訟に関して行う公権的な判断の表示または判断に基づく意思表示のことです。

2　裁判の種類

　裁判は、その形式の面から分類すると、「判決」、「決定」および「命令」の三つに分けることができます。また、裁判の機能の面から分類すると、「終局裁判」と「終局前の裁判」とに分けられますが、終局裁判については項を改めて説明することにします。

(1)　判決

　　判決は、裁判所が行う裁判で、特別な例外の場合（上告審における判決）を除いて、公判廷において、口頭弁論に基づいて行われるものです（刑訴法第43条第1項）。

　　有罪、無罪の裁判などの重要な裁判は、判決の形式によらなければならないとされています（同法第333条第1項、第336条）。

　　判決は、公判廷において、宣告、すなわち言渡しによって告知されます（同法第342条）。

　　裁判の内容を記載した書面を「裁判書」といい、そのうち、判決を記載した書面を「判決書」といいます。

　　判決に対する不服申立ての方法は、控訴と上告です（同法第372条、第405条）。

(2)　決定

　　決定は、被疑者が死亡したときなどに行われる控訴棄却の決定（刑訴法第339条）などのように裁判所の行う裁判で、口頭弁論に基づくこと

を必要としないものですが（刑訴法第43条第2項）、訴訟関係人の陳述を聴かなければならず、また、必要があるときには事実の取調べをすることができることになっています（同条第3項）。

決定の告知は、必ずしも言渡しによることを必要としません（刑訴規則第34条）。

決定に対する不服申立ての方法は、抗告(注1)、即時抗告(注2)および特別抗告(注3)です（同法第419条、第422条、第433条）。

(3) **命令**

命令とは、勾留の理由がないときなどに裁判官によって行われる被疑者の釈放命令（刑訴法第207条）などのように裁判官（裁判長、受命裁判官、受託裁判官など）の行う裁判で、口頭弁論によることを必要としないものをいい（刑訴法第43条第2項）、必要があるときには事実の取調べを行うことができますが（同条第3項）、訴訟関係人の陳述を聴く必要はないとされています（刑訴規則第33条第2項）。

命令の告知は、必ずしも言渡しによることを必要としません（刑訴規則第34条）。

命令に対する不服申立ての方法は、準抗告(注4)および特別抗告となっています（同法第429条、第433条）。

参考までに、裁判の形式面からの分類を図示すると、**表3**のとおりです。

（注1）　**抗告**　抗告とは、通常抗告のことで、申立期間に制限がない反面、原決定の執行力を停止させる効力がありません（刑訴法第419条等）。

（注2）　**即時抗告**　即時抗告とは、法律で特に認められた場合にのみ行うことができるもので、決定があってから3日以内に申し出なければなりませんが、そのかわり申立期間内および申立てに対する裁判があるまでは原決定の効力が停止されます（刑訴法第422条）。

（注3）　**特別抗告**　特別抗告とは、憲法違反または判例違反を理由

として、最高裁判所に対して行われる抗告のことです（刑訴法第433条）。

（注4） 準抗告 準抗告とは、裁判官がした勾留や保釈などに関する裁判について、地方裁判所に対しその取消しや変更を求める抗告のことです（刑訴法第429条）。

表3　裁判の形式面からの分類

	判　決	決　定	命　令
裁判の主体	裁　判　所	裁　判　所	裁　判　官
裁判の基礎	原則として、口頭弁論による（刑訴法43①）	口頭弁論不要（刑訴法43②） 必要により事実の取調べ可能（刑訴法43③） 訴訟関係人の陳述の聴取必要（刑訴規則33①）	口頭弁論不要（刑訴法43②） 必要により事実の取調べ可能（刑訴法43③） 訴訟関係人の陳述の聴取不要（刑訴規則33②）
告知の方法	言渡し（宣告）	言渡し不要（刑訴規則34）	言渡し不要（刑訴規則34）
不服申立の方法	控訴および上告（刑訴法372、405）	抗告、即時抗告および特別抗告（刑訴法419、422、433）	準抗告および特別抗告（刑訴法429、433）

〔2〕終局裁判

終局裁判は、有罪・無罪の判決、免訴の判決（大赦があった場合）、公訴棄却の決定（被告人が公判の途中で死亡したような場合）などのように訴訟を終結させる裁判であり、終局前の裁判は、それ以外の裁判、例えば、証拠の決定、弁論の分離・併合・再開の決定、勾留の決定や命令がこれに該当します。

終局裁判は、さらに「形式的裁判（形式的終局裁判）」と「実体的裁判（実体的終局裁判）」に分けられます。

形式的裁判は、訴訟条件が欠けているため、事件の実体（内容）そのものについて判断しないで訴訟手続を打ち切る裁判で、公訴棄却の決定などがこれにあたります。

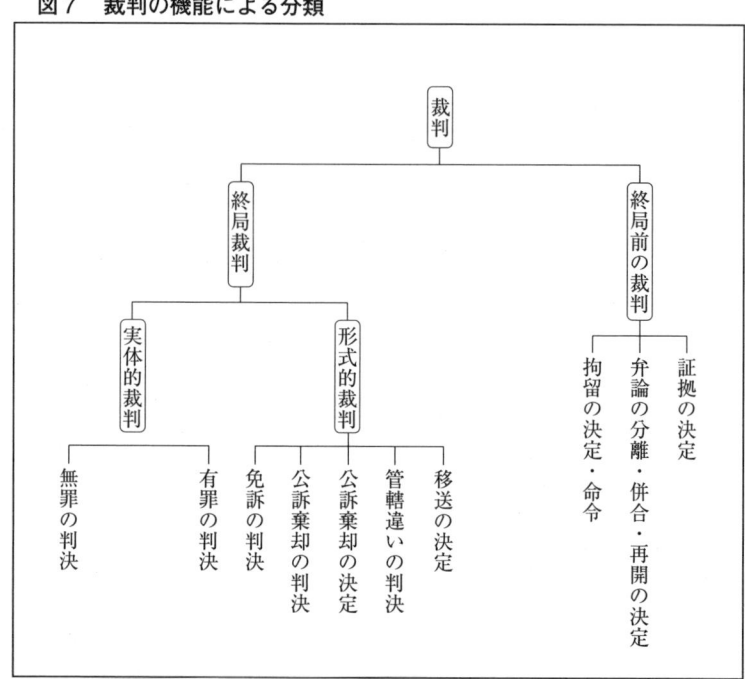

図7　裁判の機能による分類

```
                           裁判
                ┌───────────┴───────────┐
            終局裁判                 終局前の裁判
       ┌───────┴───────┐         ┌──────┼──────┐
   実体的裁判        形式的裁判    証拠    弁論の    拘留
   ┌──┴──┐    ┌───┬───┬───┬───┐ の決定  分離・    の決定
  無罪  有罪  免訴 公訴 管轄 移送       併合・    ・命令
  の    の    の   棄却 違い の         再開の
  判決  判決  判決 の   の   決定       決定
                   決定 判決
```

実体的裁判は、事件の実体（内容）そのものについて判断する裁判で、有罪・無罪の裁判がこれにあたります。参考までに、裁判の機能による分類を図示すると図7のとおりです。

1 形式的裁判

1 移送の決定

裁判所は適当と認めるときは、当事者の請求または職権により、決定をもって、事件について同様の事物管轄をもっている他の管轄裁判所に移送することができることになっています（刑訴法第19条第1項）。

例えば、東京都内で詐欺をはたらき、都内に住居のある者が、大阪市内で逮捕され、同市内で勾留されているときは、その詐欺事件については、東京地方裁判所にも大阪地方裁判所にも土地管轄があることになりますが（同法第2条第1項）、大阪地方裁判所に起訴された被告人がその後、保釈され、都内に居住しているような場合には、被告人や詐欺の被害者はもちろん、その他の事件関係人も、都内に在住している場合が多いことから、事件を東京地方裁判所に移して、同裁判所で審理、裁判した方が便宜であると考えられます。このような場合には、大阪地方裁判所は、決定で、事件を東京地方裁判所に移送することができるわけです。

ただし、このような移送は、審判の便宜という見地から認められているものですから、すでに証拠調べの手続が開始されている場合には、もはや移送は許されません（同法第19条第2項）。

このほか、例えば、窃盗事件などのように、地方裁判所および簡易裁判所の双方に事物管轄のある事件については、簡易裁判所は、地方裁判所で審理するのが相当であると認めるときは、決定で事件を地方裁判所に移送しなければならないことになっています（同法第332条）。

2 管轄違いの判決

被告事件について管轄権がない場合には、裁判所は、判決で管轄違いの

言渡しをしなければなりません（刑訴法第329条本文）。ただし、土地管轄権がないだけの場合は、被告人の申立てがなければ、管轄違いの言渡しをすることができないことになっています（同法第331条）。

　管轄違いの判決があると、検察官は、あらためて管轄権のある裁判所に起訴することになります。

3　公訴棄却の決定

　次のような事実が発生した場合には、裁判所は、決定で公訴を棄却しなければなりません（刑訴法第339条）。

① 起訴の日から2カ月以内に起訴状の謄本が被告人に送達されなかったため、起訴の効力が失われたとき

② 起訴状に記載された事実が真実であっても、何ら罪となるべき事実を包含していないとき

③ 公訴が取り消されたとき

④ 被告人が死亡し、または被告人である法人が存続しなくなったとき

⑤ 同一事件が事物管轄を異にする二以上の裁判所に起訴されてしまった場合などにより、審判してはならなくなったとき

4　公訴棄却の判決

　次のような事実が発生した場合には、裁判所は、判決で公訴を棄却しなければなりません（刑訴法第338条）。

① 被告人に対して裁判権を有しないとき

② いったん公訴を取り消した事件については、一定の条件がある場合（公訴の取消後、犯罪事実につきあらたに重要な証拠を発見した場合）に限って、再び起訴することができることになっていますが（同法第340条）、そのような条件がないのに公訴が提起された場合

③ すでに起訴されている事件について、さらに同一裁判所に公訴が提起されたとき

④ 公訴提起の手続がその規定に違反したため無効であるとき

5 免訴の判決

次のような事実が発生した場合には、裁判所は、判決で免訴の言渡しをしなければなりません（刑訴法第337条）。

① 同一事件について、すでに有罪、無罪または免訴の確定判決があるとき
② 犯罪後の法令により刑が廃止されたとき
③ 大赦があったとき
④ 公訴の時効が完成したとき

2 実体的裁判

1 有罪の判決

被告事件について犯罪の証明があったときは、裁判所は、有罪の判決をしなければなりません。有罪の判決には、「刑を言い渡す判決」と「刑の免除を言い渡す判決」とがあります（刑訴法第333条第1項、第334条）。

例えば、親子や夫婦の間で行われた窃盗罪については、たとえ犯罪事実が明白であっても、刑を免除しなければならず（刑法第244条）、また、過剰防衛にあたる行為については、刑を免除することができることになっていますから（同法第36条第2項）、このような場合には、判決で刑の免除を言い渡すことになりますが、これも一種の有罪判決とされています。

刑の執行猶予は、刑の言渡しと同時に、判決でその言渡しをしなければなりません（刑訴法第333条第2項前段）。

有罪の言渡しをするには、①罪となるべき事実、②証拠の標目、③法令の適用を示さなければなりません（同法第335条第1項）

なお、公判手続の過程で、当事者から正当防衛であるとか、心神喪失中の行為であるとかの「法律上犯罪の成立を妨げる理由または刑の加重、減免の理由となる事実」が主張された場合には、判決の中でこれに対する判断を示さなければならないことになっています（同条第2項）。

第5部　裁　判

　参考までに消防法違反被告事件に係る有罪判決の実例を掲げると、次のとおりです。

（その１）
○　消防法違反（第10条第３項、第13条第３項）等被告事件

判　決

本籍　神奈川県横浜市○○区○○町○○番地
住居　同区○○町○○番地○○○社宅○○○号
　　　自動車運転手　　K
　　　　　　　　　　　昭和18年○月○日生

本籍　神奈川県横浜市○○区○○町○○番地
住居　同区○○町○○番地
　　　会社員　　O
　　　　　　　　　　　大正９年○月○日生

　右被告人Kに対する業務上失火、業務上過失致死、消防法違反各被告事件、被告人Oに対する消防法違反被告事件につき、検察官K、同U出席のうえ審理を遂げ、次のとおり判決する。

主　文

　被告人Kを禁錮10月に
　被告人Oを罰金５万円に
　それぞれ処する。
　被告人Oにおいて右罰金を完納することができないときは、金1,000円を一日に換算した期間、同被告人を労役場に留置する。
　被告人Kに対し、この裁判確定の日から３年間その刑の執行を猶予する。
　訴訟費用中、証人Mに支給した分は被告人両名の連帯負担とし、その余の分は被告人Kの負担とする。

理　由

176

(罪となるべき事実)

被告人Kは、日新運輸倉庫株式会社K事業所にタンクローリー車の運転手として勤務し、重油の移送および給油の業務に従事していたもの、被告人Oは、同会社の運輸部次長兼K事業所長として同会社の運送業務および右事業所における業務全般を担当処理していたものであるが、

第1　被告人Kは、昭和44年3月29日午後5時頃、約5,000リットルの重油（第4類第3石油類。A重油1,000リットル、B重油4,000リットル）を積載したタンクローリー車（神8ひ17—86）を運転して東京都新宿区西大久保1丁目442番地トルコ「S」ことO方前路上に至り、右タンクローリー車（1号から3号までのタンクを具備）、2号タンクに在中の約1,000リットルのA重油を同店玄関付近の給油口から同店地下室にあるメインタンク（容量約1,600リットル）に給油しようとしたのであるが、このような場合、危険物である重油を取り扱うにあたっては、過剰給油をして重油を同店の燃料タンクからあふれさせないよう、タンクローリー車の各タンクのバルブの開閉状態を点検するとともに給油量の監視を行いつつ慎重に給油し、過剰給油に伴う漏油による火災および火災による人の死傷等の危害の発生を未然に防止しなければならない業務上の注意義務があるにもかかわらずこれを怠り、右タンクローリー車の1号タンク（B重油約2,000リットル在中）のバルブがゆるんでいることを看過したまま2号タンクのバルブをあけて給油を開始した過失により、同2号タンク在中の約1,000リットルのA重油のみならず、右1号タンクから約1,400リットルのB重油を過剰給油したため、「S」方メインタンクを満杯にしたうえ、これにパイプで接続しているサービスタンク（容量240リットル）をも満杯にし、同サービスタンク上部にあるフロート棒（直径約9ミリメートル）部隙間（直径約12ミリメートル）から重油をあふれさせ、そのうちの一部を同所から長さ約1.7メートル幅約〇、9メートルで約200分の5の

下り勾配のあるコンクリート床面の吹き抜け部分を経てボイラー室に流入させたうえ、スチームボイラーの第2次空気取入口付近床面に滞留させ、折柄点火中の右スチームボイラーの火に引火させて火を失し、よって同店従業員等の現在する右トルコ「S」ことO方防火造二階建延面積約365（地下タンク室も含む）平方メートルの店舗の大半を焼きし、その際右火災により同店従業員のI（当時22才）、K（当時23才）、T（当時27才）、K（当時24才）およびT（当時20才）の5名を焼死するに至らしめ、

第2　被告人両名は共謀のうえ、被告人Kにおいて危険物取扱主任者（引用者注・現行の危険物保安監督者。以下同じ。）でなく、かつ、法定の除外事由がないのに、右日時場所において危険物取扱主任者の立会いなくして消防法所定の危険物である第4類第3石油類（重油）合計約5,000リットルを積載した移動タンク貯蔵所である右タンクローリー車から右のとおり約2,400リットルを給油し、もって危険物を取り扱ったものである。

（証拠の標目）―引用省略―

（弁護人の主張に対する判断）

1　訴因不特定（公訴棄却）の主張について―省略―
2　被告人の過剰給油と本件火災との因果関係について―引用省略―
3　過失の成否について

　所論は、本件「S」における重油貯蔵施設には、メインタンクに漏油警報ベルが設置されておらず、メインタンクとサービスタンク間の所謂戻り管に逆止弁がなく、また、サービスタンク室等に漏油に備えた油溜乃至排油設備がないままボイラー室に向け下り傾斜となっており、さらにはまた、ボイラー室床面もボイラー空気取入口付近が低くなっていて漏油が生じた場合、重油がそこに滞留し易い状態にあるなど多くの瑕疵があり、しかも、本件給油に際しての受入管理にも不行届があり、これらが本件火災の重要な要因なっているのであって、仮

りに本件火災が被告人Kの過剰給油と何らかのかかわり合いを有しているとしても、同被告人としては「S」方における重油貯蔵施設に右のような瑕疵がなく、受給管理も十分整っているものと信頼して給油したものであり、出火という事態は全く予見不可能であったと主張する。

しかしながら、証拠によれば、被告人Kが本件において取り扱った重油は、消防法上危険物とされ、その取扱いには格別の注意が必要とされるものであって、このような危険物をみだりに過剰供給すれば出火その他不測の事態が生じ得べきことは経験則上容易に肯認し得るところである。

消防法がこの種危険物の取扱いに危険物取扱主任者の立会いを義務づけているのも、右のような危険性をも配慮したことによるものと解されるのであって、被告人Kが前判示のような不注意（タンクローリー車一号タンクのバルブの安全不確認）により約1,400リットルに及ぶ多量の重油を過剰給油するにおいては、これにより本件のような事態が生じ得べきことはその予見可能の範囲内に属するものと解されるのであり、このように解してもこの種の作業の従事者に不当に重い予見義務を課すものとはいえない。「S」方重油貯蔵施設に所論の指摘するような点があって、そのうちには法律上の見地から問題となるものがないでもなく、また、本件においては給油受入側の管理態勢にも問題の余地がないとはいい難いけれども、これらは情状の問題として考慮し得るのは格別被告人Kの本件過失の成立に格別の消長を及ぼし得るものではない。

4　消防法違反について

所論は、本件のタンクローリー車は消防法にいう貯蔵所に該当するものであり、このような貯蔵所においてする同法第13条第3項（昭和46年法律第97号による改正前のもの。以下同じ。）所定の危険物（本件では重油）の取扱いとは、当該危険物（重油）の積み入れまたは積

み下ろしに限られるのであって、重油を積載したタンクローリー車を運転移動させることは同条同項にいう取扱いには該らない。また、同法において重油が危険物とされ、その取扱いに危険物取扱主任者の立会いを必要とするのは、それが同法にいう指定数量（本件重油では2,000リットル）を超える場合に限られるのであって、本件「Ｓ」における積み下ろしは注文量が右指定数量に満たない1,000リットルであったのであるから、未だ右条項にいう取扱いには該当しない。もっとも本件において被告人Ｋは、右注文量の1,000リットルを超えてさらに約1,400リットルの重油を過剰に給油しているが、これは過失によるものであって、本件故意犯の対象とはならない。

なお、被告人Ｏは、被告人Ｋが本件当日右のタンクローリー車で「Ｓ」へ重油を運送供給した事実を事前には知らなかったのであり、本件事故後はじめてこれを知ったものであるから、被告人両名の間には本件消防法違反についての共謀が成立する余地はなく、被告人Ｏにおいて本件の共犯責任を負うべきいわれはないと主張する。

よって所論に鑑み関係証拠を総合して按ずるに、

(1) 先ず、本件のタンクローリー車が消防法にいう貯蔵所（同法第10条にいう「車両に固定されたタンクにおいて危険物を貯蔵し、または取り扱う貯蔵所」）に該当し、このような貯蔵所（タンクローリー車）においてする同法第13条第3項所定の危険物（重油）の取扱いとは、所論の指摘するように、当該危険物の積み入れまたは積み下ろし（給油行為を含む）を指称するものであって、危険物（重油）を積載したタンクローリー車を運転移送させること（運送）自体は同条項にいう取扱いには該当しないと解せられる。

本件公訴訴因（変更後の訴因）の記載をみるに、被告人両名は「…共謀のうえ、被告人Ｋにおいて危険物取扱主任者でなく、かつ、法定の除外事由がないのに、危険物取扱主任者の立会いなくして、昭和44年3月29日神奈川県川崎市内所在の東亜石油川崎精油所から

東京都新宿区西大久保1丁目442番地トルコ「S」ことO方までの間移動タンク貯蔵所であるタンクローリー車に、消防法所定の危険物である第4類第3石油類（重油）合計5,000リットルを積載運送したうえ、同所において、同車のタンクに在中の右重油約2,400リットルを給油し、もって危険物を取り扱ったものである」というのであって、右にいう「運送」が消防法第13条第3項にいう取扱いに当るという趣旨であるとすれば、この点は右説示したところに照らしこれを肯認することができない。しかし、右の記載は、本件のタンクローリー車が貯蔵所のうちでも所謂移動貯蔵所という特殊な性質を有するものであるところからこの車に積載してある重油を本件「S」において積み下ろし（給油）して取り扱うに至った経過的事情として言及した趣旨とも理解されるのであり、現に検察官は本件公判審理においてそのような見地に立脚して公判維持にあたっている（検察官の論告要旨等）のであって、このような見地からすると、本件訴因事実の一部に法律上の非違が存するとまで断ずるのは相当でない。

(2) 次に消防法第13条第3項は、危険物貯蔵所における当該危険物の取扱いについて危険物取扱主任者の立会いを義務づけているが、この場合の取扱い数量については格別の規制を設けてはいない。それは同法所定の危険物はその性状自体に危険物を包含しており、このような危険物を貯蔵所（そこには通常指定数量以上の量を貯蔵することが予定されている）から出し入れして取り扱う場合の危険性は、当該取扱数量の大小によってさしたる差はないとする法意によるものと解されるのであって、所論のように、指定数量未満の取扱いであれば危険物ではなく、右条項の適用はないと解すべき理由はない。なお、本件のタンクローリー車は1号から3号までの3個のタンクを有するものであるが、法律上はこれらを包括して1個の移動貯蔵所と観念すべきであって、各個のタンクを別個独立の貯蔵所

とみるのは相当でない。

(3) 次に被告人両名の捜査官に対する各供述調書によれば、被告人両名は、日新運輸倉庫株式会社K事業所の組織のうえから、業務につき指揮監督をする立場（被告人O）とこれを受ける立場（被告人K）の相違はあっても、同じ職場で共に勤務していたものであって、<u>被告人Oは被告人Kが危険物取扱主任者の資格を有していないことを熟知しながら被告人Kをして単独で重油タンクローリー車の運転とこの積載重油の取扱作業に従事させていたものであり、被告人Oがこの方針を本件当時撤回乃至取り消していた形跡は認められない。一方被告人Kにあっては、自分が危険物取扱主任者でないことを承知しながら、被告人Oの指示に従って単独でタンクローリー車による重油の運送、取扱（給油）行為を反覆継続して本件に至っているのであって、このような包括的な背景事情が認められる以上、たとえ両者の間に本件の重油の取扱いにつき具体的な意思の連絡がなかったとしても、両者に対し本件共謀の罪責を肯認するに十分である</u>（傍線は引用者）。

5 以上のとおりであって、弁護人の所論はいずれも採用することができない。

（法令の適用）―引用省略―

よって主文のとおり判決する。

　　昭和58年5月7日
　　　東京地方裁判所刑事第23
　　　部1係
　　　　裁判官　○○○○　印

※傍線の部分は消防法の解釈および消防法違反の共謀の認定上重要な判示事項となっていますので、執務上の参考にして下さい。

(その2)
○ 消防法違反（第10条第3項、第13条第3項）被告事件

判　決

本籍　東京都板橋区大谷〇〇町〇〇番地
住居　埼玉県八潮市八条〇〇番地
　　　自動車運転手
　　　　　　N
　　　　　　昭和18年〇月〇日生

右の者に対する消防法違反被告事件につき、当裁判所は検察官M出席のうえ審理して次のとおり判決する。

主　文

被告人を懲役4月および罰金3万円に処する。

右罰金を完納することができないときは、金1,000円を1日に換算した期間被告人を労役場に留置する。

この裁判確定の日から1年間右懲役刑の執行を猶予する。

理　由
（罪となるべき事実）

被告人は、

(1) 危険物取扱主任者でないところ、昭和46年7月6日、午後1時30分ごろ、東京都足立区西伊興町53番地の13先路上において、甲種危険物取扱主任者または乙種危険物取扱主任者を立ち会わせないで、危険物の貯蔵所である貨物特殊用途自動車（タンクローリー車）より同所付近の用水堀の水中に危険物であるアルコール類イソプロパノール約65パーセント、同メタノール約26パーセントを含有する工場廃液約4,000リットルを流出させて不法に危険物を取り扱った

(2) 右同日時、同所において、危険物の貯蔵所である右貨物特殊用途自動車（タンクローリー車）より、政令で定める技術上の基準に従わずに（災害の発

生を防止するための適当な措置を講ずることなく)、同所付近の用水堀の水中に危険物である前記(1)の各アルコール類を含有する工場廃液約 4,000 リットルを流出させて不法に危険物を取り扱ったものである。

(証拠) —引用省略—

なお、被告人および弁護人は、被告人が本件当時、その流出させた工場廃液が危険物であるとの認識を欠いていたと主張するが、右各証拠により、本件犯行時において、<u>被告人が本件廃液をくみとった三協化学株式会社平塚工場の廃液貯蔵タンク付近には、危険物たることを示す立札があり、喫煙を禁止されており、かつ、被告人は、右廃液がアルコール性のもので燃えやすいという意味での危険物であることを了知してこれらを取り扱っていたこと、当時、被告人は、右廃液を取り扱うためには危険物取扱主任者の免許を取得する必要があると思料して、その受験を試みていたこと、被告人は、そのくみとり、かつ、流出させた本件廃液の量について正確に認識していたこと</u>等の事実が認められるので、被告人は本件犯行当時、その不法に取り扱った廃液が消防法上の危険物に該当していることを認識していたものと判断する(傍線は引用者)。

(法令の適用) —引用省略—

よって、主文のとおり判決する。

昭和 48 年 5 月 8 日

東京地方裁判所刑事第 18 部 1 係

裁判官　〇〇〇〇印

※　傍線の部分は、違反者の危険物の認識に係る立証について、重要な示唆を与える判示事項となっていますので、参考にして下さい。

(その3)

〇　消防法違反（第10条第1項）被告事件

判　決

　　　　　本籍　東京都世田谷区祖師谷１丁目○○番地
　　　　　住居　同都同区祖師谷１丁目○番○号
　　　　　職業　会社役員
　　　　　　　M
　　　　　　　　　　　　　昭和12年○月○日生

　右の者に対する消防法違反被告事件について、当裁判所は、検察官Ｏ出席のうえ審理を遂げ、次のとおり判決する。

主　文

1　被告人を罰金20万円に処する。
2　引用省略
3

理　由

（罪となるべき事実）

　被告人は、所謂個人企業である松下商会（本店所在地は肩書住居地）の代表取締役として、妻と共に、従業員一名を雇用し、一般家庭に対しては灯油を、企業に対しては重油を小売りするなど石油販売業を営み、右石油類の貯蔵所としては、他から賃借している地下タンク一個所の外、タンクローリー車一台を所有しているものであるが、いずれも法定の除外事由がないのに、

第1　問屋筋から昭和48年9月1日以降出荷分の灯油の仕入価格が若干値上がりする旨聞知し、かつ、従来秋から冬期にかけて灯油の仕入に困難を来たすことがあり、予め夏期にその仕入量を多くして問屋筋に実績を作り、右仕入難に備えようとしたことなどから、かねてより注文していた灯油24,000リットルが問屋から配送されるや、同48年8月31日から同年9月8日までの間、貯蔵所以外の場所である東京都世田谷区千歳台3丁目○○番地先空地において、同所に搬入していた地下から堀起された石油タンク2基内に、右配送された危険物である灯油（第4類第2石油類）のうち、指定数量以上の20,000リットルを貯蔵し、

第2　かねてより、知人のKから同都同区鎌田2丁目6番○○号同人方木造倉庫を賃借し、右倉庫内にタンクローリー車に取り付けられていた古物のタンク一基を取り外してこれを搬入し、重油を貯蔵していたところ、同48年9月10日、貯蔵所以外の場所である右木造倉庫内において、右タンク内に指定数量以上の危険物である重油（第4類第3石油類）と灯油（第4類第2石油類）の混合したもの合計2,500リットルを貯蔵したものである。

（証拠の標目）—引用省略—

（法令の適用）—引用省略—

（量刑理由）

本件は、石油販売業者としてこの種違反となることを熟知している被告人が、灯油、重油を貯蔵所以外の場所に不法貯蔵した事案であり、判示第1、第2の事実とも、一応タンク内に貯蔵していたとはいえ、判示第1の違反については、灯油の貯蔵量は20,000リットルと多量であり、タンクのマンホール部分の給油口等にはこれを塞ぐ措置等を講ぜず、シートをかけたのみであって、空地に右タンクを放置していた関係上、子供の火遊びによる火災の発生や、地震等によるその倒壊、灯油の流出等が考えられ、火災の予防、火災、地震の際のその被害の増大の見地からみて、危険性は大であり、また、判示第2の違反についても、その貯蔵量は比較的少量であったとはいえ、貯蔵場所は木造倉庫内であってこれに膚接して民家があり、類焼の際のその被害の拡大など前同様の危険性は極めて大であり、これらの諸事情を考えると、被告人の刑責は決して軽からず、これに対する処罰としては、懲役刑を選択することもあながち考えられない事案ではないけれども、被告人はこの種違反としては初犯であり、反省の色が認められるなど諸般の情状を考慮し、主文のとおりの罰金刑に処するのが相当であると思料した次第である。

昭和49年5月8日

東京地方裁判所刑事第18部3係

裁判官　○○○○印

2 無罪の判決

被告事件が罪とならないとき、または被告事件について犯罪の証明がないときは、無罪の判決をしなければならないことになっています（刑訴法第336条）。

なお、犯罪の証明がないことを理由に無罪の判決をする場合には、個々の証拠について採用することができない理由を逐一説明する必要はないとされています（最高裁昭和35年12月16日判決）。

3 終局裁判の付随的な効力

終局裁判が成立すると、付随的に次のような効力が発生します。
① 禁錮以上の刑に処する判決の宣告があったときは、保釈あるいは勾留の執行停止は、その効力を失います（刑訴法第343条）。この場合は、新たに保釈や勾留の執行を停止する決定がない限り、被告人を収監しなければならないことになります。
② 禁錮以上の刑に処する判決の宣告があった後は、必要的保釈（権利保釈）等の規定は適用されず、すべて任意的保釈となります（同法第344条）。
③ 無罪、免訴、刑の免除、刑の執行猶予、公訴棄却、罰金または科料の裁判があった場合は、勾留状はその効力を失います（同法第345条）。

第5部 裁　判

〔3〕裁判の確定

　第一審の判決に対して、14日間の控訴期間を徒過すると第一審判決が確定します。また、控訴を提起した場合、控訴棄却の判決に対して上告しなければ控訴棄却の裁判が確定し、これに伴って第一審の判決も確定することになります。

　有罪、無罪の判決や免訴の判決が確定すると、懲役刑などを執行したり、罰金を徴収したりすることができるようになります。

　また、有罪、無罪の判決や免訴の判決が確定すると、判決の対象となった事実については、あらためて起訴することが許されなくなり、もし、間違って起訴しても免訴の判決を言い渡されます（刑訴法第337条第1号）。このような確定判決の効力を既判力または一事不再理の効力といいます。

第6部

上　訴

第6部　上　訴

〔1〕上訴に関する一般的事項

1　上訴の意義

上訴とは、裁判が確定する前に上級の裁判所（上級審）に救済を求める不服申立てのことです。

2　上訴の種類

上訴には、控訴、上告および抗告の三つの種類があります。

控訴は、地方裁判所、家庭裁判所または簡易裁判所がした第一審の判決について不服がある場合に、高等裁判所に対して行われるものです（刑訴法第372条）。

上告は、高等裁判所がした第二審の判決および第一審の判決（内乱罪〔刑法第77条〕、同予備・陰謀罪〔同法第78条〕または同幇助罪〔同法第79条〕に関する判決）について不服がある場合に、最高裁判所に対して行われますが（刑訴法第405条）、例外として、地方裁判所、家庭裁判所または簡易裁判所がした第一審の判決に対して上告がなされる場合もあります（跳躍上告、刑訴法第406条、刑訴規則第254条）。

抗告は、裁判のうち、決定（または命令）に対して行う上訴のことで、高等裁判所に対して行う「一般抗告」と、最高裁判所に対して行う「特別抗告」とに分けられ、さらに、一般抗告については、「通常抗告」と「即時抗告」に分けられますが、これらについては後述します。

3　上訴権者

上訴権者、つまり上訴を行うことができる者は、検察官および被告人ですが（刑訴法第351条）、原審（控訴審の場合、地方裁判所、家庭裁判所または簡易裁判所における第一審、上告の場合、通常高等裁判所における第二審）における弁護人や被告人の法定代理人なども、被告人が上訴しな

い意思を明示していない限り、被告人のために上訴することができることになっています（同法第353条、第355条、第356条）。

4　上訴の放棄・取下げ

　検察官または被告人は、上訴の放棄または取下げをすることができます（刑訴法第359条）。上訴の放棄は、言渡しを受けた判決に対して上訴しない意思を書面で明らかにすることによって行われます（同法第360条の3）。上訴を放棄した者は、上訴権を失い、再び上訴することができなくなります（同法第361条）。したがって、検察官および被告人の双方が上訴を放棄すると、その判決は、確定することになります。

　ただし、死刑または無期の懲役・禁錮に処する旨の判決に対しては、上訴を放棄することが許されていません（同法第360条の2）。これは、重い刑を言い渡した判決を確定させることについては、十分慎重を期そうという趣旨によるものです。

　上訴の取下げは、いったん上訴を提起したのちに、これを取り消すことですが、上訴の放棄の場合と同様に、上訴を取り下げた者は、再びその事件について上訴することができず、これによって裁判が確定します（同法第361条）。

5　上訴の提起期間

　控訴および上告は、判決が言い渡された日から14日以内に（刑訴法第358条、第373条、第414条）、申立書を原裁判所に提出しなければなりませんが（同法第374条、第414条）、刑務所、拘置所または警察署の留置場（代用監獄）に拘束されている被告人が上訴期間内に上訴の申立書をその施設の長またはその代理者に差し出したときは、かりに裁判所に届くのがおくれたとしても、上訴期間内に上訴がなされたものとみなされます（同法第366条第1項）。

　なお、自己または代理人の責任とはいえない事由により上訴期間を徒過してしまったときは、原裁判所に対し上訴権回復の請求をすることができることになっています（同法第362条以下）。

〔2〕控　訴

1　控訴理由

　控訴理由には、判決に影響を及ぼすか否かに関係なく上訴が認められる絶対的控訴理由と判決に影響を及ぼすことが明らかである場合に限って上訴をすることができる相対的控訴理由とがあります。

1　絶対的控訴理由

　　絶対的控訴理由は、次に掲げるような訴訟手続にきわめて重大な法令違反がある場合または法令の適用に重大な誤りがある場合です（刑訴法第377条、第378条）。

① 法律に従って判決裁判所を構成しなかったとき。裁判官の資格のない者が裁判所を構成したり、合議制をとらなければならない事件を1人制で審判したような場合がこれにあたります。

② 法令により判決に関与することができない裁判官が、判決に関与したとき。除斥理由がある裁判官や忌避理由があると決定された裁判官が判決に関与したような場合がこれにあたります。

③ 審判の公開に関する規定に違反したとき。公開しなければならない事件を非公開としたとき、または非公開とするについての手続に違反したときなどがこれにあたります。

④ 不法に管轄または管轄違いを認めたとき。

⑤ 不法に公訴を受理したとき、または不法に公訴を棄却したとき。

⑥ 審判の請求を受けた事件について判決せず、または審判の請求を受けない事件について判決したとき。

⑦ 判決に理由を付けず、または理由にくい違いがあるとき。判決特に有罪判決に、法律が要求する理由を付けていないとき、または認定された

事実や証拠と法令の適用との間にくい違いがある場合などがこれにあたります。

2 相対的控訴理由

相対的控訴理由は、次のような事実がある場合です。

① 訴訟手続に法令違反がある場合（刑訴法第379条）または法令の適用に誤りがある場合（同法第380条）

② 刑の量定（量刑）が著しく不当である場合（同法第381条）

③ 事実誤認がある場合（同法第382条）

④ 再審の請求をすることができる場合にあたるとき、または判決後に刑の廃止・変更や大赦があったとき（同法第383条）

2　控訴審の審理

控訴審においては、控訴を申し立てた者から控訴裁判所に対して控訴趣意書が提出され（刑訴法第376条）、同趣意書に包含された事項および控訴理由として記載された事項について調査が行われます（同法第392条）。そして、この調査のため必要があるときは、裁判所は、事実の取調べをすることができます（同法第393条）。

なお、控訴審では、被告人は、原則として、公判期日に出頭する必要がありません（同法第390条）。

3　控訴審の裁判

控訴審の裁判には、次のようなものがあります。

(1) **控訴棄却の決定**

① 控訴の申立てが法令上の方式に違反し、または控訴権の消滅後になされたものであることが明らかであるとき（刑訴法第385条）

② 控訴趣意書が所定の期間内に提出されないとき、または提出されても

不備があるとき（同法第386条）

(2) **控訴棄却の判決**
① 控訴の申立てが法令上の方式に違反し、または控訴権の消滅後になされたものであることがわかったとき（同法第395条）
② 控訴理由にあたる事由がないとき（同法第396条）

(3) **公訴棄却の決定**
第一審で公訴棄却の決定をなすべきであったと認められるとき（同法第403条）

(4) **破棄判決**
控訴理由にあたる事由があるとき、または職権で量刑に影響を及ぼすような情状について取り調べた結果、原判決を破棄しなければ明らかに正義に反すると認められるときは、判決で原判決を破棄しなければならないことになっています（刑訴法第397条）。

原判決の破棄については、さらに次のように分けられます。

ア 破棄差戻し

不法に管轄違いを言い渡したとき、または不法に公訴を棄却したことを理由として原判決を破棄したときは、実体審理（公訴事実の内容についての審理）を尽させるため、判決で事件を原裁判所に差し戻さなければなりません（同法第398条）。

イ 破棄移送

不法に管轄を認めたことを理由として原判決を破棄するときは、判決で事件を管轄する第一審の裁判所に移送しなければなりません（同法第399条）。

ウ 破棄自判

以上の理由以外の理由で原判決を破棄するときは、判決で事件を原裁判所に差し戻すか、原裁判所と同等の他の裁判所に移送しなければなりません（同法第400条）。ただし、訴訟記録ならびに原裁判所および控訴裁判所で取り調べた証拠によって、ただちに判決することが

できるものと認めるときは、被告事件についてさらに判決をすることができます（同条ただし書）。

※　**控訴審等における不利益変更の禁止**

被告人が控訴し、または被告人のために控訴をした事件については、原判決の刑より重い刑を言い渡すことができないことになっています（刑訴法第402条）。

原判決よりも重いかどうかについては、例えば、懲役何年という刑期だけで判断するものではなく、執行猶予が付けられているかどうかなども考慮にいれて、実質的に考えるべきものとされています（最高裁昭和55年12月4日決定）。

4　控訴審の判決例

「ホテル・ニュージャパン」火災業務上過失致死傷被告事件（東京高裁平成2年8月15日判決）

本件控訴審判決は、消防行政に関する直接的な判決として、貴重、かつ、重要な意義をもつものですが、何分長文にわたりますので、紙面の関係上、法人組織の事業所における「管理権原者」や「命令の名あて人」に関する判示事項など予防行政上特に重要と思われる部分について、原文のまま紹介することにします。

〔事件の概要〕

昭和57年2月8日午前3時すぎ、東京都千代田区永田町に所在するホテル・ニュージャパン（耐火造・地下2階地上10階延約46,000平方メートル、客室420室）の9階938号室から宿泊客の寝タバコの不始末により出火し、9階、10階および7階の一部など合計約4,200平方メートルを焼損するとともに、スプリンクラー設備の未設置、自動火災報知設備の維持管理不適、避難誘導の不手際等により逃げ遅れた宿泊客らの焼死、飛び降りなどにより33名が死亡、34名が負傷した。

〔2〕控　訴

　この火災事故で、同ホテルの管理権原者である代表取締役と防火管理者が、スプリンクラー設備の未設置などの防火管理体制の不備と防火管理業務の懈怠により宿泊客らに死傷の結果を発生させたとして業務上過失致死傷の罪責を問われ、東京地方裁判所に起訴された。

　裁判の結果、第一審の東京地方裁判所は、被告人の代表取締役Ａに対して禁錮３年の実刑を、同防火管理者Ｂに対して禁錮１年６月（執行猶予５年）の刑を言い渡した。

　防火管理者Ｂは、この判決に従ったため刑が確定し、代表取締役Ａはこれを不服として東京高等裁判所に控訴したが控訴棄却の判決があった。

　このため、代表取締役Ａは最高裁判所に上告したが、上告棄却の決定により刑が確定している。

〔控訴審判決〕　　控訴棄却（抜すい）

　　第１　弁護人ら連名の控訴趣意書第１点について
　　１　原判決が被告人を本件建物の「管理について権原を有する者」と認定したことに関する審理不尽の主張
　　　所論は、要するに、株式会社ホテル・ニュージャパンの本件ホテル建物については、消防法８条１項にいう「管理について権原を有する者」とは、同ホテルを所有し、管理し、運営している株式会社ホテル・ニュージャパンであって、その代表取締役社長である被告人ではない。被告人は、同社の重要な株主であり、かつ、運営の指揮に当たっていたものであるが、同ホテルの所有権その他の権限を有するものではない。ところが、原判決が特に理由、根拠を示すことなく、被告人を「管理について権原を有する者」と認定したのは、審理不尽であるというのである。
　　　思うに、消防法８条、同条の２、消防法施行令４条、消防法施行規則３条その他の規定において用いられている防火対象物（建築物等がこれに属する。消防法２条２項参照）の「管理について権原を有する

者」（以下、「管理権原者」という。）とは、その防火対象物を管理する正当な法的原因を有する者と解されるが、本件ホテル・ニュージャパンのように、法人が防火対象物を所有するとともに、これを占有、管理して事業を行っている場合、その管理権原者は、法人そのものではなく、自然人であり、それも、原則として、法人の代表者であると解するのが正当である。けだし、管理権原者は、防火対象物の防火管理上、最高の責任者として、右の諸規定により一定の権原を有し、義務を負っているが、もし法人そのものを管理権原者と解するならば、その意思決定に所要の機関決定を経なければならない等により時間を要し、また、実際上責任の所在が明確でない等の弊の生ずるを免れず、その結果、管理権原者としての責務が迅速適切に履行され得ない事態の発生を避けることができず、このようなことを避けるためには自然人をもって管理権原者とすることが必要であり、それには、内規等をもって他の役員又は職員に権限及び義務が委譲され、かつ、その委譲が相当と認められる等の特段の事情のない限り、法人の代表者がこれに当たると解するのが相当であるからである。

なお、念のために付言すれば、次のとおりである。

(1) 法人の代表者を管理権原者と解することは、もとよりその者が管理権原者の権限の行使及び義務の履行に関する事務までをすべてみずからの手で行わなければならないものではなく、その責任においてこれを他の役員又は部下の職員をして行わせることを妨げるものではない。

(2) また、消防法施行規則別記様式1号の2所定の「消防計画作成（変更）届出書及び同1号の2の2所定の「防火管理者選任（解任）届出書」の各様式中の届出者欄に「法人の場合は」とあるのは、当該防火対象物の所有者等が法人である場合のことであって、規則みずからが法人自体を管理権原者と認めている証左であるなどと解すべきではない。

(3) また、消防法42条1項1号（引用者注・現行41条1項2号の防火管理業務適正執行命令違反）及び43条1項1号（引用者注・現行42条1項1号の防火管理者選任命令違反）の違反行為（いずれも管理権原者の違反行為である。）についての両罰規定である同法45条は、法人の役職員である管理権原者が右違反行為をしたときは、（行為者である役職員が同法42条1項1号又は43条1項1号により罰せられるほかに）法人をも罰する旨を定めたものと解すべきであって、同法45条の規定をもって、法人が管理権原者であることを前提として、現実の行為者のほかに管理権原者である法人をも罰する旨を定めたものであるなどと解することはできない。

当審における証人Mの供述によれば、消防当局も、法人が防火対象物を所有するとともに、これを占有、管理して事業を行っている場合の管理権原者は、法人自体ではなく、自然人であり、すなわち、原則として法人の代表者である役員がこれに当たり、例外的に、当該法人の内規等により管理権原者の権限や義務が他の役員又は職員に委譲されており、かつ、その委譲が相当と認められるときは、その役員又は職員がこれに当たると解していること、並びに、たとえば、或る事業主について、その者を管理権限者と認め得るかどうかの検討にあたっては、その者が(ｱ)当該事業所の代表権を有しているかどうか、(ｲ)建築物等の増改築、避難施設や消防用設備の設置及び維持管理の権限や責任を有しているかどうか、(ｳ)当該事業所に勤務する者に対する労務上、人事上の権限を有しているかどうか等が考慮されることが認められる（なお、M証人の供述中に、当審取調べにかかる解説書「防火管理の知識・基礎編」（当庁昭和62年押第396号の27）25頁及び「防火管理指導指針」22頁の両罰規定に関する各記述の一部を誤りとする箇所があるが、同記述は、いずれも前記(3)の理を云ったものであって、誤りはなく、その点は、同証人の誤解と認められる。）。

ところで、原審で取り調べられた証拠（以下「原審証拠」という。）

によれば、株式会社ホテル・ニュージャパン（以下「ホテル・ニュージャパン」という。）は、政令で定められている防火対象物に属する本件ホテル建物（以下「本件建物」というときは、これを指す。ただし、9階及び10階にあるF事務所及びF邸の区画を除くものとし、これを含むときは、「本件建物全体」という。）を所有し、これをホテル等に使用して営業していたものであるところ、昭和54年5月被告が代表取締役に就任した後のホテル・ニュージャパンの役員構成は、代表取締役社長が被告人、取締役副社長がC（被告人の長男）であるほか、専務取締役D（被告人の次男）、同Eの2名を含む取締役4名及び監査役2名がいたが、E以外はすべて被告人の縁故者であり、常勤役員は被告人、C、Eの三名にすぎず、さらに、昭和54年10月にEが辞任した後は、会社運営を実質的に担当していた役員は被告人とCだけであり、その権限についてみると、ホテル・ニュージャパンの経営、管理上の実質的な決定権は被告人がこれを掌握し、このことは、同会社の消防用設備の設置、並びに、消防計画の作成や自衛消防組織の編成にも影響のある職員の増減等についても例外ではなく、すべて被告人の決裁するところであったことが認められる。

　右のとおりであって、被告人は、ホテル・ニュージャパンの代表取締役社長就任以降、名実ともに同会社の代表者であったものであり、従って、前述の理により本件建物の管理権原者であったと見て少しも妨げないといわなければならず、なお、本件建物の、消防法17条1項にいう「関係者」である上に、同法17条の4にいう「関係者で権原を有するもの」であったと認められる。

　ちなみに、原審証拠によれば、Bを防火管理者に選任した旨の昭和54年10月31日付「防火管理者選任届出書」（消防法8条2項に基づき管理権原者が届け出なければならないもの）が「株式会社ホテル・ニュージャパン代表取締役A」名義で提出されて、所轄K消防署において受理されていること、また、スプリンクラー設備を本件建物の未

> 設置部分に設置すべき旨のK消防署長の昭和56年9月11日付「命令書」(当庁昭和62年押第396号の4)(消防法17条の4に基づき、当該防火対象物の関係者で権原を有する者に対して発せられるもの)が「株式会社ホテル・ニュージャパン代表取締役A」宛てに発せられていることが認められるが、これらの書面は、ホテル・ニュージャパンの代表取締役である自然人たる被告人が提出し、又はそのような被告人に対して発せられたものと解せられる。
> 　なお、被告人が本件建物の管理権原者でないとの主張は、原審では全く行われず、控訴趣意においてはじめて提出されたものである。
> 　以上のとおりであって、原審決には何ら所論の審理不尽はなく、論旨は理由がない（傍線は引用者）。

※　**控訴趣意書第1点・1に対する控訴審の重要な判示事項**

　控訴趣意書第1点・1（原判決が被告人を本件建物の「管理について権原を有する者」と認定したことに関する審理不尽の主張）に対する控訴審の判示事項として重要な点は、次のとおりです。
① 　管理権原者は法人そのものではなく、自然人であり、それも、原則として（他の役職員に権限や義務が委譲されていない限り）、法人の代表者（代表取締役、理事長など）と解するのが正当であるとの考え方に立ち、審理の結果、ホテル・ニュージャパンの代表取締役である被告人Aは、本件建物の管理権原者であると断定し、さらに、被告人Aは、消防法17条1項にいう「関係者」であるうえに、同法17条の4にいう「関係者で権原を有するもの」であると認定したこと。
② 　消防計画作成（変更）届出書および防火管理選任（解任）届出書の届出者欄に「法人の場合は」とあるのは、当該防火対象物の所有者等が法人である場合のことであって、規則みずからが法人自体を管理権原者と認めている証左であるなどと解するべきではないと判示し、法人自体が管理権原者であることを一貫して否定していること。

なお、この考え方は、これらの届出書と同質の管理権原者変更届出書等の場合にも当然にあてはまるものと解されます。

③　消防法42条1項1号（現行41条1項2号の防火管理業務適正執行命令違反）および同法43条1項1号（現行42条1項1号の防火管理者選任命令違反）の違反行為についての両罰規定である同法45条は、法人の役職員である管理権原者が前記違反行為をしたときは、行為者である役職員が前記罰則規定によって罰せられるほかに法人をも罰する旨を定めたものと解すべきであるとの考えを示したこと。

　これらの判示事項は、いずれも消防（東京消防庁）の考え方を肯認したものです。

　筆者は、当時、東京消防庁査察課の違反処理担当主任として、ホテル・ニュージャパンに対するスプリンクラー設備設置命令の発動に直接かかわりをもったものですが、同命令は同ホテルの代表取締役である自然人Ａあてに発したものであり、これが本件控訴審判決によってその正当性が認められたことは、事件が事件だけにひとしおの感慨をおぼえます。

〔3〕上 告

1 上告理由

　上告の申立ては、原則として、高等裁判所の判決につぎのような事由がある場合に限って行うことができます（刑訴法第405条）。
① <u>憲法違反があることまたは憲法の解釈に誤りがあること</u>（第1号）
② <u>最高裁判所の判例と相反する判断をしたこと</u>（第2号）
③ 最高裁判所の判例がない場合に、大審院もしくは上告裁判所としての高等裁判所の判例またはこの法律施行後の控訴裁判所である高等裁判所の判例と相反する判断をしたこと（第3号）

　もっとも、<u>以上のような上告理由がない場合であっても、最高裁判所は、法令の解釈に関する重要な事項を含むものと認められる事件</u>については、その判決確定前に限り、裁判所の規則（刑訴規則）の定めるところにより、自ら上告審として、その事件を受理することができます（同法第406条）。

　裁判所の規則（刑訴規則）としては、次のようなものがあります。

(1) **最高裁判所への移送**

　　控訴裁判所は、憲法違反があることまたは憲法の解釈に誤りがあることのみを理由として控訴の申立てをした事件について、相当と認めるときは、訴訟関係人の意見をきいて、決定でこれを最高裁判所に移送することができます（刑訴規則第247条）。

(2) **跳躍上告**

　　地方裁判所、家庭裁判所または簡易裁判所がした第一審判決に対しては、その判決において法律、命令、規則もしくは処分が憲法に違反するとした判断または地方公共団体の条例もしくは規則が法律に違反するとした判断が不当であることを理由として、最高裁判所に上告することが

(3) **上告審としての事件受理の申立**

　　高等裁判所の判決に対しては、刑事訴訟法第 405 条の上告理由がない場合であっても、その事件が法令の解釈に関する重要な事項を含むものと認めるときは、上訴権者は、その判決に対する上告の提起期間内に限り、最高裁判所に上告審として事件を受理すべきことを申し立てることができます（同規則第 257 条）。

2　上告審の審理

　上告審では、上告趣意書が提出され（刑訴法第 407 条）、これに包含された事項および上告理由となり得る事項のほか、次に掲げる事項（原判決を破棄することができる事由—同法第 411 条）について調査が行われます（同法第 414 条、第 392 条）。

① 　判決に影響を及ぼすべき法令違反があるか否か
② 　刑の量定が甚しく不当であるか否か
③ 　判決に影響を及ぼすべき重大な事実の誤認があるか否か
④ 　再審の請求をすることができる場合にあたる事由があるか否か
⑤ 　判決があった後に刑の廃止もしくは変更又は大赦があったか否か

　この調査のために必要があるときは、裁判所は、事実の取調べをすることができます（同法第 414 条、第 393 条）。

　なお、上告審では、被告人が公判期日に召喚されることはありません（同法第 409 条）。また、上告審の手続については、原則として控訴審の手続に関する規定が準用されます（同法第 414 条）。

3　上告審の裁判

　上告審の裁判には、次のようなものがあります。

(1) 上告棄却の決定
　① 上告の申立てが法令上の方式に違反し、または上告権の消滅後になされたものであることが明らかであるとき（刑訴法第414条、第385条）
　② 上告趣意書が所定の期間内に提出されないとき、または提出されても不備があるとき（同法第414条、第386条）

(2) 上告棄却の判決
　① 上告の申立てが法令上の方式に違反し、または上告権の消滅後になされたものであることがわかったとき（同法第414条、第395条）
　② 上告理由にあたる事由がないとき（同法第414条、第396条）

(3) 公訴棄却の決定
　第1審で公訴棄却の決定をなすべきであったと認められるとき（同法第414条、第403条）

(4) 破棄判決
　上告裁判所は、刑事訴訟法第405条の上告理由があるときは、判決で原判決を破棄しなければなりません。ただし、判決に影響を及ぼさないことが明らかな場合は、この限りではありません（刑訴法第410条第1項）。また、同法第405条に掲げる判例違反があっても、上告裁判所がその判例を変更して原判決を維持するのが相当であると認めたときは、原判決を破棄しないで上告を棄却することになります（同法第410条第2項）。

　このほか、次に掲げる事由があって原判決を破棄しなければ著しく正義に反すると認めるときは、判決で原判決を破棄することができることになっています（同法第411条）。
　① 判決に影響を及ぼすべき法令の違反があること。
　② 刑の量定が甚しく不当であること。
　③ 判決に影響を及ぼすべき重大な事実の誤認があること。
　④ 再審の請求をすることができる場合にあたる事由があること。

⑤　判決があった後に刑の廃止もしくは変更または大赦があったこと。

　原判決を破棄した場合には、判決で事件を原裁判所もしくは第一審裁判所に差し戻し、またはこれらと同等の他の裁判所に移送しなければなりません。ただし、上告裁判所は、訴訟記録ならびに原裁判所および第一審裁判所において取り調べた証拠によって、直ちに判決することができるものと認めるときは、被告事件について更に判決することができます（同法第413条）。このような判決のことを「自判」といいます。

5　上告審判決の確定

　上告裁判所の判決は、宣告があった日から10日を経過したとき、またはその期間内に検察官、被告人または弁護人から訂正の申立てがあった場合には、訂正の判決もしくは申立てを棄却する決定があったときに確定します（刑訴法第418条）。

〔4〕抗　告

1　抗告の意義と種別

抗告とは、裁判のうち、決定や命令に対する上訴（不服申立て）のことで、高等裁判所に対して行う「一般抗告」と最高裁判所に対して行うことができる「特別抗告」とがあります。

なお、このほか、広い意味での抗告に含まれるものとして、「抗告に代わる異議の申立て」および「準抗告」があります。

2　一般抗告

一般抗告は、地方裁判所、家庭裁判所または簡易裁判所のした決定について、高等裁判所に対して行われるものですが、一般抗告は、さらに、①通常抗告（刑訴法第419条本文）と②即時抗告（同条ただし書）に分けられます。即時抗告は、法律に特別の定め（同法第19条第3項、第25条など）がある場合だけに認められ、決定があってから3日以内に申し立てなければなりません。そのかわり、申立期間内および申立てに対する裁判があるまでの間は、原決定の執行が停止されます（同法第422条、第425条）。

通常抗告は、即時抗告以外の抗告のことですが、通常抗告には申立期間の制限や原決定の執行を停止する効力もありません。しかし、通常抗告の申立ては、相当広範囲に認められています（同法第419条、第420条、第421条）。

3　特別抗告

特別抗告は、刑事訴訟法により不服を申し立てることができない決定または命令に対して、憲法違反または判例違反を理由として、最高裁判所に対して抗告するもので（刑訴法第433条）、特別抗告の提起期間（申立期間）は5日となっています。

4　抗告に代わる異議の申立て

高等裁判所の決定に対しては、抗告が認められていませんが（刑訴法第

428条第1項)、それは高等裁判所の決定に対し抗告を許すことになると、その審判は最高裁判所で行うことになりますが、重要でない事項について最高裁判所をわずらわせるのは適当でないと考えられているからです。このため、高等裁判所の決定に対しては、抗告に代えて同高等裁判所に対する異議の申立てが認められ、この申立てについては、その高等裁判所が審判することになります（同条第2項)。

5 準抗告

裁判官が行った裁判、すなわち勾留、保釈、押収、押収物還付などに関する裁判その他の一定の裁判については、地方裁判所に対して、裁判の取消しまたは変更を求めることが認められています（刑訴法第429条）、これを準抗告といいます。

なお、検察官、検察事務官または司法警察職員のした弁護人と被疑者との接見の日時・場所の指定、押収または押収物の還付に関する処分についても、地方裁判所または簡易裁判所に対して準抗告をすることが認められています（同法第430条)。

第7部

非常救済手続

第7部　非常救済手続

　上訴は、裁判が確定する前に、これを不服として是正を求める手続ですから、判決が確定してしまえば、もはやこれについて争うことができなくなります。このような制度は、裁判についての法的安定性を図ることにありますが、何らかの事情で、確定判決に重大な欠陥（あやまち）が発見された場合でも、これを固執することは正義に反することになります。

　そこで、このような事態を救うために設けられたのが、「再審」および「非常上告」の制度ですが、この両者を非常救済手続と呼んでいます。

　このうち、再審は、主として事実認定の誤りを救済するものであり、非常上告は、法令違反に対する救済です。

〔1〕再 審

1 再審の意義と対象

1 再審の意義
再審とは、確定判決の事実認定に明白な誤りがあった場合に、裁判をやり直し、被告人の利益のために、その誤りを是正する非常救済手段をいいます。

2 再審の対象
再審は、有罪の判決を言い渡した確定判決および控訴または上告を棄却した確定判決に対して、言い渡しを受けた者の利益のために請求することが認められています（刑訴法第435条、第436条）。

なお、被告人に不利益な再審は、憲法第39条の二重危険禁止条項に反するため認められていません。

2 再審理由

再審の理由は、次の3つに分けられます（刑訴法第435条第1号～第5号）。

(1) **確定判決の根拠となった証拠が偽り、または無効なものであった場合**
① 原判決の証拠となった証拠書類または証拠物が、確定判決により、偽造または変造であったことが証明されたとき。
② 原判決の証拠となった証言、鑑定、通訳または翻訳が、確定判決により、虚偽であったことが証明されたとき。
③ 有罪の言い渡しを受けた者を誣告した罪が、確定有罪判決により証明されたとき。
④ 原判決の証拠となった裁判が、確定裁判により変更されたとき。

⑤　特許権、実用新案権、意匠権または商標権を侵害した罪により、有罪の言渡しをした事件について、その権利の無効の審決が確定したとき、または、無効の判決があったとき。
(2)　**確定判決後新たな証拠が発見された場合**
　①　有罪判決の言渡しを受けた者に対して、無罪または免訴を言い渡すべき明らかな証拠を新たに発見したとき。
　②　刑の言渡しを受けた者に対して、刑の免除を言い渡すべき明らかな証拠を新たに発見したとき。
　③　原判決において認めた罪より軽い罪を認めるべき明らかな証拠を新たに発見したとき。
(3)　**裁判官、検察官等が職務犯罪を犯した場合**
　原判決に関与した裁判官、原判決の証拠となった証拠書類の作成に関与した裁判官、または原判決の証拠となった書面を作成、もしくは供述した検察官、検察事務官、もしくは司法警察職員が、被告事件について、職務に関する罪を犯したことが、確定判決により証明されたとき。ただし、原判決をする前に、裁判官、検察官、検察事務官、または司法警察職員に対して、公訴の提起があった場合には、原判決をした裁判所が、その事実を知らなかったときに限られます。

　以上の再審の理由のうち、最も一般的に利用されている重要な再審理由は、「無罪を言い渡すべき明らかな証拠を新たに発見したとき」という理由です。この理由のうち、「無罪を言い渡すべき明らかな証拠、すなわち証拠の明白性の意味が問題となりますが、この証拠の明白性の意味について画期的な判断を示したのが、昭和50年5月20日の最高裁判所の決定、いわゆる「白鳥決定」といわれるものです。

　同決定は、「再審決定のためには、確定判決における事実認定につき合理的な疑いを生ぜしめれば足りる、という意味において、『疑わしきときは被告人の利益に』という刑事裁判における鉄則が適用されるものと解すべきである。」として、無罪を言い渡すべき明らかな証拠かどう

かの判断についても、「疑わしきは被告人の利益に」の原則が適用されることを明らかにしています。

3 再審の請求手続

(1) 再審の管轄裁判所

再審請求を管轄する裁判所、すなわち、再審請求について審判する裁判所は、原判決をした裁判所です（刑訴法第 438 条）。

(2) 再審請求権者

再審を請求できる者は、①検察官、②有罪の言渡しを受けた者、③有罪の言渡しを受けた者の法定代理人および保佐人、④有罪の言渡しを受けた者が死亡し、または心神喪失の状態にある場合には、その配偶者、直系の親族および兄弟姉妹となります（刑訴法第 439 条第 1 項）。

(3) 刑の執行終了後等における再審請求

再審請求は、刑の執行が終わり、またはその執行を受けることがないようになったときでも、することができます（刑訴法第 441 条）。これは、名誉回復の利益や刑事補償その他の付随的効果があるからです。

(4) 再審請求と刑の執行停止

再審請求には、刑の執行を停止する効力はありませんが、管轄裁判所に対応する検察庁の検察官は、再審請求についての裁判があるまで、刑の執行を停止することができます（刑訴法第 442 条）。

(5) 再審請求の取下げ

再審請求は取り下げることができますが、請求を取り下げた者は、同一理由によって、さらに再審請求をすることはできません。

4 再審の裁判

再審請求を受けた裁判所は、必要があるときは、事実の取調べをしたうえ

で（刑訴法第43条第3項）、再審請求が適法になされたものであるか、あるいは再審請求に理由があるかどうかについて審理することになります。

審理の結果、再審請求が法令上の方式に違反し、または請求権の消滅後になされたものであるとき（同法第446条）、あるいは再審請求に理由がないとき（同法第447条第1項）は、いずれも請求棄却の決定をします。

再審請求に理由があると認めるときは、再審開始の決定をし（同法第448条第1項）、再審開始の決定が確定した事件については、その審級に応じて（第一審判決に対する再審の場合は第一審において、また、第二審判決に対する再審の場合は第二審において）もう一度審判が行われることになります（同法第451条第1項）。

そして、再審の結果、新たに有罪または無罪の判決が言い渡されることになりますが、この場合、再び有罪になるとしても、原判決の刑よりも重い刑を言い渡すことは許されないことになっています（同法第452条）。このことを「再審における不利益変更の禁止」といいます。

また、無罪の言渡しをしたときは、官報および新聞紙上に掲載してその判決を公示しなければならないことになっています（同法第453条）。

参考までに、再審請求から刑が確定するまでの主な過程を図示すると、図8のとおりです。

図8

有罪の確定判決 → 再審請求 → 請求の適法性・請求理由の有無の審査

適法性・理由 あり → 再審開始の決定 → 再審の審判 → 有罪の言渡し／無罪の言渡し → 確定

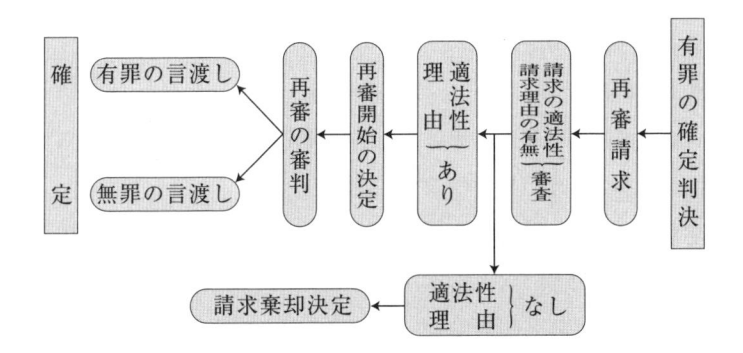

適法性・理由 なし → 請求棄却決定

〔2〕非常上告

1 非常上告の意義

　非常上告は、原判決に法令違反があることを理由として行われる非常救済手続です。それは、被告人の救済を主な目的として行われるものではなく、将来に向って法令の解釈・適用の統一を図ることを主な目的としています。したがって、非常上告に理由がある場合でも、原則として、原判決自体は変更せず、ただ、法令違反があったことを宣言して、将来同じ違反が行われないよう警告するにとどまります。ただし、原判決の法令違反のため被告人が不利益をこうむっているときは、確定判決をそのままにしておくことは適当でないので、そのような場合に限って原判決を破棄して正しい判決をすることになっています。

2 非常上告の申立権者および管轄裁判所

　非常上告の申立権者は、検事総長に限られます（刑訴法第454条）。このことは、法令の解釈・適用の統一を図るという非常上告制度の趣旨に基づくものです。

　非常上告の管轄裁判所は、最高裁判所です。

3 非常上告の理由

　非常上告の理由は、原判決に法令違反があることです。この法令違反には、訴訟手続に法令違反がある場合と犯罪事実に対する法令の適用に誤りがある場合とがあります。

4 非常上告の審理

　最高裁判所は、審理の結果非常上告に理由がないと認めたときは、判決でこれを棄却します（刑訴法第457条）。

　非常上告に理由がある場合で、訴訟手続に法令違反があるときは、その手続違反部分を破棄するだけにとどまり（同法第458条第2号）、その違反が判決の事実認定に影響を及ぼしたのではないかと思われる場合でも、

判決自体は破棄されることはありません。もし、判決の事実認定に誤りがあるとすれば、再審という方法で破棄を求めることができるからです。

　また、犯罪事実に対する法令の適用に誤りがある場合でも、原則として、違反部分を破棄するだけにとどまります。しかし、原判決が被告人のために不利益となっているときは、例外として、判決自体を破棄し、被告事件についてさらに判決をして被告人を救済することになっています（同法第458条第1号）。

第 8 部

証拠法

第8部　証拠法

〔1〕証拠裁判主義

1　証拠裁判主義の意義

　犯罪事実の存否は、公判手続の証拠調べにおいて、検察官と被告人・弁護人から提出された証拠や、裁判所が必要に応じて職権で取り調べた証拠に基づいて、裁判所によって判断されるのですが、このように犯罪事実が存在するか否かの判断を「心証」といい、裁判官が、ある事実について一定の心証を得ること、あるいは裁判官に一定の心証を得させるために行う当事者（検察官および被告人・弁護人）の活動を「証明」といいます。

　ところで、証拠調べの対象とされ、公判において証拠として採用されるためには、その証拠が法律の定める証拠能力を備えていることが必要です。

　証拠能力とは、公判廷における適法な証拠調べの際に証拠となり得る資格のことですが、刑事訴訟法は、第319条以下において証拠能力の制限を定め、一定の条件を満たす証拠に限り証拠能力を認めることとしています（このことについては後述します。224頁参照。）。

　したがって、捜査の過程で収集された証拠のすべてが、そのまま、公判において証拠として採用されるわけではありません。そして、犯罪事実を認定するには、このような証拠能力があり、かつ、公判廷における適法な証拠調べ（証人に尋問し、証拠書類を朗読し、証拠物を展示するなどして行う証拠調べの方式）を経て行われた証拠のみによって証明すること（このような証明方法を「厳格な証明」といいます）が必要なのです。刑事訴訟法第317条が、「事実の認定は、証拠による」と定めているのは、このことを意味しており、これを「証拠裁判主義」といいます。

証拠裁判主義が、裁判における事実認定について、厳格な証明を求めているのは、証拠調べが厳格に行われることによって、証拠の適正が保障され、被告人にとって十分な防御の機会が確保されることにつながるからです。

　もっとも、刑事裁判の過程では、犯罪事実以外の事実の立証（例えば、親告罪についての告訴の有無などの手続上の事実や刑の量定に関する情状などの立証）も行われますが、これらの訴訟法上さほど重要でない事実を証明する場合には、厳格な証明を必要とせず、証拠能力のない証拠や適法な証拠調べを経ない証拠によっても証明することができます。このような証明方法を「自由な証明」といいます。

2　証拠の種類

　証拠は、人証（人的証拠）、物証（物的証拠）および書証の３つに分けられます。

(1)　**人証**

　人証とは、人が言語によって供述する思想内容を証拠とするもので、証人の証言、鑑定人の鑑定などがこれにあたります。

(2)　**物証**

　物証とは、五官（感）作用によって認識された物の存在または状態を証拠とするもので、その物のことを証拠物といいます。

(3)　**書証**

　書証には、証拠書類と証拠物たる書面（書面の意義が証拠となる証拠物）があり、前者は、供述調書、答申書などのような、もっぱら書面の内容が証拠とされるもので、消防上の質問調書、危険物の売上伝票などがこれにあたります。後者は、書面の存在と内容がともに証拠となるもので、例えば、名誉毀損罪（刑法第230条第１項）における名誉毀損文書、わいせつ物頒布等の罪（同法第175条）におけるわいせつ文書、脅迫罪（同法第222条）における脅迫状などがこれにあたります。

なお、消防上の例としては、各種の命令違反罪における命令書などがこれにあたります。

判例も、「証拠となった書面が、証拠書類（刑訴法第305条）であるか又は証拠物たる書面（刑訴法第306条、第307条）であるかの区別は、その書面の内容のみが証拠となるか（前者）、又は書面そのものの存在又は状態等が証拠となるか（後者）によるのであって、その書面の作成された人、場所又は手続によるのではない（例えば、誣告罪において虚偽の事実を記載した申告状の如き、その書面の存在そのものが証拠となると同時に如何なる事項が記載されてあるかが証拠となるのであって、かかる書面が刑訴法第307条の書面であり、ただ書面の内容を証明する目的を有する書面は証拠書類である）」と判示しています（最高裁昭和27年5月6日判決）。

なお、証拠書類と証拠物たる書面の証拠調べ上の差異は、前者が朗読するだけでよいのに対し、後者は展示したうえ、朗読しなければならない点にあります。

証拠は、また、犯罪事実を直接に証明する直接証拠と犯罪事実以外の一定の事実（間接事実）を証明することによって、間接的に犯罪事実を証明する間接証拠（情状証拠とも呼ばれています）に分けられます。犯行の目撃者の証言などは前者の例であり、被告人の指紋のついた凶器などは後者の例として挙げられますが、現行法は、直接証拠であるか間接証拠であるかによって証拠能力上の区別を認めていません。

3　証拠の証明力（自由心証主義）

すでに説明したように、犯罪事実の認定は、証拠能力があり、かつ、適法な証拠調べを経た証拠に基づいて行われますが、その証拠がどれだけ信用できるか、あるいはどの程度事実認定に役立つかという証拠としての価値、すなわち証明力は、証拠によってまちまちです。

ところで、このような証拠の証明力をどのように評価するかについては、刑事訴訟法は、「証拠の証明力は、裁判官の自由な判断に委ねる」（第318条）と定め、原則として、裁判官の判断に法律的な制約を加えていません。このことを「自由心証主義」といいます。すなわち、一定の証拠があれば、必ず犯罪事実を認定しなければならないということもないし、その反面、ある一定の証拠がなければ、犯罪事実を認定してはならないということもないのです。

ただし、本人の自白だけが唯一の証拠である場合には、たとえ、それによって有罪の心証が得られたとしても、その自白だけで有罪としてはならないことになっています（憲法第38条第3項、刑訴法第319条第2項）。これは、補強法則と呼ばれ、自由心証主義の唯一の例外となっています。

このように、自由心証主義のもとでは、個々の証拠をどのように取捨選択することも、矛盾する証拠のうちどれを信用するかも、裁判官の自由な判断に任せられていますが、自由な判断とはいっても、裁判官の勝手気ままな判断を認めているわけではありません。ここにいう自由とは、形式的な法律上の制約を受けないというだけのことであって、その判断は、経験法則や論理法則に適った合理的なものでなければならないということです。このようなわくの中で、裁判官を信頼し、その公正な判断を期待するのが、自由心証主義なのです（最高裁昭和33年2月11日決定）。

4　証拠能力

1　証拠能力の意義

すでに触れたように、証拠能力とは、公判廷における適法な証拠調べの際に証拠となり得る資格のことで、厳格な証明の資料として用いられるものです。

したがって、証拠能力のない証拠は、厳格な証明のための証拠調べには証拠として提出することが許されないのです。もし、証拠能力のない証拠

について取調べの請求がなされても、当事者は、異議を申し立ててこれを阻止することができますし（刑訴法第309条）、取調べが済んだのち、証拠能力がないことが判明すれば、これを排除する決定がなされます（刑訴規則第205条の6、第207条）。

どのような証拠に証拠能力が認められるかは、刑事訴訟法第321条以下に定められていますが、このことについては後述します。

2　違法な手続で収集された証拠の証拠能力

違法な手続で収集された証拠のうち、自白などについては、任意性を欠くものとして証拠能力が認められていませんが（このことについては後述します）、単に収集の手続に違法があるにすぎない場合には、ただちに証拠能力がなくなるわけではなく、判例は、違法な勾留中にされた供述であっても、そのことだけで証拠能力は失われないとし（最高裁昭和25年9月21日判決）、また、黙秘権の告知をしなかった供述についても証拠能力があるとしています（最高裁昭和25年11月21日判決）。

供述証拠以外の証拠物についても、職務質問中における警察官の違法な所持品検査によって発見された覚せい剤の証拠能力について、判例は、次のように判示し、違法に収集された証拠物の証拠能力について基本的な考え方を示しています。

「違法に収集された証拠物の証拠能力については、憲法及び刑訴法になんらの規定もおかれていないので、この問題は、刑訴法の解釈に委ねられているものと解するのが相当であるところ、刑訴法は、『刑事事件につき、公共の福祉の維持と個人の基本的人権の保障を全うしつつ、事案の真相を明らかにし、刑罰法令を適正且つ迅速に適用実することを目的とする』（同法1条）ものであるから、違法に収集された証拠物の証拠能力に関しても、かかる見地からの検討を要するものと考えられる。ところで、刑罰法令を適正に適用実現し、公の秩序を維持することは、刑事訴訟の重要な任務であり、そのためには事案の真相をできる限り明らかにすることが必要であることはいうまでもないところ、<u>証拠物は押収手続が違法であっても、物</u>

それ自体の性質・形状に変異をきたすことなく、その存在・形状等に関する価値に変りのないことなど証拠物の証拠としての性格にかんがみると、その押収手続に違法があるとして直ちにその証拠能力を否定することは、事案の真相の究明に資するゆえんではなく、相当でないというべきである。しかし、他面において、事案の真相の究明も、個人の基本的人権の保障を全うしつつ、適正な手続のもとでされなければならないものであり、ことに憲法35条が、憲法第33条の場合及び令状による場合を除き、住居の不可侵、捜索及び押収を受けることのない権利を保障し、これを受けて刑訴法が捜索及び押収等につき厳格な規定を設けていること、また、憲法第31条が法の適正な手続を保障していること等にかんがみると、証拠物の押収等の手続に、憲法35条及びこれを受けた刑訴法218条1項等の所期する令状主義の精神を没却するような重大な違法があり、これを証拠として許容することが、将来における違法な捜査の抑制の見地からして相当でないと認められる場合においては、その証拠能力は否定されるものと解すべきである。」（傍線は引用者）

3　証拠能力のその他の制限

証拠の証拠能力は、次のような場合にも制限が加えられる。

① 任意にされたものでない疑いのある自白や任意にされたものでない供述には証拠能力がありません（憲法第38条第1項・第2項、刑訴法第319条第1項、第325条）。

② 伝聞証拠には、原則として、証拠能力がありません（刑訴法第320条第1項）。

③ 被告事件についての主張、意見やこれを記載した文書には、証拠能力がありません（例えば、告発書、起訴状、論告、弁論など）。

④ 噂や風説には、証拠能力がありません（例えば、事件についての新聞報道や週刊誌などの記事）。

⑤ 「同種前科」という事実には、証拠能力がありません。

ある犯罪事実を立証する場合、前にも同じような犯罪の前科があるとい

う事実は、当該犯罪事実自体を立証するための証拠として証拠能力がないということです。

しかし、ある犯罪事実がすでに客観的に立証されている場合に、当該犯罪の故意や動機などの主観的な面を立証するために、「同種の前科」を証拠として利用することは許されるとされています（最高裁昭和41年11月22日判決）。

5 挙証責任

自由心証主義のもとでは、裁判官は、当事者（検察官および被告人・弁護人）双方から提出された証拠を吟味し、自らの自由な心証に基づいて事実認定を行います。その結果、「事実が存在する」との心証を得る場合（有罪）もあれば、「事実が存在しない」という心証を得る場合（無罪）もありますが、事件によっては事実の有無がはっきりしない場合もあり得ます。このような状態を「真偽不明」というのですが、このような場合でも裁判官は判定を拒むことは許されません。そのようなことは、刑事訴訟を機能不全に陥らせることになるからです。

そこで、犯罪事実の有無が不明のときには、「疑わしきは被告人の利益に従う」とか「被告人は無罪と推定される」というような刑事裁判の基本原則（鉄則）により不利益を受ける（主張した事実がないものとして扱われる）一方の当事者（原則として検察官）が、合理的な疑いをいれない程度に事実の存在を証明しなければなりません。これが挙証責任あるいは立証責任といわれるものです。

このように、刑事裁判の場合は、検察官において、犯罪事実が存在することを積極的に証拠をあげて証明する挙証責任を負っていますが、例外として、被告人に挙証責任が課されている場合もあります。例えば、名誉毀損罪で、摘示された事実が真実であることについては被告人が挙証責任を負い、被告人においてその証明ができないときは有罪とされます（刑法第230条の2、

東京高裁昭和28年2月21日判決)。

　また、消防法第45条の両罰規定により、違反行為者とあわせて事業主が告発され、起訴された場合、当該事業主が、従業者の行った違反行為の防止に必要な注意をしたとして処罰を免がれるためには、被告人である事業主がそのことに立証する責任があるのです。

　例えば、ある事業所（法人）に危険物の無許可貯蔵（法第10条第1項、第41条第1項第3号）があり、消防法第45条第2号により、違反者とともに法人が起訴された場合、当該法人が処罰を免がれるためには、法人側に違反を防止するために必要な注意をした旨の挙証責任があるのです。

〔2〕自 白

1 自白の意義

　自白とは、被告人または被疑者が、犯罪事実の全部またはその主要な部分について自己の刑事責任を認める供述のことです。
　このような供述がある以上、被告人になってからのものであっても、被疑者としてのものであっても、あるいは証人や参考人としてのものであっても、すべて自白となります。自白は、捜査機関や裁判官に対してなされるのが一般ですが、一般人に対してなされたものであっても自白にあたります。
　また、自白には、口頭で供述する場合のほか、供述調書や答申書のような書証の形式をとるものもあります。
　自白のうち、犯罪事実の全部だけでなく、その違法性や有責性までも認める場合を「有罪である旨の陳述」あるいは「有罪であることの自認」または単に「自認」と呼んでいます。
　犯罪事実の一部を認める供述や犯罪事実そのものではなく、間接的な事実を認める供述のことを自白と区別して「不利益な事実の承認」といいます。

2 自白の証拠能力

1　強制、拷問または脅迫による自白

　憲法第38条第2項は、「強制、拷問もしくは脅迫による自白又は不当に長く抑留若しくは拘禁された後の自白は、これを証拠とすることができない」と定め、これを受けて、刑事訴訟法第319条第1項は、このような自白に加え、「その他任意にされたものでない疑いのある自白は、これを証拠とすることができない」と規定し、任意性のない自白およびその疑いの

ある自白の証拠能力を否定しています。このことを「自白排除法則」といいます。

このように、任意性のない自白や任意性の疑いのある自白について証拠能力が否定されている理由については、およそ二つの考え方があります。その一つは、虚偽排除説と呼ばれるもので、強制、拷問などによる自白は、一般に虚偽の自白である可能性が高く、信用性に乏しいことから、これを証拠として排除しようとする考え方です。もう一つの考え方は、人権擁護説といわれるもので、刑事訴訟法第319条第1項は、「何人も、自己に不利益な供述を強要されない。」と定めた憲法第38条第1項の自白強要の禁止を保障するための規定であるから、黙秘権を有する被疑者や被告人から、強制、拷問など人権を侵害する方法で得られた自白は証拠として排除されるべきであるという考え方です。通説、判例では、おおむね前者の虚偽排除説の立場をとっているようです。この立場からすると、強制、拷問等の事実があれば、ただちにその自白の任意性が否定されるのではなく、強制などと自白の間に因果関係が認められる場合には、自白の任意性が否定され、因果関係がないことが明らかであると認められる場合には自白の任意性は否定されないことになります。

すなわち、強制、拷問等が原因で自白したと認められる場合や強制、拷問等が原因で自白したものとの疑いが認められる場合は、その自白には任意性がなく証拠能力はありません。しかし、強制、拷問等があっても、それが原因で自白したものでないことがはっきり認められる場合には、両者には因果関係がないから、その自白には任意性が認められ、証拠能力があるということになります（最高裁昭和23年6月23日判決）。例えば、捜査段階における自白は強制によるものであったとしても、公判廷においても同様のことを自白している場合（同昭和23年11月5日判決）などはこれにあたります。

なお、誘導質問に基づく自白（同昭和23年7月14日判決）、理づめの質問に基づく自白（同昭和23年11月17日判決）、病気中の自白（同昭和

25年7月11日判決）などについては、いずれも強制によるものではないとされています。

2 不当に長く抑留または拘禁されたのちの自白

不当に長く抑留または拘禁されたのちの自白も、両者の間に因果関係が認められる場合には、任意性がなく、自白の証拠能力は否定されます。抑留また拘禁が不当に長いかどうかは、事件の性質、証拠隠滅のおそれの程度、逃亡のおそれの有無、審判の難易の程度などの事情を総合して決められるとされています。

3 その他任意にされたものでない疑いのある自白

その他任意になされたものでない疑いのある自白も、証拠能力がありません。「任意になされたものでない疑いのある自白」とは、強制、拷問または脅迫による自白や不当に長く抑留または拘禁されたのちの自白と同程度に不当な外部的圧迫によるものとの疑いのある自白のことで、次に掲げる自白がこれにあたります。

(1) いわゆる約束に基づく自白

この自白は、取調官が被疑者に対して、釈放や寛大な処分を約束することによって得られた自白のことです。

虚偽排除説（通説）によれば、供述の真実性がゆがめられる可能性の高い約束がなされたときは、それに基づく自白は、その任意性が否定されることになりますが、最高裁判所も、収賄事件に関する判決において、「被疑者が起訴不起訴の決定権をもつ検察官の、自白すれば起訴猶予にする旨のことばを信じ、起訴猶予になることを期待してした自白は、任意性に疑いがあるものとして、証拠能力を欠くものと解するのが相当である。」と判示しています（最高裁昭和41年7月2日判決）。

(2) 偽計による自白

偽計による自白とは、取調官が被疑者に対し、偽計を用いて、例えば、共犯者が自白しているとか、目撃者がいるとか、あるいは現場に指紋が残っているというような嘘をついて、被疑者を心理的に追いつめ、その

結果得られた自白のことです。

　偽計の程度が供述の真実性をゆがめる可能性が高いものであれば、これに基づく自白は、任意性に疑いがあるものとして、その証拠能力が否定されることになりますが、最高裁判所も偽計による自白証拠能力について、「捜査手続といえども、憲法の保障下にある刑事手続の一環である以上、刑訴法1条所定の精神に則り、公共の福祉の維持と個人の基本的人権の保障とを全うしつつ適正に行なわれるべきものであることにかんがみれば、捜査官が被疑者を取り調べるにあたり偽計を用いて被疑者を錯誤に陥れ、自白を獲得するような尋問方法を厳に避けるべきであることはいうまでもないところであるが、もしも偽計によって被疑者が心理的強制を受け、その結果、虚偽の自白が誘発されるおそれのある場合には、右の自白はその任意性に疑いがあるものとして、証拠能力を否定すべきであり、このような自白を証拠に採用することは、刑訴法319条1項の規定に違反し、ひいては憲法38条2項にも違反するものといわなければならない。」と判示しています。

(3) **別件逮捕と自白の任意性**

　別件逮捕というのは、法令上の用語ではなく、実務上の用語として用いられているものです。ある犯罪（A罪）の被疑者としては逮捕状を請求するだけの証拠がそろっていないが、同被疑者の行った別の犯罪（B罪）については証拠がそろっている場合に、まずB罪（別件）で逮捕、勾留し、その間にB罪（別件）のほか、A罪についても取り調べることをいいます。例えば、強盗殺人犯人として追及中のXを、まず証拠の明白な窃盗・詐欺の犯人として逮捕状を請求して逮捕・勾留し、その間に窃盗・詐欺の容疑のほか強盗殺人の容疑についても取り調べるようなことがこれにあたります。

　ところで、このような別件での逮捕・勾留中の取調べによって、A罪について自白があった場合、その自白の任意性が問題となりますが、判例の大勢は、別件の逮捕・勾留が、もっぱらA罪の捜査に利用するため

になされたものでない限り、別件逮捕・勾留中の自白であるという理由だけで、ただちに、その任意性に疑いが生ずるということにはならないとされています（最高裁昭和30年4月6日判決、同昭和51年8月9日決定）。

消防に関連する事件として、現住建造物等放火事件の捜査の過程において、被告人を、放火罪を理由とする逮捕・勾留に先立って、別件である居住侵入罪を理由として逮捕した事件がありますが、この事件について、第一審および第二審は、別件逮捕の本当の目的は、まだ逮捕状を請求するだけの資料がなかった放火事件について被告人を取り調べることであり、別件には逮捕の必要性がなかったとし、この別件逮捕によって得られた被告人の捜査官に対する自白および本件（放火事件）の逮捕・勾留中に得られた自白は、違法に収集された証拠ないしこれに基づいて発展した捜査段階において、さらに収集された証拠で任意性を欠くものであるとして、捜査官に対する被告人の各供述調書の証拠能力を否定しています。

しかし、本件（放火事件）の勾留中に行われた裁判官の勾留質問調書（刑訴法第207条、第61条、刑訴規則第39条）および消防職員が行った質問調書（法第32条第1項）については、いずれもその証拠能力を認め、被告人の放火罪について有罪としました。これに対し被告人から上告の申立てがありましたが、最高裁判所は、別件逮捕の違法性の有無については、直接答えず、次のように判示し、第一審および控訴審判決の判断を正当なものとして是認しています（最高裁昭和58年7月12日判決）。

(1) 勾留質問は、捜査官とは別個独立の機関である裁判官によって行われ、しかも右手続は、勾留の理由及び必要の有無の審査に慎重を期する目的で、被疑者に対し被疑事件を告げ、これに対する自由な弁解の機会を与え、もって被疑者の権利保護に資するものであるから、違法な別件逮捕中における自白を資料として本件について逮捕状が発付さ

れ、これによる逮捕中に本件についての勾留請求が行われるなど、勾留請求に先き立つ捜査手続に違法のある場合でも、被疑者に対する勾留質問を違法とすべき理由はなく、他に特段の事情のない限り、右質問に対する被疑者の陳述を録取した調書の証拠能力を否定すべきものではない。

(2)　また、<u>消防法32条1項による質問調査は、捜査官とは別個独立の機関である消防署長等によって行われ、しかも消防に関する資料収集という犯罪捜査とは異なる目的で行われるものであるから、違法な別件逮捕中における自白を資料として本件について勾留状が発付され、</u>これによる勾留中に被疑者に対し右質問調査が行われた場合でも、その質問を違法とすべき理由はなく、消防職員が捜査機関による捜査の違法を知ってこれに協力するなど特段の事件のない限り、右質問に対する被疑者の供述を録取した調書の証拠能力を否定すべきものではない。

なお、<u>消防法32条1項は、消防署長等が当該消防署等に所属する消防職員をして質問調査を行わせることを禁じた趣旨ではなく、また、同法35条の2第1項は、放火又は失火の罪で警察官に逮捕された被疑者に対し、事件が検察官に送致された後に、消防署長等が検察官等の許諾を得て同法32条1項による質問調査を行い、あるいは消防署等に所属する消防職員をしてこれを行わせることを禁じた趣旨ではないと解すべきである。</u>」（傍線は引用者）。

3　自白の補強証拠

　刑事裁判では、いわゆる自由心証主義が採用され、証拠の証明力をどのように評価するかは、裁判官の自由な判断に任せられていますが、その例外として、憲法第38条第3項は、「何人も、自己に不利益な唯一の証拠が本人の自白である場合には、有罪とされ、又は刑罰を科せられない。」と規定し、

刑事訴訟法第319条第2項も「被告人は、公判廷における自白であると否とを問わず、その自白が自己に不利益な唯一の証拠である場合には、有罪とされない。」と同旨の規定を置いています。

したがって、被告人を有罪とする証拠が被告人の自白だけで、ほかにない場合には、たとえ、裁判官がその自白を真実であると確信し、有罪の心証を得たとしても、その自白を唯一の証拠として、被告人を有罪としてはならないことになっています。これは架空の犯罪事実が、被告人の自白のみによって認定されてしまう誤判の危険を防止するための規定です。

このため、このような自白については、これを補強する証拠がなければ有罪とすることができません。このような原則を補強法則といい、このような証拠を補強証拠といいます。例えば、Aが殺害行為を自白しても、それだけでは有罪にできず、ほかにAが殺害行使に使った凶器など、Aの殺害行為を証明する証拠が別に存在しなければならないことになります。

補強証拠の種類については、特に制限がありません。人的証拠（供述、証言など）でも物的証拠でもよく、直接証拠でも間接証拠でもよいとされています。

共犯者の自白が補強証拠となり得るか否かについて、判例は、共犯者の供述は、補強が求められる「本人の自白」に含まれず、共犯者は被告人以外の者であり、被疑者その他の純然たる証人と、その本質を異にすることはないから、完全な証拠能力を有すると判示しています（最高裁昭和33年5月28日判決）。

〔3〕伝聞証拠

1　伝聞証拠の意義

　伝聞証拠とは、反対尋問を経ていない供述証拠、すなわち、公判廷において、被告人の反対尋問にさらされ、その内容の真実性あるいは信用性がテストされていない供述証拠のことです。

　供述証拠には、供述書（ある事実を直接体験した者が、その事実を自ら公判廷で証言せずに書面に記載するもの）、伝聞供述（ある事実を直接体験した者からその事実を聞いた他人（伝聞証人）が、裁判所に口頭で報告するもの）、供述録取書（ある事実を直接体験した者からその事実を聞いた他人が書面に記載するもの）などがあります。

　このような伝聞証拠は、一般に真実性に乏しく、しばしば誇張、見聞違い・記憶違い・言い違いなどの誤りや不正確な要素がつきまとい、裁判を誤らせる危険があります。このため、伝聞証拠は、原則として証拠能力が否定されるのが原則となっています。

　このように、反対尋問を経ていないことを理由に伝聞証拠の証拠能力を否定する原則を「伝聞法則」あるいは「伝聞証拠排除の原則」といいます。

　例えば、被告人XがYを殺害する現場をAが目撃した場合、Aがこのことを公判廷で証言すると、被告人Xは、Aに対する反対尋問によってその知覚、記憶、表現、叙述が正確であったかどうかをテストすることができます。しかし、BがAからこのことを聞いて証言する場合は、被告人Xは、Bに対する反対尋問によっては、確かにAがBにそのように云ったかどうかということまではテストすることができますが、Aが間違いなく知覚したのかどうか、Aの記憶が正確であったかどうか、あるいは嘘をいったのではなかったかなどの点についてまでテストすることはできません。したがって、Bの供述に

ついては、被告人Xが殺人犯人であることの証拠とすることはできません。

また、Aが、自分の目撃した被告人Xの犯行状況を書面にしたためて裁判所に提出した場合でも、これを被告人Xが殺人犯人であることの証拠とすることができません。被告人Xは、Aの筆跡や署名から、確かにAが書いたものであるということを確かめることはできますが、Aが犯罪事実を正しく知覚し、記憶し、表現したかという点については、反対尋問によっても確かめることはできません。

このため、このような書面もやはり伝聞証拠として排斥されるのです。

2　伝聞法則の対象外

伝聞法則は、供述証拠（外界の事実を知覚し、これを記憶し、表現・叙述した内容を証拠とするもの）について、その内容が真実であることを証明しようとする場合にのみ適用されます。

したがって、供述証拠でないもの、あるいは供述証拠であってもその内容の真実性を証明しようとするものでない場合は、伝聞法則の適用はなく、その証拠能力は否定されないことになります。

例えば、いわゆる現場写真や録音テープ（録音の内容が供述である場合を除く。）は、その内容となっている一定の事実を伝えるものではありますが、人間の知覚や記憶を通じて伝えるものではありませんから、供述証拠ではなく、したがって、伝聞法則の適用はありません。

また、録音テープの内容が供述の場合であっても、その内容が真実であることを証明しようとするものではなく、録音の内容自体（犯人がこのようなことを述べたということ自体）を証明しようとするものである限り、伝聞法則の適用はなく、証拠能力が認められます（最高裁昭和35年3月24日決定）。

3 伝聞法則の例外

　伝聞証拠は、すべて証拠能力がないものとして排除されるわけではなく、①必要性がある場合または②信用性の情況的保障（特信性または特信情況ともいう。）がある場合には、例外的に証拠能力が認められます。①「必要性がある場合」とは、伝聞証拠を利用する必要がある場合、すなわち、原供述者（例えば、犯行を目撃した者）を公判廷に出頭させて供述させ、反対尋問にさらさせようとしても、死亡、心身の故障、所在不明などのためそれが不可能または著しく困難なときは、（伝聞証拠であっても）、止むを得ない措置としてこれに証拠能力を認めないと、却って事実認定を誤らせる危険があることから、特に証拠能力を認める必要がある場合のことです。また、②「信用性の情況的保障がある場合」とは、原供述がなされたときの情況からみて、反対尋問によってその信用性をテストするまでもなく、その供述に信用性が認められる場合のことです。

　憲法第37条第2項は、「刑事被告人は、すべての証人に対して審問の機会を充分に与へられ、・・・・・」と定めていますが、この規定の解釈について最高裁は、「裁判所が尋問すべきすべての証人に対して被告人にこれを審問する機会を充分に与えられなければならないことを規定したものであって、被告人にかかる審問の機会を与えない証人の供述には絶対的に証拠能力を認めないとの法意を含むものではない。されば、被告人のため反対尋問の機会を与えていない証人の供述又はその供述を録取した書類であっても、現にやむを得ない事由があって、その供述者を裁判所において尋問することが妨げられ、これがために被告人に反対尋問の機会を与え得ない場合にあっては、これを裁判上証拠となし得べきものと解したからとて、必ずしも前記憲法の規定に背反するものではない。」と判示しています（最高裁昭和27年4月9日判決）。

　そこで、刑事訴訟法は、第321条以下に、伝聞法則の例外を規定し、これ

らの証拠についても、一定の条件のもとに証拠能力を認めることにしています。

1 被告人以外の者の供述書または供述録取書（第321条第1項）

　　被告人以外の者が作成した供述書または被告人以外の者の供述を録取した書面で供述者の署名または押印のあるものについては、一定の条件のもとに証拠能力が認められます。「被告人以外の者」とは、証人、鑑定人、参考人など被告人本人以外のすべての者を指します。「供述書」とは、供述者が自ら公判期日に出頭すれば供述すると思われる事項を記載した書面をいい、いわゆる始末書、上申書、被害届などがこれに含まれます。「供述を録取した書面」とは、供述録取書のことで、裁判官の面前における供述を録取した証人尋問書、検察官、検察事務官または司法警察職員の面前における供述を録取した供述調書などがこれに含まれます。

　　供述書の場合、法律上の要件としては、供述者の署名または押印があることを必要としませんが（最高裁昭和29年11月25日決定）、供述録取書については、録取の正確性を担保する意味で、供述者の署名または押印が必要とされ、これがその書面に証拠能力が与えられるための基礎的な要件となっています。

　　なお、録音テープにとられた供述は、実質上供述録取書と同じですが、その性質上供述者の署名または押印を求めることはできません。しかし、その者の供述を正確に録取したものであることを立証する方法（例えば、録音の中で供述者の氏名を名乗らせることなど）がとられていれば、供述録取書と同様に取り扱ってもよいとされています。

(1) 裁判官の面前における供述を録取した書面（裁判官面前調書「裁面調書」に証拠能力が認められるための個別的要件

　　裁判官の面前における供述を録取した書面（裁判官面前調書「裁面調書」については、

　① その供述者が死亡、精神もしくは身体の故障、所在不明または国外にいるため、公判準備または公判期日において、供述することができ

ないとき
② その供述者が公判準備または公判期日において、前の供述（裁判官の面前における供述）と異なった供述をしたとき

のいずれか一つの要件に該当すれば証拠能力が認められます（第321条第1項第1号）

(2) **検察官の面前における供述を録取した書面（検察官面前調書「検面調書」）に証拠能力が認められるための個別的要件**

検察官の面前における供述を録取した書面（検察官面前調書「検面調書」については、

① その供述者が死亡、精神もしくは身体の故障、所在不明または国外にいるため公判準備または公判期日において供述することができないとき
② その供述者が公判準備または公判期日において、前の供述（検察官の面前における供述）と相反するかまたは実質的に異なった供述をした場合で、かつ、公判準備または公判期日における供述よりも前の供述（検察官の面前における供述）を信用すべき特別の情況があるとき

のいずれか一つの要件に該当すれば証拠能力が認められます（第321条第1項第2号）

(3) **(1)および(2)の書面以外の書面に証拠能力が認められるための個別的要件**

(1)および(2)の書面以外の書面については

① その供述者が死亡、精神もしくは身体の故障、所在不明または国外にいるため公判準備または公判期日において供述することができないとき
② その供述が犯罪事実の存否の証明に欠くことができないものであるとき
③ その供述が特に信用すべき情況の下になされたものであるとき

の三つの要件のすべてに該当する場合に限って証拠能力が認められま

す（第321条第1項第3号）

　(1)および(2)以外の書面には、例えば、検察事務官、司法警察職員、収税官吏、税関職員、消防職員、弁護人その他一般私人などの面前における供述を録取した書面（供述者の署名または押印が必要）や答申書、始末書、上申書、被害届、告訴・告発状などの供述書のすべてが含まれます。

2　被告人以外の者の公判準備または公判期日における供述を録取した書面（第321条第2項）

　ここにいう書面は、被告事件の公判準備または公判期日になされた供述を記載した証人尋問調書や公判調書のことですが、これらの書面は、いずれも、当事者に反対尋問の機会が与えられたうえでなされた供述を録取したものですから、無条件に証拠能力が認められています。

3　裁判所または裁判官の検証の結果を記載した書面「検証調書」（第321条第2項）

　裁判所または裁判官の検証調書についても、当事者が検証に立ち会って、その主張を説明し、裁判所または裁判官の注意を喚起することによって、その正確性を担保することができることから、無条件に証拠能力が認められています。

4　検察官、検察事務官または司法警察職員の検証の結果を記載した書面「検証調書」（第321条第3項）

　この検証調書については、作成者である検察官、検察事務官または司法警察職員が、公判期日において証人として尋問を受け、その調書が真正に作成されたものであることを供述したときは、証拠能力が認められます。「真正に作成されたものである」とは、偽造したものではないというだけでなく、作成者が認識したところをそのまま忠実に記載したものであることを意味します。「検証」とは、強制捜査として行われる検証（刑訴法第218条等）のほか、任意捜査として行われる実況見分も含まれるとされています。両者の間には、強制の有無について違いがあるにすぎず、その内

容（実質）には違いがないからです。判例も、実況見分調書の作成者が公判期日において証人として尋問を受け、それが真正に作成されたものであることを供述したときは、これを証拠とすることができると判示しています。

5 鑑定の経過および結果を記載した書面で鑑定人の作成したもの「鑑定書」（第321条第4項）

　鑑定書についても、4の検証調書と同様に、鑑定人が公判廷で証人として尋問を受け、それが真正に作成されたものであること、すなわち、鑑定の経過および結果を実験したとおり正確に記載したものであることを証言することによって証拠能力が認められます。

　なお、ここにいう鑑定書は、裁判所または裁判官の命令に基づいて作成される鑑定者を指しますが（刑訴法第165条）、捜査機関の嘱託に基づいて作成される鑑定書（同法第223条第1項）も、これに準ずるものと考えてよいとされています（最高裁昭和28年10月15日判決）。

6 被告人の供述書または供述録取書（第322条）

　被告人が作成した供述書（例えば、上申書など）または被告人の供述を録取した書面で被告人の署名もしくは押印のあるもの（例えば、検察官、検察事務官または司法警察職員が作成した被告人の供述調書など）は、次の要件のいずれか一つに該当する場合に限り、証拠能力が認められています（第322条第1項）。

① その供述が、被告人に不利益な事実の承認を内容とするものであるとき

② 特に信用すべき情状のもとになされたものであるとき

　①にいう「不利益な事実の承認を内容とするもの」とは、客観的にみて被告人に不利益な事実を承認することが内容となっていればよく、被告人自身が自己に不利益であることを知りながらした供述に限られないとされています。

　①に該当する最も典型的なものとして、「自白調書」があります。し

かし、自白調書でなくとも、被告人に不利益な供述（例えば、殺人の犯行日時に犯行の現場付近にいたというような供述）が記載されていれば、証拠能力をもつとされています。被告人には供述拒否権があるにもかかわらず、殊更に自己に不利益な事実を供述していることから、そのような供述は真実性が高いと考えられ、これに証拠能力が認められているわけです。

なお、被告人に不利益な事実の承認を内容とする書面は、自白調書の場合は勿論、自白でない場合でも、任意になされたものでない疑いがあるときは、これを証拠とすることができないことになっています（同項ただし書）。

被告人の供述録取書のうち、公判準備または公判期日における被告人の供述を録取した書面は、①および②の要件に関係なく、その供述が任意になされたものであると認められる限り、すべて証拠能力が認められます（同条第2項）。

7　信用性の情況的保障が特に高い書面として無条件に証拠能力が認められるもの（第323条）

① 戸籍謄本、公正証書謄本その他公務員がその職務上証明することができる事実について、その公務員が作成した書面（同条第1号）は、無条件に証拠能力が認められます。例えば、印鑑証明書、居住証明書、市町村役場から回答された身上調書などがこれにあたります。

② 商業帳簿、航海日誌その他の業務の通常の過程において作成された書面（同条第2号）は、無条件で証拠能力が認められます。「商業帳簿」とは、仕入帳、売上帳、、金銭出納簿、伝票などをいいます。その他の書面としては、医師の診察簿などがあります。

③ ①および②以外のもので特に信用すべき情況のもとに作成された書面も、無条件で証拠能力が認められます。③に該当する書面は、その性質上①および②に準ずる程度に信用性が保障されているもので、例えば、①の証明書以外の公文書、信用ある定期刊行物に掲載されている統計表、

学術論文などがこれにあたります。

4 伝聞法則の不適用

1 **当事者が証拠とすることに同意した書面または供述（刑訴法第326条）**

　原則として、証拠能力が認められていない伝聞証拠（反対尋問を経ていない供述書・供述録取書などの書面や伝聞供述）であっても、当事者である検察官および被告人が証拠とすることに同意した場合には、その書面が作成され、または供述されたときの情況を考慮して相当と認められるときに限り、証拠能力が認められます（同法第326条第1項）。

　そもそも伝聞証拠には証拠能力が認められないとして排斥されるのは、相手方に反対尋問をする機会が与えられないことによるものですが、この反対尋問権は、放棄できないものではありませんから、相手方がこれを放棄した場合には、これに証拠能力を認めても何ら問題がなく、訴訟手続の促進にも役立つことになります。「証拠とすることに同意する」とは、反対尋問権を放棄することにほかなりません（最高裁昭和26年5月25日決定）。

　同意の方法は、明示または黙示のいずれの方法でもさしつかえありませんが、単に「異議がない」というだけでは足りないとされています（最高裁昭和27年11月21日判決）。

　弁護人は、被告人のための包括代理権をもっていますから、被告人が反対の意思を明示しない限り同意することができます。しかし、被告人が同意すれば、弁護人は被告人の意に反して不同意とすることはできません。

　また、被告人の同意があった場合、その任意性について調査する必要はありませんが（最高裁昭和29年12月23日判決）、被告人が同意した書面または伝聞供述は、その書面が作成され、または供述されたときの情況を考慮して相当と認められるときに限り証拠能力が認められるのですから、任意性のない供述のほか、その疑いのある供述や供述どおり録取されてい

ない疑いのある供述録取書などは、相当性を欠くものとして、証拠能力が認められないことになります。

　被告人が出頭しなくても証拠調べを行うことができる場合（軽微な事件あるいは拘留にあたる事件で出頭しないことを許された場合など、刑訴法第284条本文、同法第285条第1項後段）で、被告人が出頭しないときは、代理人または弁護人が出頭していない限り、被告人の同意があったものとみなされます（同法第326条第2項）。

2　合意による書面（刑訴法第327条）

　検察官および被告人または弁護人が合意のうえ、文書の内容または公判期日に出頭すれば供述することが予想されるその供述の内容を書面に記載して提出したときは、その文書または供述すべき者を取り調べなくても、その書面に証拠能力が認められます。

3　証明力を争うための証拠（刑訴法第328条）

　供述書、供述録取書などの書面または伝聞供述で、証拠能力がないとされたものであっても、公判準備または公判期日において、被告人、証人その他の者の供述の証明力を争う場合には、これを証拠とすることができます。「証明力を争う」とは、信用性を減殺(げんさい)しようとする場合に限らず、逆に信用性を増強しようとする場合も含まれると考えられています（東京高裁昭和31年4月4日判決）。

4　簡易公判手続の場合（刑訴法第320条第2項）

　刑事訴訟法第291条の2本文に基づき、簡易公判手続によって審判する旨の決定があった事件においては、供述書、供述録取書などの書面または伝聞供述については、検察官、被告人または弁護人が証拠とすることに異議を述べたものを除き伝聞法則の適用がなく、証拠能力が認められます。

〔4〕証拠法と消防の証拠資料

1　消防の質問調書

1　質問調書の意義

質問調書の意義

　質問調書とは、消防実務上の用語で、消防職員が、消防法第4条第1項または同法第16条の5第1項に基づき、立入場所において、関係のある者（告発された場合は、被告発人あるいは被疑者、起訴された場合は、被告人となる。以下同じ。）に火災予防上必要な事項を質問した場合、あるいは立入場所以外の場所（消防署所等）において、消防組織法第1条の任務規定に基づき、関係のある者に火災予防上必要な事項を質問した場合、質問事項に対する答弁内容を録取した文書のことです。「録取」とは、答弁の趣意を忠実に摘記することと解されています。したがって、答弁内容を逐一記載する必要はなく、質問事項に関係のない答弁事項など不必要な部分をカットし、答弁の趣意をそこなわない範囲で要約整理することです。

　質問調書は、消防職員の作成した調書あるいは消防目的のために作成された調書という意味で「消防調書」と呼ばれることもありますが、一般には質問調書という呼び名で統一されています。

　なお、消防組織法第1条の任務規定に基づく火災予防のための質問に対する答弁内容を録取した文書を殊更に「供述調書と呼称し、質問調書と別個の様式で処理している例もみられますが、「供述調書」というのは、本来、検察官、検察事務官、司法警察職員または特別司法警察職員（海上保安官、自衛隊の警務官等）などの捜査機関が犯罪捜査の過程において（犯罪の捜査を目的として）、被疑者または第三者（参考人）の供述を録取した調書（刑訴法第198条第3項、同法第223条第2項、司法警察職員等指定応急措置

法、犯罪捜査規範第174条）を指す固有名詞的な厳格な用語です。

したがって、いわゆる行政調査の過程において（行政調査を目的として）、消防組織法第1条の任務規定に基づく質問に対する被質問者の答弁を「供述調書」と呼称することは、目的の異質性に加え、呼称とその法的根拠との間に質的な不均衡がみられて不適切であり、また、質問調書と供述調書をあえて区分する実益もなく、むしろ、徒らに事務処理を複雑にするデメリットこそあれ、無意味、無用の運用と思われます。

幸い、総務省消防庁防火安全室（当時）において作成された「違反処理マニュアル」では、質問調書1本に統一されていることは、当然のこととはいえ、適正・妥当な運用と思われます。

2　質問調書の証拠能力

証拠能力というのは、犯罪事実の認定資料として、公判廷における審理（証拠調べ）の対象となり得る適格性、あるいは資格のことです。

(1)　違反者の質問調書の場合

消防職員が作成した違反者の質問調書は、刑事訴訟法第322条第1項にいう被告人の供述を録取した書面（供述録取書）に該当します。ここで、被告人と書いてあるのは、裁判時のことで、告発前では違反者と読み替えることができるのです。

ところで、告発書に添付される違反者の質問調書は、直接的には、検察官等から違反者の犯罪事実や情状の心証を得るための資料の一つとして重要な役割をもっているものですが、公判請求（正式裁判の請求）の場合には、違反者（供述者）の署名または押印があるという基本的条件のほかに、①供述の内容が被告人に不利益な事実を承認しているとき（犯罪事実の自供）または②特に信用すべき状況のもとで作成されたものであるとき（任意の供述）に限り証拠能力が認められます（刑訴法第322条第1項本文）。ただし、①の被告人に不利益な事実の承認は、任意になされたものであることが必要で、任意になされたものでない疑いがあると認められるときは証拠能力が否定されます（同条同項ただし書）。

以上のことから、要するに、犯罪事実を認めた質問調書については、供述者の署名または押印があり、かつ、その供述が任意になされたものである限り、原則として、証拠能力が認められることになります。

(2) **第三者（参考人など）の質問調書の場合**

　違反者以外の第三者（参考人など）の質問調書は、刑事訴訟法第321条第1項第3号にいう被告人以外の者の供述を録取した書面（供述録取書）に該当し、公判請求の場合には、供述者の署名または押印がなされ、供述の任意性が確保されているという基本的な条件のほかに、次の二つの条件がすべて満たされている場合に限り、証拠能力が認められます。

① 供述者が死亡、精神もしくは身体の故障、所在不明または国外にいるため公判準備または公判期日において供述することができないとき

② その供述が犯罪事実の存否の証明に欠くことができないものであるとき（ただし、その供述が特に信用すべき状況のもとになされたものであるときに限られる）

　このように、消防職員の作成した違反者以外の第三者の質問調書については、極めて厳格な条件のもとに証拠能力が認められています。

　しかし、これらの証拠能力に関する規定にかかわらず、実際には、消防職員の作成した質問調書については、刑事訴訟法第326条により証拠となります。すなわち、検察側が提出する有罪の認定資料については、被告人、弁護人側がそれを証拠とすることに同意した場合に証拠能力が認められます。

　実務処理としては、公判請求による正式裁判の場合のほとんどは、この方法により処理されているようです。

　なお、略式手続（略式命令の請求）の場合には、伝聞法則の適用がないので、すべて無条件で証拠能力が与えられることになります（刑訴規則第289条）。

　ところで、検察の実務上、消防法令違反については、そのほとんどが略式起訴によって処理されています。したがって、この限りにおいて、

消防職員の作成した質問調書には証拠能力が認められています。

3　質問調書を作成する場合の質問事項（録取事項）

参考までに質問調書を作成する場合質問事項（録取事項）を掲げると、おおむね次のとおりです。

(1)　違反行為者に対する質問事項

　ア　共通的事項

　　被質問者（供述者）の氏名、年齢、職業、地位、職務内容、経歴等

　　なお、入社の動機や被質問者の家族構成・家庭状況など一般に不必要であり、特に刑法犯に対する質問と異なり、家族構成などの質問は無意味なうえ失礼にあたります。

　イ　違反事実関係

　　〈規定違反の場合〉

　　次に掲げる事項のうち、当該規定違反の構成上必要な事項

　①　だれが
　②　いつ（いつごろまたはいつごろから）
　③　どこで
　④　だれと（だれの指示を受けて）
　⑤　どのような目的で
　⑥　どのような方法（手段）で
　⑦　何（身体または物）に対して
　⑧　何をしたか（何をさせたか、何をしなかったか、何をさせなかったか）

　※　消防法令の規定違反の場合は、刑法犯の場合と異なり、通常、「だれが」、「いつ」、「どこで」、「何をしたか」（四何の原則）について質問すれば違反事実の認定が可能と思われます。

　　なお、共犯の場合や違反の方法・手段を構成要件としているもの（例えば、法第16条の危険物の運搬基準違反など）については、「だれと行ったか、あるいはだれの指示で行ったか」という質問事項と「どの

ような方法で行ったか」という質問事項が加わります。

※ 「何をしたか」については、消防法令の規定違反を構成する事実（規定違反の構成要件）について質問すればよく、例えば、危険物の無許可貯蔵という規定違反（法第10条第1項違反）の場合は、①消防法上の危険物を、②指定数量以上、③許可（仮貯蔵・取扱いの承認）を受けていない場所において、④貯蔵または取扱ったという事実関係について質問すればよいことになります。

※ 消防法令の規定違反には、「目的」を構成要件とするものはありません。したがって、違反の目的は、違反者の情状的事項として質問することになります。

〈命令違反の場合〉

命令違反を構成する次の事項

① いつ
② だれから
③ どのような内容の命令を受けたか
④ 履行期限内に命令を履行したか

※ 命令を履行しなかった理由などは命令違反の事実を立証するための質問事項ではなく、命令違反の情状に関する質問事項です。

ウ 情状関係

〈規定違反の場合〉

① 事前に違反の是正について指導を受けていたか
② 違反の目的または動機
③ 違反についての認識の有無
④ 違反にかかる危険性の認識の有無
⑤ 同一の違反が繰り返されている場合はその理由
⑥ 違反を行ったことについての反省の有無
⑦ 違反に関連して火災等の災害が発生した場合の責任の有無
⑧ その他個々の違反事案により必要と認める事項

〈命令違反の場合〉

① 命令の対象となった違反について是正指導を受けていたか

② 命令を履行しなかった理由

③ 命令違反にかかる危険性の認識の有無

④ 命令違反についての反省の有無

⑤ 命令に対する受命者の今後の対応（是正意思の有無）

⑥ その他

(2) **法人の関係者に対する質問事項**

① 被質問者の地位および職務内容

② 法人の組織および業務内容

③ 法人業務と違反とのかかわりあい

④ その他法人の監督責任を問うために必要と認める事項

(3) **第三者に対する質問事項**

① 違反の関係者等との関係

② 第三者からみた違反の状況（違反に関連して火災等の災害が発生した場合はその状況）

③ 第三者からみた違反の危険性の認識の有無

④ その他必要と認める事項

（注1） **任務規定** 消防法第4条第1項等に基づく質問権の行使は立入場所を前提としていますから、立入場所以外の場所における火災予防のための質問は、消防組織法第1条の任務規定により行われることになります。

（注2） **答弁** 行政法規上の質問に対する答えを表わす法令上および判例上の用語は「答弁」です。（警察官職務執行法第2条第3項、所得税法第242条第9号、薬事法第87条第5号、最高裁昭和48年7月10日判決〔荒川民商事件〕等）。一方、犯罪の捜査過程や公判廷における質問等に対する被疑者や被告人等の答えを「供述」といいますが（刑訴法第198条第3項等）、この動名詞は固有名詞的な

用語ではないので、本来答弁というべきところを供述と称しても、別段さしつかえありません。

2　始末書、上申書等

　違反者の始末書や上申書などの書面も刑事訴訟法第322条第1項の被告人が作成した供述書に該当し、公判請求の場合には消防職員の作成した違反者の質問調書と同様に一定の条件のもとに証拠能力が認められています。
　なお、公判廷において、被告人の同意を得た場合（刑訴法第326条第1項）や略式手続（略式命令の請求）の場合（刑訴規則第289条）は、いずれも無条件で証拠能力が認められます。

3　実況見分調書

1　実況見分の意義

　実況見分とは、元来、捜査機関による任意捜査の手段として考えられたもので、直接目的物（犯罪に関係あると思われる場所、物もしくは身体）に接し、五官作用によりその存在または状態を実験認識する捜査手続であるとされています。刑事訴訟法上、実況見分については直接の定めはなく、犯罪捜査規範（国家公安委員会規則）上の用語として、同規範第104条に基づいて行われているものです。
　すなわち、同規範第104条は、「犯罪の現場、身体又は物について事実発見のための必要があるときは、実況見分を行わなければならない」と定めています。
　消防が、火災原因等の調査手段や違反処理における違反事実の現認手段として、実務上この用語を用いているのは、このような捜査機関による任意捜査手段としての実況見分を借用または移用したものです。
　消防的な表現をすれば、違反処理における実況見分とは、直接、違反が

あると思われる目的物（防火対象物、危険物施設または物件等）に接し、五感（官）作用により違反の存在や状態を現実に確認する（現認する）ことです。単に「見分」、「現認」または「実査」などともいわれます。

2　実況見分の性格

消防法第4条第1項および同法第16条の5第1項に基づく立入検査は、五感（官）作用により、防火対象物や貯蔵所等の位置、構造、設備または管理状況もしくは危険物の貯蔵・取扱状況または物件が消防法令等に適合しているか否かを確認するために行われるものです。したがって、実況見分は、立入検査と同質のもの（立入検査の一態様）で、特定の違反事実を直接確認するための立入検査を、実務上特に「実況見分」と呼んでいるにすぎません。

3　実況見分の根拠等

実況見分が立入検査の一態様であり、これと同質のものである以上、実況見分の法的根拠は、消防法第4条第1項または同法第16条の5第1項ということになります。

したがって、実況見分を関係者から拒否された場合は、その理由のいかんを問わず強行することができませんが、拒否に正当な理由がない場合は罰則（法第44条第2号—30万円以下の罰金）の対象となります。

また、個人の住居に対して実況見分を行う場合には関係者の承諾が必要ですが、これ以外の場所の実況見分には、法的には関係者の承諾または同意を必要としません。

関係のある者から証票の提示を求められた場合に提示義務があること（法第4条第2項）、関係者の秘密についての秘守義務があること（法第4条第4項）などのほか、行政運用上の手段として関係者の立会いを求めて行うことは、通常の立入検査の場合と同様です。

4　実況見分の目的と対象

実況見分の目的は、消防法令違反の事実等の現認するために行われるものです。ところで、違反処理における実況見分は、捜査機関による犯罪事

実を現認する手段としての実況見分を移用したもので、ここにいう「消防法令違反」とは、犯罪としての消防法令違反、すなわち、罰則の担保のある消防法令上の規定違反（例えば、法第10条第1項違反等）、および命令違反を意味します。また、「消防法令違反の事実等」とは、消防法令違反にまつわる危険性を指します。例えば、危険物の無許可貯蔵（犯罪としての法第10条第1項違反）や製造所等から危険物の漏出等（犯罪としての法第10条第3項違反）があった場合、その危険性の状況の現認がこれにあたります。

したがって、実況見分の対象は、告発の対象となる犯罪としての消防法令違反に限定され、例えば、消防用設備等の設置命令の要件となる消防法第17条第1項違反の事実など単なる行政法規違反で犯罪でないものは対象となりません。このような事実は、もろもろの機材と人員を使って仰々しく実況見分などを行う必要がなく、通常の立入検査による違反調査の方法で容易、かつ、十分に確認できるものなのです。

それにもかかわらず、このような事実まで逐一実況見分によって確認しなければならないとすることは、徒らに事務処理を複雑にし、むずかしいものにする弊害がみられ、違反処理の推進に逆行する無用の処理と思われます。

もとより違反処理は、その性質上適正でなければなりませんが、適正に行うことと処理方法を複雑なものとすることとは別問題です。シンプルな方法によっても十分に適正な処理が可能であれば、これによるべきなのです。

そして、違反処理上の実況見分は、あくまでも告発を前提とした犯罪事実の現認を目的として行われるものなのです。

ちなみに、筆者が東京消防庁に在職中取り扱った数件の消防用設備等設置命令違反にかかる告発事案において、命令要件である消防法第17条第1項違反の事実の確認については、相手方から提出された防火対象物使用開始届書や消防同意関係書類（防火対象物の用途や構造・規模などが明記

されている）を基礎として、当該防火対象物の現状確認（用途、規模などの変更の有無の確認）によって行い、実況見分など無用な作業は一切行っていません。その必要がないからです。

いずれも、適正な告発事案として東京地方検察庁特捜部直告係によって受理され、略式起訴による有罪（罰金刑）または起訴猶予処分（起訴前に相手方が所定の設備を設置する旨の具体的な意思を示し、設置計画を所轄署に提出したため）となっています。

5 実況見分調査の目的と対象

実況見分調書は、実況見分によって現認した消防法令違反の事実等を客観的に（ありのまま）文書に記載したものですが、その目的は、消防法令違反（犯罪としての）の事実または違反自体の危険性（危険性が現認できる場合、例えば、危険物の無許可貯蔵や危険物の漏出等の場合）の立証に資する（役立てる）ため、すなわち証拠保全のために行われるものです。

6 実況見分と調書の必要性

実況見分および実況見分調書作成の対象となるものは、犯罪としての消防法令違反ですが、実際上そのすべての事実の現認や立証について実況見分とその調書の作成が必要とされるわけではありません。すなわち、実況見分という方法・手段によらなければ消防法令違反の事実の現認およびその立証ができない場合、あるいは質問調書（自供）による違反事実の確認のみでは立証方法として十分でない場合（あとで自供が覆されるおそれがある場合）に、その補強証拠を確保する必要がある場合に行われるものです。

例えば、危険物の無許可貯蔵（法第10条第1項違反・第41条第1項第3号）については、供述者の質問調書（自供）によっても、「だれが、いつごろから、何のために、製造所等以外の場所で、消防長または消防署長の承認を得ないで、どのような危険物を、どれ位貯蔵したかという犯罪事実を一応立証することは可能ではありますが、質問調書のみの立証方法は脆弱で、いざというときに危険物の貯蔵量などについて覆されるおそれが

あります。

　そこで、質問調書による立証方法の補強という意味で、違反の現場に赴き、消防法上の危険物が、製造所等以外の場所で、指定数量以上貯蔵されている事実を現認するための実況見分とその調書を作成する必要性が生ずるわけです。

　このほか、犯罪としての消防法令違反を立証するために実況見分と調書の作成を必要とするものの主な例として、危険物の運搬基準違反（法第16条、第43条第1項第2号）、製造所等における危険物の漏出、飛散等（法第10条第3項・第43条第1項第1号、第39条の2、第39条の3）、少量危険物の貯蔵取扱基準違反（条例（例）第31条〜第31条の7・第49条第2号）などがあげられます。

　これに対し、防火管理者の選解任届出義務違反（法第8条第2項・第44条第8号）や危険保安監督者の選解任届出義務違反（法第13条第2項・第44条第8号）などの各種の届出義務違反や消防用設備等の点検報告義務違反（法第17条の3の3・第44条第11号）などの報告義務違反は、簡易な届出・報告義務の認定と質問調書（自供）によって、十分に犯罪事実の立証が可能です。現実に届出や報告がなされていない以上、反証によって犯罪事実が覆されることはあり得ないからです。

　また、消防用設備等の設置命令違反（法第17条の4第1項・第41条第1項第5号）という犯罪事実についても、質問調書による自供のみでも立証が可能です。すなわち、①いつ、②だれから、③どのような内容の命令を受け、④その命令を履行期限内に履行したか否かについての犯罪事実の成立（立証）にかかる事項を質問し、相手方が命令違反の事実（犯罪事実）を自供（自認）した場合には、このことだけでも命令違反の立証が可能です。命令によって設置を義務づけられた所定の設備が現に設置されていない以上、命令違反の事実が相手方の反証によって覆されるおそれがないからです。

　ただ、この種命令違反の場合、質問調書によるいわば受動的な立証方法

に加え、さらに能動的、かつ、簡易・強固な立証方法として、命令の履行期限が経過したのち、担当職員に確認査察あるいは違反調査の形で、受命者が命令事項を履行して所定の設備を設置したか否かを現認させ、その結果を当該職員名の文書として作成させておけばより強固な証拠となります。

例えば、「本職は、平成〇〇年〇月〇日、〇〇において、平成〇〇年〇月〇日、〇〇発第〇号をもって発せられた〇〇消防署長の命令事項が履行されているかどうかを現認したところ、履行期限の平成〇〇年〇月〇日までに〇〇〇〇にスプリンクラー設備が設置されていない。」というような文書になります。これが実質上の実況見分調書にあたりますが、文書の名前などには特にこだわる必要がなく、単に「現認書」でも「違反事実現認書」などどのような名称でもよく、要は、命令違反という犯罪事実を立証するための内容が満たされていればよいとされています。

なお、消防法第17条の4第1項の消防用設備等の設置命令を発する場合、命令要件となる同法第17条第1項違反の認定について、実況見分によって現認する必要性などさらになく、立入検査時（違反調査時）における消防同意関係書類や防火対象物の使用開始届出書を基礎とした簡易な現場確認（視認による防火対象物の構造、規模等の変更の有無の確認）のみで十分であることはすでに触れたとおりですが、そもそも、消防機関が、公の立場で防火対象物の関係者に対し消防法第17条第1項違反（消防用設備等の設置義務違反）がある旨の意思を表示する以上、立入検査結果通知書や警告書の交付など行政指導として行う場合であると命令の発動として行う場合であるとその認定方法に差異があるはずがないのです。

そして、違反処理にかかる実況見分は、犯罪事実を立証するための限定的方法として行われるもの、すなわち質問調書（自供）のみによる立証方法を補強する必要がある場合、あるいは実況見分の方法によらなければ犯罪事実の立証が困難または不可能な場合にのみ行われるもので、消防用設備の設置命令などの行政処分を行う場合にはその対象となりません。まし

てや、消防法第17条第1項違反の認定等に、「建物を中心として周辺道路、建築物、河川、その他の地形について各方位（東西南北）ごとに分けて実況見分を実施する」など全くナンセンスです。

このような奇怪な運用は、おそらく、捜査機関が行っている刑法犯や道路交通法違反等にかかる実況見分の実務書あるいはマニュアルを吟味整序して（参考として）消防の違反処理に見合った適切な運用方法を考える工夫をせずに、安易にそのまま引用してしまった弊害によるものでしょう。

筆者のかかわった数件の消防用設備等の設置命令のうち、特に重要と思われる事案は、昭和52年2月14日、渋谷消防署長名をもって発動した渋谷区所在の「渋谷東口会館（雑居ビル）」代表取締役に対するスプリンクラー設備の設置命令および同56年9月11日、麹町消防署長名をもって発動した千代田区所在の「ホテル・ニュージャパン」代表取締役に対するスプリンクラー設備の設置命令ですが、いずれも命令要件である消防法第17条第1項違反の認定については、殊更に実況見分など不必要なことは一切行わず、立入検査（違反調査）における防火対象物の使用届出書等を基礎とした簡易な現場確認の方法により同違反を認定しています。

後者については、命令発動の約半年後の昭和57年2月8日午前3時すぎごろ火災となりましたが、まだ命令の履行期限内であったため、命令違反として告発措置がとれませんでした。

前者については、命令発動後の昭和52年4月12日に消防総監に対して命令の取消しを求める審査請求が提起されましたが、同53年8月10日、当該請求に理由がないとして棄却されました。

そこで、請求人は、同53年11月6日、所轄消防署長を相手どり命令取消しの訴えを東京地方裁判所に提起しました。

一方、命令の受命者は、命令に従わなかったため、所轄消防署長名をもって東京地方検察庁に告発されましたが、これらのスプリンクラー設備の設置命令にまつわる審査請求、取消訴訟および告発の結果の概要については、消防行政上参考となる事項を含んでいますので、次項で紹介することにし

ます。

7 実況見分によらない消防法第17条第1項違反の認定とスプリンクラー設備の設置命令にかかる行政争訟事例および告発事例

消防法第17条第1項違反の存在は、消防用設備等の設置命令（法第17条の4第1項・第2項）という行政処分を行う場合の前提要件であって、同違反自体は犯罪ではありません。

その認定にあたっては、実況見分などを行う必要がなく、防火対象物使用開始届を基礎とした現場確認（用途や床面積等の変更の有無の事実確認）で十分であることは、すでに触れたとおりですが、参考までに、東京都渋谷区内のいわゆる雑居ビル（渋谷東口会館）に対するスプリンクラー設備の設置命令にかかる行政争訟事例および告発事例について紹介しましょう。

(1) 渋谷東口会館の概要

渋谷東口会館は、神谷商事㈱が所有・占有する部分と新星興業㈱が所有する部分（平和相互銀行が賃借）によって構成されています。前者の特定用途（飲食店、ナイトクラブ、ボーリング場、麻雀、ゲームコーナー、ビリヤード、サウナ、キャバレー）に供される部分の床面積の合計は9,417.56平方メートルで、自動火災報知設備、避難器具、非常放送設備、屋内消火栓設備等従前の消防法令上必要な設備はすべて設置され、避難橋までが自主的に設置されていましたが、昭和49年6月1日法律第64号による改正規定（法第17条の2第2項第4号）に基づくスプリンクラー設備だけが設置されていなかったのです。

一方、新星興業㈱が所有し、平和相互銀行が占有する部分の床面積は1,059.44平方メートルで、自動火災報知設備、スプリンクラー設備、屋内消火栓設備等消防法令上必要な設備はすべて設置され、スプリンクラー設備については、消防法の改正に伴う遡及適用により設置したものです。

(2) 神谷商事㈱の所有する部分に対する指導経過

神谷商事㈱が所有する部分（以下「本件建物」という。）は、消防法第

17条第1項にいう(16)項イの防火対象物であり、特定用途に供される部分の床面積の合計が3,000平方メートル以上であるから、消防法施行令第12条第1項第7号に該当します。したがって、本件建物の関係者は、改正消防法（昭和49年6月1日法律第64号）第17条の2第2項第4号および改正消防法附則第4項の規定により昭和52年3月31日までに現行の技術上の基準に従ってスプリンクラー設備を設置しなければならないのに、昭和49年10月11日の立入検査以来3年有余、延べ25回にわたる所轄署の指導（通知書の交付、現地指導等）に対し、正当な理由がないのに積極的な是正意思を示さなかったのです。

(3) **スプリンクラー設備の設置命令**

　前記指導経過を踏まえ、所轄署は指導による限界を超えるものと判断し、本件建物を利用する不特定多数の者の安全を図るため、所轄署長名をもって昭和53年2月14日、神谷商事㈱代表取締役神谷一男あて、スプリンクラー設備の設置命令（履行期限6か月）を発動しました。この際、消防法第17条第1項違反の有無については、防火対象物使用開始届出書を基礎とした現場確認により認定しています。

(4) **不服申立ての提起および裁決**

　ア　不服申立ての提起

　　本件スプリンクラー設備の設置命令（以下「本件命令」という。）に対し、神谷商事㈱代表取締役神谷一男は、昭和53年4月12日、本件命令の取消しを求める審査請求を審査庁である消防総監に提起しました。この審査請求に対し、処分庁と審査請求人との間で弁明、反論および再弁明、再反論が行われました。

　イ　審査請求処理委員会の設置および**審理**

　　昭和53年4月20日、本件命令にかかる審査請求理由および弁明理由を審理するため、東京消防庁行政不服審査規程に基づき、審査庁の補助機関として審査請求処理委員会が設置され、以後4回にわたる委員会を開催し、公平、慎重な審理を行いました。

ウ 裁決

　審査請求処理委員会の審理の結果、本件審査請求には理由がなく、本件命令には違法または不当な点は認められないとして、昭和53年8月10日、審査庁から請求棄却の裁決があり、翌日審査請求人に送達されました。これによって約4か月間にわたる審査請求処理は終了しましたが、その後昭和53年11月6日、審査請求人（受命者）は処分庁を相手として行政事件訴訟法第11条第1項に基づく処分取消訴訟を東京地方裁判所に提起しましたが、このことについては、あとで簡単に触れることにします。

　なお、審査請求理由の大要および裁決理由は、次のとおりです。

《審査請求理由の大要》

① 　処分庁は、本件建物について、消防法施行令（昭和36年3月25日政令第37号。以下「政令」という。）第12条第1項第7号に該当するものとしているが、本件建物の特定用途に供される部分の床面積の合計は、3,000平方メートル未満であると認められるから、スプリンクラー設備の設置義務はない。

② 　本件建物のうち、賃貸部分については、消防法（昭和23年7月24日法律第186号。以下「法」という。）第17条の4に規定する「当該防火対象物の関係者で権原を有するもの」は賃借人であり、同条に基づく命令の名宛人は賃借人でなければならない。

③ 　政令別表第1(2)項ロの遊技場にボーリング場が含まれるという明文の規定がないのに、通達によってみだりに拡張的に変更して遊技場に該当するものと解釈し、命令を発することは、憲法第31条に定める罪刑法定主義に反し違憲である。

④ 　消防法の一部を改正する法律（昭和49年6月1日法律第64号。以下「改正法」という。）により、法第17条の2第2項第4号の規定が加えられ、現に存する百貨店、旅館、病院、地下街、複合用途防火対象物について、スプリンクラー設備の設置義務がそ及適用さ

れることになったが、現存する防火対象物にスプリンクラー設備を設置することは、莫大な費用を要するにかかわらず、国又は地方公共団体の補償が定められていないから、法第17条の2第2項第4号の規定は憲法第29条の保障する財産権を侵害するものとして違憲であり、かつ、憲法第14条に違反している。

⑤ 本件建物にスプリンクラー設備を配管することによって、天井高が建築基準法施行令第21条の規定に違反すること。スプリンクラーヘッドの位置が低く、歩行者が触れることによって事故が頻発するおそれがあること。天井高を確保するために配管を梁ごとにまき込んだ場合、エルボの抵抗箇所が多くなり基準圧力の維持が困難となるなどの理由から、本件命令は技術的に実行が不可能であり、不当な命令である。

⑥ 本件命令は、請求人に対して準備期間を与えず、また、いつ法令、通達の変更があるやも知れない不安を与えた状態での一方的、かつ、不当な命令である。

⑦ 本件命令は、その前提となる十分な指導を尽さずになした不当な命令である。

⑧ 本件建物は、西側が明治通りに面し、東側が6メートル道路に接する位置にあること、屋外避難階段、避難橋など避難上の設備が十分備えられていること、及び過去におけるビル火災の被害発生の原因等に照らして考察する限り本件建物については、スプリンクラー設備によらなくとも火災の発生及び延焼のおそれが著しく少なく、かつ、火災等の災害による被害を最小限度に止めることができると判断されるから、政令第32条に該当する。

《裁決理由》

① 政令第12条第1項第7号の規定は、政令別表第1（16項）項イの建物で、特定防火対象物の用途に供される部分の床面積の合計が3,000平方メートル以上である場合に、当該部分が存する階にスプ

リンクラー設備の設置を義務づけたものである。同規定にいう特定防火対象物の用途に供される部分の床面積には、省令第13条第1項に該当している部分を除くすべての部分が含まれる。

本件建物について、火災予防条例（昭和37年3月31日東京都条例第65号）第56条第1項に基づき、昭和41年11月5日請求人から提出のあった防火対象物使用届出書のほか、その後3回にわたって提出された同届出書により事実関係を確認するに、政令別表第1(16)項イの防火対象物であること、及び特定防火対象物の用途に供される部分の床面積の合計が9,417.56平方メートルであることが認めることができる。さらに本件建物には、政令別表第1(2)項の用途に供する部分が存在するから省令第13条第1項の規定は適用されないものである。

よって、この点に関する請求人の主張には理由がない。

② 本件命令の名宛人は、本件建物の関係者で権原を有するもの、すなわち、命令の内容を法律上正当に履行し得るものであるが、スプリンクラー設備は、水槽、ポンプ設備、配管、スプリンクラーヘッド等から構成され、かつ、建物の主要構造部又はこれに関連する壁、天井等の部分に変更を加えるなどの処分行為を伴うものであるから、当該行為は処分権を有する所有者が正当に履行し得るものである。したがって、本件建物の所有者である神谷商事㈱のために所有者としての業務を執行する請求人が権原を有する関係者であり、本件命令の受命者適格を有するものと認めることができる。

なお、請求人と賃借人との間にスプリンクラー設備の設置について特別の契約がなされていたとしても、請求人は本件建物の所有者としての業務を執行する者の地位を失うものではない。したがって、請求人を名宛人とした本件命令には違法性が認められず、この点に関する請求人の主張には理由がない。

③ 請求人は、法令上明文の規定がないボーリング場を一片の通達によって遊技場に含めることは、罰則の適用に関し憲法第31条に定

める罪刑法定主義に反すると主張するが、政令別表第1は、人命安全、火災の拡大防止に着目し、防火対象物の用途を消防用設備規制の面から類型的に分類したものであり、このうち、政令別表第1(2)項ロの遊技場とは、一定の設備を設けて不特定多数の者に遊技させることを目的とする施設をいい、ボーリング場は、レーン、ピンエレベーター等の設備を設けて不特定多数の者にボーリングをさせることを目的とした施設である。

　したがって、遊技場の概念にあてはまるボーリング場を遊技場として規制することは、法の正当な解釈適用であり、遊技場の概念を拡張的に解釈したものではない。

　よって、この点に関する請求人の主張には理由がない。

④　法第17条の2第2項第4号の規定が、憲法第14条及び同法第29条に違反するとの主張については、当審査庁の審査事項ではない。

⑤　請求人は、スプリンクラー設備の設置について、本件建物の天井、構造等の特殊な事情により技術的に不可能であると主張するが、技術的に可能であるか否かについて判断するに、本件建物の階高は、最も低い階で3.2メートル、最も高い階で4メートルあり、請求人が通常の施工方法によりスプリンクラー設備の配管をすれば、建築基準法施行令第21条に抵触するものとは考えられない。また、梁にそって配管することによる基準圧力の確保についても、スプリンクラーヘッドの規定圧力に配管及びエルボ等の摩擦損失値を加算した圧力に見合う送水ポンプを設置することにより、技術的に可能であると認められる。現に本件建物と同階高の平和相互銀行部分には、適法にスプリンクラー設備が設置されている。

　よって、この点に関する請求人の主張には理由がない。

⑥　請求人は、本件命令が請求人に準備期間を与えず、また、スプリンクラー設備の設置を義務づける基準の内容に目まぐるしい変更が

あり、不安を与えた状態での一方的な命令であると主張するが、法第17条の2第2項第4号の適用については、改正法附則第4項に基づき約3年間の猶予期間が設けられていたほか、同猶予期間の経過後においても処分庁が約1年間にわたり指導を継続していた事実が認められる。また、本件建物に係るスプリンクラー設備については、昭和49年6月1日の改正法によって設置が義務づけられ、消防法施行令の一部を改正する政令（昭和49年7月1日政令第252号）及び消防法施行規則の一部を改正する省令（昭和49年12月2日自治省令第40号）によって、その技術上の基準が具体的に規定されたものである。

したがって、スプリンクラー設備の規準内容は変更されていない。

よって、この点に関する請求人の主張には理由がない。

⑦　請求人は、処分庁が十分な指導を尽さずになした命令であると主張するが、処分庁が昭和49年10月11日に立入検査を実施して以来、本件命令までの間、25回にわたる指導を行ったことが認められる。また、処分庁の指導経過、当該指導に対する請求人の対応等から判断するに、指導内容についても過誤があったとは認められない。

よって、この点に関する請求人の主張には理由がない。

⑧　請求人は、本件建物には屋外避難階段及び避難橋が設置されているから防火防災設備は十分であり、過去におけるビル火災の被害発生原因に照らしても政令第32条に該当すると主張するが、政令第32条の規定は、消防用設備等について、消防長又は消防署長が防火対象物の位置、構造及び設備の状況から判断して、消防用設備等の基準によらなくとも火災の発生及び延焼のおそれが著しく少なく、かつ、火災等の災害の発生による被害を最小限度に止めることができると認めるとき、又は予想しない特殊の消防用設備等その他の設備を用いることにより、消防用設備等の基準による場合と同等以上の効力があると認めるときに、当該基準を適用しないことを定

めたものである。

　本件建物の位置、構造、用途、設備、不特定多数人の利用状況等から判断すると、本件建物について、政令第32条の要件を充足する安全性は認められない。本件建物に設置されている既設消防用設備等及び避難橋、屋外避難階段等の防火防災設備の機能を考えると、火災発生時に自動的、かつ、迅速確実に消火するスプリンクラー設備に代わるべき有効な設備と認めることはできない。

　よって、この点に関する請求人の主張には理由がない。

　以上が本件審査請求における棄却裁決の概要ですが、「本件建物の特定用途に供される部分の床面積の合計は、3,000平方メートル未満である」として消防法第17条第1項違反は成立せず、スプリンクラー設備の設置義務がないとする苦しまぎれの請求人の主張に対し、本裁決は、防火対象物使用届出書により事実関係を確認することにより「用途」と設置基準に該当する床面積を認定できたとして、ばっさりと請求人の主張を退けています。

　なお、請求人は、床面積の算定（認定）方法について特段の反論を示していませんが、このことは反論の余地がなかったといった方がよいかも知れません。

(5) **取消訴訟の提起と取下げ**

　前記スプリンクラー設備の設置命令についての審査請求は、昭和53年8月10日、請求に理由がないとして、審査庁から請求棄却の裁決があったため、請求人（原告）は、昭和53年11月6日、審査請求の場合とほぼ同じ理由により本件命令に違法があるとして、渋谷消防署長を相手どり、命令取消しの訴えを東京地方裁判所に提起しました。

　なお、本件訴訟では、審査請求で示された「特定用途に供される部分の床面積の合計が3,000平方メートル以下で、スプリンクラー設備の設置義務がないとする主張」はカットされています。

　本件訴訟は、延べ13回にわたる口頭弁論を経たのち、原告は、本件

命令を履行する意思を示し、昭和56年4月1日、本件訴訟を取り下げたため、2年有余にわたる本件訴訟事件は結着をみることになりました。

本件訴えを取り下げた理由については、本件訴訟の勝算が極めて少ないことに加え、渋谷消防署長の告発によりスプリンクラー設備の設置命令違反の罪で検察官の厳しい取調べを受け、起訴される公算が高いと判断したことによるものとされています。

(6) **告発**

ア　本件命令の受命者の是正意思の確認

所轄署においては、本件命令の履行期限である昭和53年8月13日が経過したのち、受命者に対し命令事項の履行について最終意思を打診したところ、「ボーリング場を非特定用途として扱ってもらいたい」とか「5階以上のスプリンクラー設備の設置工事は技術的に困難である」など正当な理由のない身勝手な主張を繰り返すのみで、結局、命令の履行について具体的な意思を示しませんでした。

イ　告発措置の決定

このような事情から、所轄署としては、厳しい措置をもって公共の安全を図るべく、本件命令違反者である神谷商事㈱代表取締役神谷一男および法人である神谷商事㈱の両者を告発する方針を固め、告発書（案）の作成、関係資料等の収集、整備につとめるとともに、さらにその過程においても所轄署および本庁主管課（査察課）が連絡を密にし、再三にわたって関係者の意思の確認につとめたが、是正意思が認められませんでした。

ウ　告発書の提出

告発書（案）および関係資料が整備された段階で、東京地検に出向し、刑事部公害係検事（消防担当検事）と二回にわたって打合せを行ったのち、資料等を補充し、昭和53年10月11日、渋谷消防署長名をもって東京地検特捜部直告係に告発書を提出し、受理されました。

本件命令違反にかかる告発書が受理されたということは、本件命令

自体が適法であることおよび命令違反にかかる立証資料等が一応備わっていることの証(あか)しとなります。不適法な命令であったり、命令違反の立証資料等が不十分であれば受理されません。不適法な命令等であれば公判請求（正式裁判）の場合、公判の維持が困難となるからです。

　なお、本件命令の要件である消防法第17条第1項違反の認定は、前述のとおり、防火対象物使用届出書を基礎とした用途や床面積の現場確認（変更の有無の事実確認）という簡易な手段により適正に行っています。

　エ　公判請求の方針の決定

　東京地検刑事部は、本件命令違反について、その重大性（火災が発生した場合の著しい人命危険性）と可罰性の観点から公判請求の方針を決定し、その旨新聞に掲載されましたが、その後、受命者（被告発人）は、スプリンクラー設備を設置する旨の上申書を所轄署に提出し、昭和56年7月17日、当該設備の設置工事に着手しました。このため、本件命令違反は、犯罪としては成立するものの、命令違反者に対する可罰性が減殺(げんさい)されたものとして、起訴猶予処分となっています。

第9部

略式手続

第9部　略式手続

1　略式手続の意義

　略式手続というのは、簡易裁判所の管轄に属する事件で、100万円以下の罰金または科料のような財産刑を科する簡易な手続のことですが、この際に、刑の執行を猶予したり、没収を科し、その他の付随処分をすることができることになっています（刑訴法第461条）。

　罰金や科料は、略式命令という形の裁判で科せられます。

2　略式手続のメリット

　「略式手続」は、検察官の起訴事実について審理する刑事手続である点においては公判手続と同じですが、簡易裁判所が、公判手続を経ないで、非公開で行い、原則として、検察官の提出した資料だけで有罪を認定し、略式命令の形で罰金または科料を科す刑事手続である点において「公判手続」と異なり、また、審理が非公開で行われるため、軽微な犯罪を犯した者に対する無用な社会的非難を回避することができ、公判に出頭する負担を軽減できる点にメリットがあるとされています。

3　略式命令の請求手続

　検察官は、100万円以下の罰金または科料に処するのが適当であると考えたときは、公訴の提起（起訴）と同時に書面で略式命令の請求をしなければならないことになっていますが（刑訴法第462条第1項）、実務上は、起訴状の冒頭に公訴の提起と略式命令を請求する旨の文言が記載されます。

　なお、検察官は、略式命令の請求と同時に、略式命令をするために必要が

あると思料する証拠書類や証拠物も提出しなければならないことになっています（刑訴規則第289条）。略式手続には起訴状一本主義が適用されないのです。したがって、告発した消防法令違反が、略式手続によって審理される場合には告発書が起訴状とともに簡易裁判所に提出されることになります。

検察官は、略式命令の請求に先立って、被疑者に対し、あらかじめ、略式命令を理解させるために必要な事項を説明し、通常の規定に従い、審判を受けることができる旨を告げたうえで、略式手続によることについて異議がないかどうかを確かめなければならず、被疑者に異議がないときは、書面でその旨を明らかにしなければならないことになっています（同法第461条の2）。そして、略式命令の請求にあたっては、この書面を添付することが必要です（同法第462条第2項）。

4　簡易裁判所の審判

簡易裁判所は、略式命令の請求があった場合でも、必ず略式手続によらなければならないわけではなく、その事件が略式命令をすることができないもの（例えば、罰金や科料の定めのない罪について略式手続の請求があったときなど）であったり、略式命令をすることが相当でないもの（例えば、事件が複雑であるときなど）と考えたときは、通常の公判手続によって審判することになります（刑訴法第463条）。この場合、すでに提出された証拠書類や証拠物を検察官に返還して起訴状一本主義にもどりますが（刑訴規則第293条）、略式命令の請求および証拠を受理した裁判官が除斥されるわけではありません。

略式命令をすることが適法、かつ、相当であると認めれば、公判手続を経ることなく、検察官から提出された起訴状、証拠書類等を検討し、有罪と認めた場合は、被疑者に対し略式命令を発することになります。

なお、証拠調べの手続については、特に制限はありません。

5 略式命令

　略式命令は、通常命令書の謄本を送達する方法で告知されますが、略式命令には、罪となるべき事実（犯罪事実）、適用した法令（適用法令）、科すべき刑および付随の処分ならびに略式命令の告知があった日から14日以内に正式裁判の請求をすることができる旨を示さなければならないことになっています（刑訴法第464条）。

　略式命令は、略式命令の請求があった日から4か月以内に被告人に告知されなければならず、その期間内に告知されないときは、公訴の提起（起訴）はさかのぼって効力を失い、裁判所は、決定で公訴を棄却しなければなりません（同法第463条の2第1項・第2項）。

　略式命令を受けた被告人または検察官は、その告知を受けた日から14日以内に正式裁判の請求をすることができます（同法第465条）。この期間内に正式裁判の請求がないとき、またはいったんなされた正式裁判の請求が取り下げられたときは、もはや略式命令について争うことができなくなり、確定判決と同一の効力をもつことになります。正式裁判の請求を棄却する裁判が確定したときも同様です（同法第470条）。

6 消防法令違反の告発と略式命令

　従来、消防法令違反にかかる告発事案の大半は、区検察庁から簡易裁判所への、いわゆる略式起訴（公訴を提起し、略式命令を請求するもの）の形で処理されています。

　筆者が現役中にかかわった約60件の告発事案のうち、公判請求（正式裁判の請求）のあった事案は、わずかに3件にすぎません。このうちの1件は略式命令を不服として正式裁判の請求があったものです。

　参考までに、消防法違反（消防用設備等の設置命令違反）として告発した

第9部　略式手続

　事件の「処分通知書」、「起訴状」（略式命令の請求）および「略式命令」の実例を掲げると、次のとおりです。

```
　　　　　　　　　処　分　通　知　書
　　　　　　　　　　　　　　　　　　　　　　昭和61年9月30日
　小浜消防署長殿
　　　　島原区検察庁　検察官　　　　　　　　　　　㊞
　貴殿から昭和61年3月31日付けで告発のあった次の
　被疑事件は、下記のとおり処分したので通知します。
```

被　疑　者	・合資会社○○ホテル（代表者Y・E） ・Y・E
罪　　　名	消防法違反
事 件 番 号	昭和61年検 第 393/394 号
処 分	年月日　昭和61年9月30日
	起訴　　不起訴　　　　中　止 　　　　　検察庁　　　　へ移送 　　　　　家庭裁判所　　へ移送

　　　　　　　　　　　　　　　　　　　　　　昭和61年第○○号

　　　　　　　　　　　起　訴　状

　左記被告事件につき公訴を提起し、略式命令を請求する。

　昭和61年9月30日

　　　　　島原区検察庁

　　　　　　検察官副検事

　　　　　　　　　　　　　　　　　　　　　　T・M　㊞

　島原簡易裁判所殿

　　　　　被　告　人

　　本店の所在地　長崎県南高来郡小浜町雲仙320番地

　　法人の名称　　合資会社　○○ホテル

　　代表者の住居　長崎県南高来郡小浜町雲仙320番地

　　代表者の氏名　Y・E

　　本　　　籍　　長崎県南高来郡小浜町雲仙320番地

　　住　　　居　　右　同

　　職　　　業　　合資会社○○ホテル代表社員

Y・E
大正15年1月1日生

　被告人合資会社○○ホテルは、長崎県南高来郡小浜町雲仙320番地において旅館業を営むもの、被告人Y・Eは、被告人会社の代表社員として同社の業務全般を統括掌理しているものであるが、被告人Y・Eは、被告人会社の業務に関し、被告人会社の床面積の合計が6,000平方メートル以上であるところから、消防法令に基づきスプリンクラー設備を、また、1階及び2階の部分の床面積の合計が3,000平方メートル以上であるところから、屋外消火栓設備をそれぞれ設置しなければならない義務があるのにこれを怠っており、さらに、屋内消火栓設備に非常電源を附置しなければならないのにこれを怠っていたため、昭和59年12月25日小浜消防署長より、これらの設備につき昭和60年6月25日までに消防法令に基づき設置、附置すべきことを命ぜられたのに、上期限を過ぎた昭和61年3月20日まで、これらの措置をなさず、上命令に従わなかったものである。
　　罪名及び罰条
消防法違反　同法第17条の4、第17条第1項、第42条第1項第7号
　　　　　第45条

※　参考事項

　本件起訴状に示されているように、スプリンクラー設備等の設置命令は、○○ホテルの代表社員（自然人）あてに発せられ、当該代表社員が命令違反者として起訴されているほか、両罰規定（法第45条）の適用により、合資会社○○ホテル（法人）も起訴され、両者が被告人となっています。

　略式命令でも、命令違反者である代表社員（自然人）と合資会社○○ホテル（法人）の双方がそれぞれ罰金5万円の略式命令を受け、14日以内に正式裁判の請求がなかったため刑が確定しています。

昭和61年（い）第319号

略　式　命　令	事　　　実
本店の所在地・代表者の住居 本籍・住居・職業及び生年月日 起訴状記載の部分を引用する。 　被告人　合資会社○○ホテル 　　　　　　代表者無限責任社員 　　　　　　　　　　　Ｙ・Ｅ 　被告人　Ｙ・Ｅ 上記の者に対する消防法違反 被告事件について次のとおり略式命令する。 　　　　主　　文 　被告人両名をそれぞれ罰金5万円に処する。 　被告人Ｙ・Ｅにおいて上記罰金を完納することができないときは、金2,000円を1日に換算した期間、同被告人を労役場に留置する。 　第1項の金額を仮に納付することを命ずる。	起訴状記載の公訴事実と同一であるからこれを引用する。
	適　　　条
	起訴状記載の罰条のほか 刑法第18条 刑事訴訟法第348条
	昭和61年10月1日 　島原簡易裁判所 　　裁判官　Ｍ・Ｍ この略式命令に対しては、告知を受けた日から14日以内に当裁判所に対して正式裁判の請求ができる。

7　正式裁判の請求

　正式裁判の請求は、略式命令をした裁判所に対して書面で行い、この請求があったときは、裁判所は、速やかにその旨を検察官または略式命令を受けた者に通知しなければならないことになっています（刑訴法第465条第2項）。

　正式裁判の請求は、第1審判決があるまではいつでも取り下げることができます（同法第466条）。

　正式裁判の請求が、法令上の方式に違反し、または請求権の消滅後になされたものであるときには、決定でその請求が棄却されます（同法第468条）。

　正式裁判の請求がなされ、それが適法であるときは、通常の手続（公判手続）に従って審理が行われます（同法第468条第2項）。この場合略式命令

の拘束を全く受けずに審理され（同条第3項）、刑の不利益変更の禁止の原則が適用されないとするのが判例の考え方です（最高裁昭和31年7月5日決定）。また、略式命令を発した裁判官は除斥され（同法第20条第7号）、他の裁判官が通常の手続に従って審判することになります。

この通常の手続によって判決がなされると、略式命令の効力は消滅します（同法第469条）。

参考までに、消防法令違反の告発から略式命令に至るまでの手順を図示すると、図9のとおりです。

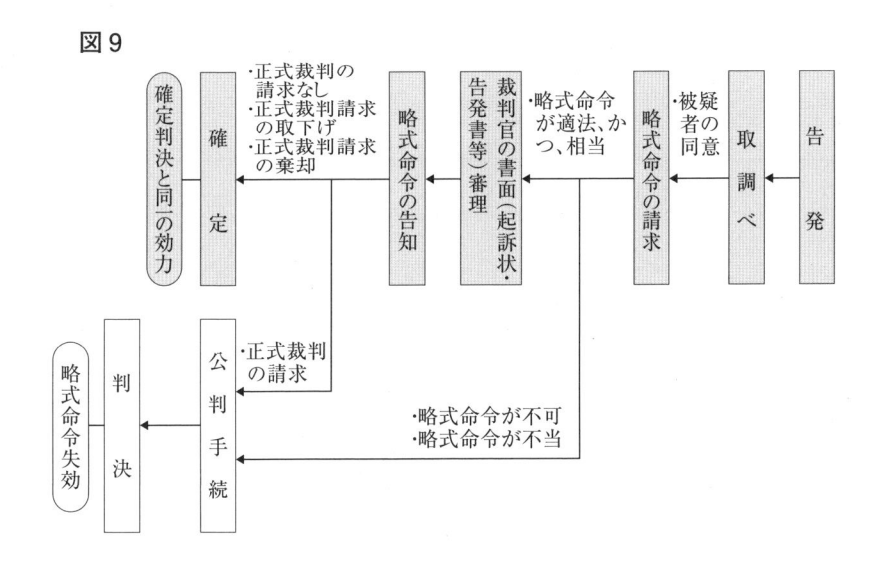

図9

告発 → 取調べ（被疑者の同意）→ 略式命令の請求 → 裁判官の書面（起訴状・告発書等）審理

- 略式命令が適法、かつ、相当 → 略式命令の告知 → 確定（・正式裁判の請求なし ・正式裁判請求の取下げ ・正式裁判請求の棄却）→ 確定判決と同一の効力

- 略式命令が不可 ・略式命令が不当 → 公判手続 → 判決

正式裁判の請求 → 公判手続 → 判決 → 略式命令失効

第10部

裁判の執行

第10部　裁判の執行

[1] 総　説

1　裁判の執行の意義

裁判の執行とは、裁判の内容（確定判決に示された懲役10年とか、罰金100万円など）を国家の強制力によって実現することをいいます。

裁判は、確定した後すみやかに執行するのが原則ですが（刑訴法第471条）、例外として、確定前に執行できるものとしては、即時抗告の許されない決定（同法第424条第1項本文）、命令（同法第432条）、罰金、科料または追徴の仮納付の裁判（同法第348条）などがあり、これとは逆に裁判が確定してもただちに執行できないものとしては、訴訟費用の負担を命ずる裁判（同法第483条）、罰金、科料を納めない場合の労役場留置（刑法第18条第5項）、死刑の執行（刑訴法第475条）などがあります。

2　裁判の執行の原則

検察官は、裁判の執行を監督する固有の権限をもっていることから（検察庁法第4条）、裁判の執行は、その裁判をした裁判所に対応する検察庁の検察官の指揮によって執行するのが原則です（刑訴法第472条第1項本文）。これを裁判の執行指揮といいます。

ただし、次の場合には、例外的に裁判所または裁判官が指揮をとることができることになっています（同項ただし書）。

① 急速を要する場合の裁判長、受命裁判官または受託裁判官による勾引状または勾留状の執行（刑訴法第70条第1項ただし書）

② 差押状または捜索状の執行について被告人の保護のために必要な場合（同法第108条第1項ただし書）
③ その他明文がなくても、その性質上裁判所または裁判官が指揮すべき場合（例えば、押収物の還付、保釈保証金の没取・還付など）

　裁判の執行の指揮は、書面で行うのが原則です。これを執行指揮書といいます。執行指揮書には、裁判書または裁判を記載した調書の謄本または抄本を添えなければなりません（同法第473条本文）。ただし、勾留状の執行など刑以外の裁判の執行を指揮する場合は、裁判書の原本、謄本もしくは抄本または裁判を記載した調書の謄本もしくは抄本に認印して行うことができます（同条ただし書）。この認印のことを一般に指揮印といっています。

〔2〕刑の執行

　裁判の執行の中で最も重要なものは刑の執行です。刑の執行は、死刑の執行、自由刑の執行、財産刑の執行に分けられますが、過料、没取（保釈保証金を国庫に帰属させる制裁的不利益処分）、訴訟費用、費用賠償および仮納付の裁判の執行は、財産刑の執行と同様に扱われます。

1　執行の順序

　2以上の主刑（死刑、懲役、禁錮、罰金、拘留および科料のこと。刑法第9条）の執行が競合する場合は、他の刑と同時に執行することが可能な罰金や科料を除いて、重い刑を先に執行します（刑訴法第474条本文）。ただし、検察官は、重い刑の執行を停止し、他の刑を先に執行させることができます（同条ただし書）。これは、主として、受刑者に仮出獄の資格を早期に取得させるための配慮とされています。

2　死刑の執行

　死刑の執行は、特に法務大臣の命令によって執行されます（刑訴法第475条第1項）。人命尊重の観点から、手続を慎重にし、かつ、恩赦をすべきかどうかの調査を経て執行するためです。
　この命令は、原則として、判決確定の日から6か月以内にしなければならないことになっています（同条第2項本文）。ただし、上訴権の回復や再審などの請求があった場合には、その手続が終了するまでの期間は、6か月に算入されません（同項ただし書）。
　法務大臣の死刑執行命令があると、検察官の指揮により5日以内に執行しなければなりません（刑訴法第476条）。ただし、死刑の言渡しを受けた者

が心神喪失の状態にあったり、懐胎しているときは、法務大臣の命令によって死刑の執行が停止されます（同法第479条）。

死刑の執行は、検察官、検察事務官および監獄の長またはその代理者が立ち会ったうえ（同法第477条第1項）、監獄官吏の手により、監獄内の刑場において、絞首の方法によって行われます（刑法第11条第1項、監獄法第71条第1項）。

3　自由刑の執行

自由刑（懲役、禁錮および拘留。刑法第12条第2項、第13条第2項および第16条）の執行も検察官の指揮によって行われますが（刑訴法第472条）、懲役、禁錮または拘留の言渡しを受けた者が心神喪失の状態にあるときは、その状態が回復するまで検察官の指揮によって執行を停止しなければなりません（同法第480条）。また、受刑者に次のような一定の事情があるときは、検察官の指揮（裁量）により刑の執行を停止することができます（同法第482条）。

① 刑の執行によって、著しく健康を害するとき、または生命を保つことのできないおそれがあるとき。
② 年齢70年以上であるとき。
③ 受胎後150日以上であるとき。
④ 出産後60日を経過しないとき。
⑤ 刑の執行によって回復することのできない不利益を生ずるおそれがあるとき。
⑥ 祖父母または父母が年齢70年以上または重病もしくは不具で、他にこれを保護する親族がないとき。
⑦ 子または孫が幼年で、他にこれを保護する親族がないとき。
⑧ その他重大な事由があるとき。

4　財産刑の執行

　罰金、科料および没収（犯罪に関係のある物について、原所有者の所有権をはく奪して国庫に帰属させる財産刑）のような財産刑のほか、追徴、過料、没取、訴訟費用、費用賠償および仮納付の各裁判は、検察官の命令によって執行されます（刑訴法第490条）。

　執行の方法は、次のとおりです。

① 　罰金および科料は、通常、検察庁の窓口で検察事務官が収納します。

　　任意の納付がないときは、民事執行法に基づく強制執行の方法で取り立てるか、あるいは労役場留置処分をすることになりますが、労役場留置処分の手続は、自由刑の執行の手続に準じて行われます（同法第505条）。

② 　没収の裁判が確定すると、その物の所有権は国庫に帰属します。このことから、検察官は、その物が有価物であるか無価物であるかに応じ、売却処分をしてその代価を歳入に編入させたり、廃棄処分に付すことになります（同法第496条）。

③ 　追徴（本来没収できる物を没収することができない場合に、没収にかえてその物の価額の納付を強制する処分。刑法第19条の2等）の裁判の執行方法は、罰金・科料の場合と同じですが、追徴不能の場合、労役場留置処分はできないことになっています。

④ 　過料、保釈保証金の没取（刑訴法第96条第1項・第2項）、訴訟費用（同法第185条等）および費用賠償（同法第133、第137条等）の裁判の執行方法も罰金・科料の場合と同様です。

〔3〕裁判の執行に対する救済

　裁判の執行に対する救済手段としては、次のような方法が認められています。

(1) **訴訟費用執行免除の申立て（刑訴法第 500 条）**

　　この申立ては、訴訟費用の負担を命じられた者が貧困のためこれを完納することができないときに、訴訟費用の負担を命ずる裁判が確定した後 20 日以内にその裁判の執行の免除を申し立てることができる制度です。

(2) **裁判の解釈を求める申立て（同法第 501 条）**

　　この申立ては、刑の言渡しを受けた者が、裁判の解釈に疑いがあるときに、言渡しをした裁判所に対し裁判の解釈を求める申立てをすることができる制度です。

(3) **執行に関する異議の申立て（同法第 502 条）**

　　この申立ては、刑の執行に関して検察官のした処分を不当とするときに、言渡しをした裁判所に対し異議の申立てをすることができる制度です。

第 11 部

刑事補償

第11部　刑事補償

1　刑事補償

　憲法第40条は、「何人も、抑留又は拘禁された後、無罪の裁判を受けたときは、法律の定めるところにより、国にその補償を求めることができる。」と定めています。これを受けて刑事補償法が制定され、裁判の結果無罪となった者に対し、身柄拘束についての補償をすることになっています。

1　刑事補償の要件

　　刑事補償を受けることができるのは、

　　①未決の抑留または拘禁を受けた者で、通常の手続または再審や非常上告の手続で無罪の裁判を受けた場合または②すでに刑の執行を受けた者で、再審や非常上告などの手続によって無罪の裁判を受けた場合です（刑償法第1条）。

2　刑事補償の内容

　　補償の内容は、次のとおりです（刑償法第4条）。

　(1)　原則

　　①　未決の抑留、拘禁および自由刑の執行に対しては、その日数に応じ、諸般の事情を参酌して、1日1,000円以上12,500円以下の割合による額の補償金が交付されます（第1項）。

　　②　死刑の執行に対しては、3,000万円以内で裁判所の相当と認める額の補償金が交付されます。ただし、本人の死亡によって生じた財産上の損失額が証明された場合には、補償金の額は、その損失額に3,000万円を加算した額の範囲内の補償金が交付されます（第3項）。

　　③　罰金・科料の執行に対しては、すでに徴収した罰金・科料の額に、これに対する徴収の日の翌日から補償の決定の日までの期間に応じ、年5分の割合による金額を加算した額に等しい補償金が交付されま

す。なお、労役場留置の執行をしたときは、自由刑に対する補償（第1項）が準用されます（第5項）。

④　没収の執行に対しては、没収物がまだ処分されていないときは、その物を返付し、すでに処分されているときは、その物の時価に等しい額の補償金が交付されます。また、徴収した追徴金に対する補償については、その額にこれに対する徴収の日の翌日から補償の決定の日までの期間に応じ年5分の割合による金額を加算した額に等しい補償金が交付されます（第6項）。

(2) **例外**

次のような場合には、裁判所の健全な裁量により、補償の一部または全部をしないことができます。

①　本人が捜査または審判を誤らせる目的で、虚偽の自白をし、または他の者の有罪の証拠を作為することにより、起訴、未決の抑留もしくは拘禁または有罪の裁判を受けるに至ったものと認められる場合

②　1個の裁判によって併合罪の一部について無罪の裁判を受けても、他の部分について有罪の裁判を受けた場合

3　刑事補償の請求

補償の請求は、本人または相続人（刑償法第2条）、あるいはそれらの代理人（同法第9条）から無罪の裁判をした裁判所に対して行い（同法第6条）、裁判所は、請求に理由があると認めるときは、補償を決定することになります（同法第16条前段）。

4　刑事補償決定の公示

補償の決定が確定したときは、裁判所は、決定を受けた者の申立てにより、決定の要旨を新聞紙上などに公示しなければならないことになっています（同法第24条）。

5　刑事損害賠償との関係

刑事補償を受けた者は、実際の損害がもっと大きいとして国家賠償法その他の法律に基づいて損害賠償を請求することもできますが、そのような

損害賠償と刑事補償との関係を調整するものとして、第5条の規定が設けられています。

すなわち、補償を受けることができる者が、同一の原因について他の法の法律によって損害賠償を受けた場合で、その損害補償の額が刑事補償法によって受けることができる補償金の額に等しいか、あるいはこれを越えるときには補償しないことになっています。一方、その損害補償の額が刑事補償法によって受けることができる補償金の額より少ないときは、損害賠償の額を差し引いて補償金の額を定めなければなりません（第2項）。

また、他の法律によって損害賠償を受けることができる者が、同一の原因について刑事補償法によって補償を受けた場合には、その補償金の額を差し引いて損害賠償の額を定めなければならないことになっています（第3項）。

2 被疑者補償

被疑者として抑留または拘禁を受けた者が起訴されなかった場合で、その者が罪を犯さなかったと認めるに足る十分な事由があるときは、被疑者補償規程（昭和32年4月法務省訓令第1号）第2条および第3条により抑留または拘禁の日数に応じ、1日1,000円以上12,500円以下の割合による額の補償金が本人に交付されます。

3 裁判費用の補償

無罪の判決が確定したときは、特別の例外の場合（刑訴法第188条の2第1項ただし書、第2項・第3項）を除き、国が、当該事件の被告人であった者に対し、裁判に要した費用を補償することになっています（同法第188条の2第1項本文）。補償される費用は、被告人および弁護人が公判準備および公判期日に出頭するのに要した旅費、日当および宿泊費ならびに弁護人報

酬です（同法第188条の6）。

　また、検察官だけが上訴を申し立てた場合において、その上訴が棄却されたとき、または上訴の取下げがあったときは、原則として、その上訴に関する訴訟費用を被告人に負担させることはできません（同法第181条第3項）。この場合は、原則として、国が被告人に対し、上訴されたために必要となった費用を補償することになっています（同法第188条の4）。補償される費用の範囲は、無罪の場合の補償と同様です。

第 12 部

裁判員制度

消防官のための
刑事訴訟法入門

第12部　裁判員制度

1　裁判員制度の意義と目的

1　裁判員制度の意義

　裁判員制度とは、一定の刑事裁判に、国民から選ばれた裁判員が参加して、審理に出席し、他の裁判員および裁判官とともに議論して、被告人が有罪か無罪か、有罪の場合にはどのような刑罰を科すかを決めるという刑事裁判への市民参加制度のことです。

　裁判員は、一定の任期で選ばれるのではなく、事件ごとに、衆議院議員の選挙権を有する者の中から、くじで選ばれるのです。

　アメリカやイギリスなどで導入されている「陪審制度」は、市民から選ばれた陪審員だけで有罪か無罪かを決定し、有罪の場合の刑罰は裁判官が決めるものですが、この「裁判員制度」は、裁判官と一緒に議論して有罪か無罪かを決定し、そして、有罪の場合にはどのような刑罰を科すかについても決める役割をもっている点で前者と異なっています。

2　裁判員制度の目的

　裁判員制度は、国民の中から選ばれた裁判員に裁判に加わってもらうことによって、司法に対する国民の理解を増進し、その信頼を高めることを目的としているとされています（裁判員法第1条）。

2　裁判員制度の対象となる事件

　裁判員制度の対象となる事件（以下「対象事件」という。）は、次のとおりです。

1　対象事件（原則）

（1）　法定刑が死刑または無期の懲役もしくは禁錮に当たる罪に係る事件

（裁判員法第2条第1項第1号）

　例えば、殺人罪（刑法第199条）、強盗致傷罪（同法第240条）、現住建造物等放火罪（同法第108条）などがこれにあたります。

　なお、内乱罪（同法第77条）は、死刑または無期刑に当たりますが、同罪は、裁判所法第16条第4号により高等裁判所の管轄に属しています。ところが、裁判員法第2条は、裁判所法第26条による地方裁判所の管轄事件を前提とした特則です。したがって、対象事件から除かれることになります。

(2)　裁判所法第26条第2項第2号のいわゆる法定合議事件（法定刑が短期1年以上の自由刑に当たるもので、強盗等の一部の罪を除いたもの）のうち、故意の犯罪行為により被害者を死亡させた罪に係る事件（裁判員法第2条第1項第2号）

　なお、(1)に該当するものは(2)から除かれ、重複しないようになっています。

例えば、強盗致死罪（刑法第240条）、傷害致死罪（同法第205条）、危険運転致死罪（同法第208条の2）、逮捕監禁致死罪（同法第221条）、保護責任者遺棄等致死罪（同法第219条）等の罪がこれに当たります。過失犯や被害者を死亡させなかった場合は、当然にこれに含まれません。

このように、対象事件は、いずれも国民の関心が高く、社会的影響の大きい重大な犯罪ということになります。

2　対象事件（例外）

対象事件であっても、裁判員等に危害が及ぶ具体的な危険がある場合には、裁判員またはその候補者に対し、その危険を冒して審理に加わり、公正な判断をするよう求めるのは、過大な負担を強いることになるため、対象事件から除外し、裁判官のみの構成によって審理できることになっています（裁判員法第3条）。

3　裁判員の参加する合議体の種類と構成

　裁判員の参加する裁判所の合議体には、原則的合議体と例外的合議体とがあります。

1　原則的合議体

　対象事件を取り扱う裁判所は、原則として、裁判官3人と裁判員6人で構成される合議体で、裁判官のうちの1人が裁判長になります（裁判員法第2条第2項本文）。

　裁判員は、選任されると公判期日の審理に加わり、事実認定と量刑に関与することになります。

2　例外的合議体

(1) 要件

　　対象事件のうち、公訴事実に争いがないと認められ、事件の内容その他の事情を考慮して適当と認められるものについては、裁判所は、例外的に裁判官1人と裁判員4人で構成される合議体で審理および裁判をすることを決定することができます（裁判員法第2条第3項）。ここで、「適当と認められるもの」とは、事案が重大であったり、社会的関心が高かったりするものではなく、複雑困難な法律問題や手続問題がなく、しかも量刑がそれほど重くない場合を指すものと解されています。

(2) 手続

　　裁判所は、例外的合議体による審理および裁判を決定するにあたっては、事前に検察官、被告人および弁護人に異議のないことを確認したうえで、裁判員等の選任手続の期日までに決定しなければならないことになっています（同法第2条第4項・第5項）。

　　この決定があると、選任手続期日において4人の裁判員が選任され、例外的合議体が構成された後は、裁判官が裁判長になります（同法第2条第2項ただし書）

なお、例外的合議体を決定したものの、その後、被告人の主張、審理の状況その他の事情に照らして例外的合議体で取り扱うことが適当でないと認めたとき、すなわち、公訴事実に争いが生じたり、複雑困難な法律問題や手続問題が生じたような場合には、裁判官は決定で例外的合議体による審理および裁判の方式を取消すことができます（同法第2条第7項）。そして、このように事情の変更があった場合には、原則的合議体によって審理されることになります。

4 裁判員の選任

1 裁判員の選任資格

裁判員は、衆議院議員の選挙権を有する者、すなわち日本国民で年齢満20才以上の者（公選法第9条第1項）の中から選任されます（裁判員法第13条）。したがって、選挙権を有しない者（公選法第11条第1項）、選挙違反により選挙権の停止を受けている者（同法第252条）などは対象外となります（裁判員法第21条第1項）。

また、裁判員制度の趣旨から裁判員となることが相当でない者、すなわち、欠格事由（同法第14条）、就職禁止事由（同法第15条）および不適格事由（同法第17条、第18条）に該当する者も除かれ、さらに、国民に過大な負担を強いることはできないため、辞退の申出をした者の中で、裁判所が辞退事由（同法第16条）に該当すると認めた者も除外されることになります。

裁判員になることができない欠格事由、就職禁止事由、不適格事由および裁判員を辞退することができる辞退事由は、次のとおりです。

2 裁判員の欠格事由

① 国家公務員となることができない者（成年被後見人など国家公務員法第38条の規定に該当する者）

② 義務教育を終了していない者（終了した者と同等以上の学識のある者

は除く）

③　禁錮以上の刑に処せられた者

④　心身の故障のため裁判員の職務の遂行に著しい支障がある者

3　就職禁止事由（裁判員法第15条）

①　国会議員

②　国務大臣

③　国の行政機関の幹部職員

④　裁判官および裁判官であった者

⑤　検察官および検察官であった者

⑥　弁護士および弁護士（外国法事務弁護士を含む。）であった者

⑦　弁理士

⑧　司法書士

⑨　公証人

⑩　司法警察職員としての職務を行う者

⑪　裁判所の職員（非常勤の者を除く。）

⑫　法務省の職員（非常勤の者を除く。）

⑬　国家公安委員会委員および都道府県公安委員会委員ならびに警察職員（非常勤の者を除く。）

⑭　判事、判事補、検事または弁護士となる資格を有する者

⑮　学校教育法に定める大学の学部、専攻科または大学院の法律学の教授または准教授

⑯　司法修習生

⑰　都道府県知事および市町村（特別特区を含む。）の長

⑱　自衛官

⑲　禁錮以上の刑に当たる罪につき起訴され、その被告事件の終結に至らない者

⑳　逮捕または勾留されている者

※　消防長以下の消防職員は、裁判員に選任される資格をもっています。

4　不適格事由（裁判員法第17条、第18条）

① 被告人または被害者
② 被告人または被害者の親族または親族であった者
③ 被告人または被害者の法定代理人、後見監督人、保佐人、保佐監督人、補助人または補助監督人
④ 被告人または被害者の同居人または被用者
⑤ 事件について告発または請求をした者
⑥ 事件について証人または鑑定人になった者
⑦ 事件について被告人の代理人、弁護人または補佐人になった者
⑧ 事件について検察官または司法警察職員として職務を行った者
⑨ 事件について検察審査員または審査補助員として職務を行い、または補充員として検察審査会議を傍聴した者
⑩ 事件について決定（刑訴法第266条第2号）、略式命令、差し戻し、もしくは移送された場合（同法第398条から第400条まで、第412条もしくは第413条）における原判決またはこれらの裁判の基礎となった取調べに関与した者（受託裁判官として関与した者を除く。）
⑪ 裁判所が不公平な裁判をするおそれがあると認めた者

5　辞退事由（裁判員法第16条）

① 年齢70年以上の者
② 地方公共団体の議会の議員（会期中の者に限る。）
③ 高等学校、大学、高等専門学校等（学校教育法第1条）、専修学校（同法第82条の2）または各種学校（同法第83条）の学生または生徒（常時通学を要する課程に在学する者に限る。）
④ 過去5年以内に裁判員または補充裁判員の職にあった者
⑤ 過去3年以内に選任予定裁判員であった者
⑥ 過去1年以内に裁判員候補者として裁判員等選任手続の期日に出頭したことがある者（不選任の決定があった者を除く。）
⑦ 過去5年以内に検察審査会法の規定による検察審査員または補充員の

職にあった者

⑧　重い疾病または傷害により裁判所に出頭することが困難である者

⑨　介護または養育が行われなければ日常生活を営むのに支障がある同居の親族の介護または養育を行う必要がある者

⑩　その従事する事業における重要な用務であって、自らがこれを処理しなければ当該事業に著しい損害が生じるおそれがある場合

⑪　父母の葬式への出席その他の社会生活上の重要な用務であって、他の期日に行うことができない場合

この裁判員の選任資格については、補充裁判員の場合にも準用されます（裁判員法第19条）。

5　裁判員等の選任手続

1　裁判員候補者名簿の調製

各地方裁判所は、毎年9月1日までに、対象事件の取扱状況等を勘案して、次年に必要な裁判員候補者の員数を算定して管轄区域内の市町村に割り当て、市町村の選挙管理委員会に通知します（裁判員法第20条）。

この通知を受けた市町村の選挙管理委員会は、選挙人名簿に登録されている者の中から通知された員数の者をくじで選定し、その氏名、住所、生年月日を記載した裁判員候補者予定者名簿を調製し（同法第21条）、その名簿を10月15日までに地方裁判所に送付します（同法第22条）。

裁判員候補者予定者名簿の送付を受けた地方裁判所は、これに基づき、氏名・住所・生年月日を記載した裁判員候補者名簿を調整することになりますが（同法第23条）、裁判員候補者が死亡したり、選挙権を有しなかったり、欠格事由や就職禁止事由に該当すると認められる場合は、名簿から消除されます。このようにして名簿の調製を終えたときは、地方裁判所は、当該名簿に記載された者に対しその旨を通知しなければならないことになっています（同法第25条）。

また、地方裁判所は、裁判員候補者を補充する必要があると認めたときは、速やかに補充すべき員数を管轄区域内の市町村に割り当て、市町村の選挙管理委員会に通知し、追加した裁判員候補者予定者名簿の送付を受けることになっています。

なお、政令指定都市における「区」は市町村における「市」の適用を受けます（同法第24条）。

2 裁判員候補者の呼出し

(1) 呼び出すべき候補者の選定

裁判所は、必要な員数の候補者を候補者名簿の中からくじで選定します。

このくじによる候補者の選定には、当該事件の検察官と弁護人が立ち会うことになっています（同法第26条第4項）。

(2) 候補者の呼出し

くじによって候補者を選定した裁判所は、裁判員等選任手続の期日を定めて、当該候補者を裁判所に呼び出します。ただし、職務従事予定期間（選任手続の期日から裁判員の職務が終了すると見込まれる日までの間）において、選挙権を失うこと、欠格事由または就職禁止事由に該当することが認められる候補者については除外されます（裁判員法第27条第1項）。

また、呼び出したのち、出頭期日までに同様の事情が認められた場合には、その呼出しを取り消されなければならないことになっています（同条第5項・第6項）。

呼出しは、呼出状を送達して行われますが、選任手続期日との間には一定の猶予期間が置かれます（同法第27条第2項～第4項）。

呼出しを受けた候補者は、選任手続期日に出頭しなければならず（同法第29条第1項）、正当な理由がなく出頭しないときは、10万円以下の過料に処せられます（同法第112条第1号）。

出頭した候補者には、旅費、日当、宿泊料が支給されます（同法第

29条第2項)。

なお、一度呼出しを受けて出頭した裁判員候補者については、辞退を申し立てて認められた場合を除き、その年に再び呼び出されることがないため(同法第26条第3項)、候補者名簿から消除されます(同法第29条第3項)。

(3) **質問票の送付**

裁判所は、選任手続期日までに、選定された裁判員候補者に対し、選任資格の有無のほか、欠格事由、就職禁止事由、辞退事由等に該当するかどうか、あるいは不公平な裁判をするおそれがないかどうかについて判断するのに必要な質問をするため、質問票を送付して回答を求めることができます(裁判員法第30条第1項)。このような措置は、欠格事由等に該当する者の選任手続期日への無用な出頭を防ぐとともに(同法第27条第5項)、選任手続期日における質問(同法第34条第1項)を簡略化するのに役立つからです。

候補者が質問票に虚偽の記載をして提出した場合には裁判所の決定で30万円以下の過料に処せられ(同法第111条)、起訴された場合にはこれと併せて50万円以下の罰金に処せられます(同法第110条)。

3 **裁判員候補者に関する情報の開示**

裁判員を選任するにあたって、訴訟当事者(検察官および被告人・弁護人)としては、事件と裁判員候補者との関係の有無などについて確認する必要があると考えられます。このようなことから、その判断材料が得られるようにするため、裁判長は、選任手続期間の2日前までに、呼び出した候補者の氏名を掲載した名簿を検察官と弁護人に送付するとともに、選任手続期日において、選任手続に先立って候補者の提出した質問票の写しを検察官と弁護人に閲覧させることになっています(裁判員法第31条)。

訴訟当事者が正当な理由がなく候補者の氏名や質問票に記載された内容を漏らしたときは、1年以下の懲役または50万円の罰金に処せられます(同法第109条)。

4 裁判員等選任手続

(1) 選任手続の方式等

裁判員と補充裁判員を選任するために行われる裁判員等選任手続は、裁判官、裁判所書記官のほか、検察官および弁護人が出席して行われ、裁判所が必要と認めた場合には、被告人を出席させることができることになっています（裁判員法第32条）。

裁判官は、原則的合議体では3人の裁判官によって構成されていますが、裁判長がこの選任手続を指揮します（同法第33条第2項）。例外的合議体の場合は、1人の裁判官が選任手続を指揮することになります。

この選任手続では、裁判員候補者のプライバシーなどが明らかになることもあり得るため、非公開で行われ（同法第33条第2項）、裁判員候補者に対して行われる不公平な裁判をするおそれがあることなどを理由とする不選任の請求や理由を示さない不選任の請求は、その面前では行わないよう配慮しなければならないとされています（同条第3項）。

(2) 質問手続

ア 裁判長の質問等

裁判長は、裁判員候補者について、選任資格があるかどうか、欠格事由・就職禁止事由・不適格事由に該当するかどうか、申し立てられた辞退事由に該当するか、不公平な裁判をするおそれがないかどうかなどを判断するため、必要な質問をすることができます（裁判員法第34条第1項）。

また、陪席の裁判官、検察官、被告人または弁護人は、裁判長に対し、必要と思われる質問をするよう要求することができることになっています（同条第2項）。

イ 陳述拒否等の禁止

候補者は、この裁判長の質問に対して正当な理由がなく陳述を拒んだり、虚偽の陳述をした場合は、裁判所の決定により30万円以下の過料に処せられ（同法第34条第3項、第111条）、虚偽の陳述の場合

には、起訴によりさらに50万円以下の罰金に処せられることもあります（同法第110条）。

ウ　不選任の決定

裁判所は、裁判員候補者が、職務従事予定期間において、選挙権を有していないこと、欠格事由・就職禁止事由・不適格事由に該当すること、または不公平な裁判をするおそれがあることを認めた場合は、訴訟当事者の請求により、または職権で、不選任の決定をしなければなりません（裁判員法第34条第4項）。また、辞退を申し立てた裁判員候補者が辞退事由に該当するときも同様です（同条第7項）。

(3) 不選任請求の却下と異議申立て

訴訟当事者の行った不選任の請求（理由を示さない不選任の請求を除く。）を却下する場合には、裁判所は、決定で理由を示さなければなりません（裁判員法第34条第6項）。この却下決定に対して訴訟当事者は、異議の申立てをすることができ、対象事件の係属する地方裁判所（受訴裁判所以外の合議体）が判断することになります（同法第35条第1項・第3項）。

(4) 理由を示さない不選任請求

検察官および被告人には、それぞれ、理由を示さないで裁判員候補者等の不選任を請求する権利が認められています。すなわち、裁判員候補者については、原則的合議体の場合4人、例外的合議体の場合3人、また、補充裁判員を置く場合は、選任される補充裁判員の員数の半数を限度として、理由を示さずに不選任の請求を請求することが認められています（裁判員法第36条第1項・第2項）。

(5) 裁判員等の選任決定

裁判員候補者の不選任請求に関する裁判所の判断等の手続が終った時点で、不選任の決定がなされなかった候補者の員数が法定の裁判員の員数（原則的合議体6人、例外的合議体4人）を超えている場合には、くじその他規定で定める無作為の方法によって必要な員数を、次いで補充

裁判員をそれぞれ選任することになります（裁判員法第37条第1項・第2項）。

(6) **宣誓**

選任された裁判員および補充裁判員は、裁判長からその権限や義務等について説明を受け（裁判員法第39条第1項）、法令に従って公平誠実にその職務を行うことを宣誓しなければならないことになっています（同条第2項）。

正当な理由がなく宣誓を拒んだときは、裁判所の決定により10万円以下の過料に処せられます（同条第112条第2項）。

6　裁判官および裁判員の権限

1　裁判員の関与する判断

刑の言渡しの判決（刑訴法第333条）、免訴の判決（同法第334条）、無罪の判決（同法第336条）または家庭裁判所への移送の決定（少年法第55条）に係る裁判所の判断のうち、事実の認定、法令の適用および刑の量定（以下「裁判員の関与する判断」という。）は、裁判官および裁判員の合議によって決定されます（裁判員法第6条第1項）。ここで、「刑の量定」とは、有罪である場合に、刑の種類と量（懲役または禁錮などの自由刑の刑期または罰金刑などの財産刑の金額）を決めることですが、裁量によって行われる刑の執行猶予などもこれに含まれるものと解されています。

なお、裁判員は、管轄違いの判決（刑訴法第329条）、公訴棄却の判決や決定（同法第338条、第339条）には関与できません。

2　裁判員の関与しない判断

法令解釈に係る判断、訴訟手続に関する判断（家庭裁判所への移送の決定を除く。）およびその他の裁判員の関与する判断以外の判断は、裁判官の合議によって決定されます（裁判員法第6条第2項）。

なお、例外的合議体の場合は、1人の裁判官の判断によって決定されます。

3　裁判員の職権行使の独立性

裁判員は、独立してその職権を行使することが保障されています（裁判員法第8条）。裁判官は、憲法第76条第3項により、独立してその職権を行使することが保障されていますが、判断権者として裁判に関与する裁判員についても、同様の保障をすることによって裁判の公正を確保しようとする趣旨で定められたものです。

4　開廷の要件等

裁判員の関与する判断をするための審理を行う公判期日において、公判廷は、裁判官、裁判員および裁判所書記官が列席し、かつ、検察官が出席して開かれます（裁判員法第54条第1項）。

なお、裁判所は、裁判員の関与する判断をするための審理以外の審理についても、裁判員および補充裁判員の立会いを許可することができることになっています（同法第60条）。

5　裁判員の質問権等

裁判所が証人その他の者（鑑定人、通訳人、翻訳人など）を尋問する場合には、裁判員は、裁判長に告げて自己の関与する判断に必要な事項について尋問することができます（裁判員法第56条）。

裁判官が裁判所外で証人の尋問や検証をする場合、裁判員および補充裁判員は、これに立ち会うことができ、尋問に立ち会った裁判員は、裁判官に告げて証人等を尋問することができます（同法第57条）。

被害者またはその法定代理人が意見を陳述したときも、裁判員は、その陳述の後に、その趣旨を明確にするため、被害者等に質問することができ（同法第58条）、被告人が任意に供述する場合には、裁判員は、裁判長に告げて、いつでも自己の関与する判断に必要な事項について被告人に質問することができます（同法第59条）。

7　補充裁判員

1　補充裁判員が置かれる場合

　裁判所は、審判の期間その他の事情を考慮して必要があると認めるときは、補充裁判員を置くことができることになっています（裁判員法第10条第1項本文）。

　ここで、「審判の期間その他の事情を考慮して必要があると認めるとき」とは、審理期間が長期にわたり、裁判員が病気等によって審理に関与することができなくなる可能性が高い場合（例えば、審理期間に当該地域でインフルエンザなどが流行っているような場合）を指します。

　補充裁判員を置く場合の員数は、裁判所の判断によって決定されることになりますが、原則的合議体を構成する裁判員の員数（6人）を超えることができないことになっています（同条同項ただし書）。

　補充裁判員は、裁判員の員数に不足が生じた場合に、あらかじめ定められた順序に従い、不足した裁判員に代わって選任され、合議体の一員となります（同条第2項、第46条第1項）。

2　補充裁判員の権限

　補充裁判員は、裁判員の関与する判断をするための審理に立ち会い（同法第10条第2項）、訴訟に関する書類や証拠物を閲覧することができます（同条第3項）。

　なお、補充裁判員は、裁判員と同様の義務を負っています（次頁の8．1．(2) 参照）。

8 裁判員等の義務

1 職務上の一般的義務
(1) 公平誠実な職務執行等の義務
　裁判員および補充裁判員は、法令に従って公平誠実にその職務を行わなければならず、裁判の公正さに対する信頼を損うおそれのある行為や裁判員の品位を害する行為をしてはならない義務を負っています（裁判員法第 9 条第 1 項・第 3 項・第 4 項、第 10 条第 4 項）。

(2) 宣誓、公判廷への出頭等の義務
　裁判員および補充裁判員は、宣誓の義務（同法第 39 条第 2 項）、公判期日等に出頭する義務を負っていますが（同法第 52 条）、公判期日の日時等については、あらかじめ裁判所から裁判員等に通知されることになっています（同法第 53 条）。

　このほか、裁判員は、評議に出席して意見を述べる義務（同法第 66 条第 2 項）、裁判官の示した法令の解釈等に従って職務を行う義務（同条第 4 項）、判決等の宣告期日に出頭する義務（同法第 63 条第 1 項）を負っていますが、宣告期日の日時についても、あらかじめ裁判所から裁判員に通知されることになっています（同条第 2 項）。

　裁判員または補充裁判員が以上の義務に違反した場合には、解任事由となるほか、10 万円以下の過料に処せられます（同法第 112 条）。

2 評議の秘密に関する守秘義務
　裁判員および補充裁判員ならびにこれらの職にあった者は、評議の秘密、すなわち評議の経過ならびにそれぞれの裁判官および裁判員の意見ならびにその多少の数その他の職務上知り得た秘密などを漏らしてはならない義務を負っています（同法第 9 条第 2 項、第 10 条第 4 項、第 70 条第 1 項）。

　ここで、「評議の経過」とは、評議がどのような過程を経て結論に達したかの道筋のことです。「それぞれの裁判官および裁判員の意見ならびに

その多少の数」とは、議論された各論点について裁判官および裁判員が表明した意見の内容と、これに賛成または反対した意見の数をいい、評決の際だけでなく、評決に至るまでに表明された意見も含まれると解されています。

これらの義務に違反した場合は、裁判員等の職にあるときは解職の事由となる（同法第41条）ほか、刑罰を科されることもあり得ます（同法第108条）。

9 裁判員の参加する裁判の手続

裁判員制度の結びとして、裁判員の参加する刑事裁判の流れ（手続）について簡単に触れておくことにします。

1 総説

裁判員に選任されると、裁判官と一緒に基本的に対等の権限をもって、刑事裁判に参加することになります。

そして、証拠を見たり聞いたりして有罪、無罪を判断し、有罪と判断した場合は、どのような刑罰を科すかを決めることが裁判官や裁判員の仕事であることはすでに説明しましたが、法律の解釈や訴訟手続に関する判断などの専門・技術的な判断は裁判官のみで行われます。

裁判員が刑事裁判に出席するにあたって、まず第1に理解しておかなければならないことは、刑事裁判の基本原則です。

そこで、はじめにこの基本原則のことについて説明しておきます。

刑事裁判は、被告人に刑罰を科すという重大な結果をもたらす手続であることから、被告人の自由が不当に侵害されることを防止するために、憲法上、刑事裁判に関する基本的な原則や権利について次のように定められています。

(1) **適正手続の原則**

法の適正な手続によることなく、国民の生命、自由または財産を奪わ

れることはないという原則のことを「適正手続の原則」といい、憲法第31条は、「何人も法律の定める手続によらなければ、その生命若しくは自由を奪われ、又はその他の刑罰を科せられない」としてこの原則を宣言しています。

そして、この憲法第31条から、「無罪推定の原則」という刑事裁判上最も重要な原則が保障され、また、違法な捜査によって得られた証拠を刑事裁判の証拠から排除し、有罪の認定証拠として採用することはできないという「違法収集証拠排除の原則」が導かれます。

※ 無罪推定の原則

ア　無罪推定の原則

　「無罪推定の原則」というのは、被疑者として捜査を受ける者や被告人として刑事裁判を受ける者について、刑事裁判で有罪が確定するまでは、「犯罪を犯していない者」として扱わなければならないという原則のことです。

　無罪の推定は、1789年の「フランス人権宣言」に由来するもので、1948年に国連総会において採択された「世界人権宣言」は、「犯罪の訴追を受けた者は、すべて、自己の弁護に必要なすべての保障を与えられた公開の裁判において法律に従って有罪の立証があるまでは、無罪と推定される権利を有する」と宣言しています（第11条第1項）。さらに、1966年に国連総会で採択され、日本においても1976年に発効した「市民的及び政治的権利に関する国際規約（国際人権B規約）」も、「刑事上の罪に問われているすべての者は、法律に基づいて有罪とされるまでは、無罪と推定される権利を有する」と定めていることから、現今、無罪推定の原則は、国際的に承認された刑事裁判の原則ということができましょう。

イ　疑わしきは被告人の利益

　刑事裁判では、被告人に無罪が推定されることによって、検察官は、被告人が犯罪を行ったことについて「合理的な疑問を残さない証明」

をしない限り有罪とすることができないことになります。これに対し、無罪を推定される被告人は、無罪であることについて証明することが要求されません。

　このように、犯罪の事実等については、もっぱら検察官が証明しなければならず、その証明が不十分なときは、被告人の利益になるように決定するという原則のことを「疑わしきは被告人の利益に」といい、刑事裁判の鉄則となっています（最高裁昭和48年12月13日判決）。

　ウ　合理的な疑問を残さない証明

　すでに触れたように、刑事裁判では、検察官が被告人の犯罪行為について「合理的な疑問を残さない証明」あるいは「合理的な疑いを容れない証明」をしない限り有罪とすることができませんが、「合理的な疑問」とは、裁判員の理性と常識に基づく疑問のことです。ある証拠について注意深く見聞した結果生じた疑問や証拠が足りないことから生ずる疑問なども合理的な疑問とされています。

(2) 刑事被告人の権利

　憲法第37条は、第1項で、「すべての刑事事件においては、被告人は、公平な裁判所の迅速な公開裁判を受ける権利を有する」と定め、公平で迅速な公開裁判を受ける権利を保障しています。そして、第2項では、「刑事被告人は、すべての証人に対して審問する機会を充分に与えられ、又、公費で自己のために強制的手続により証人を求める権利を有する」と定めて証人尋問権を保障し、さらに第3項で、「刑事被告人は、いかなる場合にも資格を有する弁護人を依頼することができる。被告人が自らこれを依頼することができないときは、国でこれを附する」と定めて弁護人依頼権を保障しています。

(3) 黙秘権

　憲法第38条第1項は、「何人も、自己に不利益な供述を強要されない」と定め、いわゆる黙秘権を保障しています。黙秘権が保障されているということは、たとえ、被告人が黙秘したとしても、このことによって被

告人に不利益な推測をしてはならないことを意味しています。

そして、この黙秘権の保障は、過酷な取調べなどによって無実の被告人が虚偽の「自白」を強要されることを防止するためにも必要なこととされています。

2 刑事裁判の流れ

(1) 起訴状の朗読

起訴状は、検察官が裁判を求める事件の要点を記載したもので、公訴事実、罪名および罰条などが簡潔に書かれていますが、裁判員が法廷に着席し、裁判が始まると、検察官の起訴状の朗読がはじまります。

起訴状自体は、犯罪事実等の証拠ではなく、起訴状に書かれていることが正しいものであるかどうかは、あとで行われる証拠調べの手続を経て判断されることになります。

起訴状には、捜査機関の捜査書類などを添付したり、引用してはならないことになっています。このことを起訴状一本主義といい、検察側の一方的な判断や証拠に左右されることなく、心をできるだけ白紙の状態に置き、あとで行われる証拠調べによってはじめて事件の心証を得るようにしようとする趣旨から認められた刑事裁判上の重要なルールであり、無罪推定の原則を制度化したものと理解されています。

起訴状の朗読の後、被告人および弁護人は、起訴状に記載されている事実等について意見を述べることができます。いわゆる罪状認否といわれるものです。罪状認否の例としては、犯罪事実等を「全部認めるもの」、「全部否認するもの」、「一部を否認するもの」などがありますが、被告人には憲法の保障する黙秘権（憲法第38条第1項）がありますから、黙秘する場合もあります。しかし、被告人が黙秘することについて、被告人の不利益に推測することは許されないことすでに触れたとおりです。

(2) 冒頭陳述

検察官の起訴状の朗読の次に、検察官および弁護人が、それぞれの証

拠によって証明しようとする事実等を裁判員に説明することになります。このことを「冒頭陳述」といいます。

　冒頭陳述は、まず、検察官が、あとで法廷に提出する一連の証拠によって何を証明したいのかを起訴状の内容よりも詳細に説明します。

　その後に、弁護人が冒頭陳述を行い、弁護人が描いている事件のストーリーを裁判員に説明します。

　この両者の冒頭陳述によって、裁判員は事件の全体像とあわせて事件で争われているポイント（争点）について知ることになります。

　なお、検察官や弁護人の冒頭陳述は、起訴状の場合と同様、それ自体は証拠ではなく、その内容が正しいものかどうかは、その後の証拠調べによって判断されるということです。

　したがって、裁判員は、冒頭陳述の段階で、いずれが正しいかを決めることができません。

(3) **証拠の取調べ**

　冒頭陳述が終わると証拠の取調べに入ります。証拠の取調べは、主として、被告人が有罪か否かを決めるための証拠の取調べと、有罪の場合にどのような刑罰を科すかを決めるための取調べに分けられます。

　証拠とは犯罪事実があったか否かを判断するための材料となるもので、例えば、物（証拠物）、書類（証拠書類）などの物証・書証や証人、鑑定人などの人証があります。

　裁判員は、このような証拠を取り調べる方法として、物証を直接見たり、証人などの話を聞いたり、あるいは供述調書などの証拠書類が朗読されるのを聞くということになりますが、実際上は、被告人や証人の話を聞くことが中心的な証拠調べになると思われます。

　したがって、裁判員は、被告人や証人の供述の内容、態度などに注意しながら聞くことが要請されます。

　また、裁判員は、裁判長の許可を得て被告人や証人に質問することもできます。

ア　検察官立証

　証拠調べは、まず、検察官の請求した証拠が法廷において取り調べられます。このことを「検察官立証」といいます。

　無罪推定の原則は、近代刑事裁判の重要な原則の1つですから、被告人が犯罪を行ったことを立証する責任はすべて検察官にあり、刑事訴訟法は、被告人に無罪であること積極的に証明することを要求していません。

　したがって、証拠調べは、立証責任のある検察官から先に行うことになっています。

イ　弁護人立証

　弁護人の請求した証拠が法廷において取り調べられることを「弁護人立証」といいます。

　検察官の立証が終わると、弁護人の立証に入りますが、被告人の犯罪事実を立証する責任は、すべて検察官にあり、被告人に無罪を立証することを法は求めていません。

　したがって、検察官の「立証」が不十分の場合には、被告人は常に無罪となりますが、弁護人の「立証」が不十分であるからといって、それ自体によって被告人が有罪になることはありません。むしろ、弁護人が、被告人が犯罪を行ったとする検察官の立証に「合理的な疑問」を差しはさむことができれば被告人は無罪となります。

　裁判員は、法廷に提出されたすべての証拠を見聞して判断をくだすことになります。

　したがって、検察官立証と弁護人立証のすべてが終了するまでは、有罪・無罪の結論をだすことができません。

ウ　情状に関する証拠の取調べ

　有罪・無罪を判断するための証拠の取調べが終わると、被告人の情状について、検察官、弁護人の順に、それぞれ立証を行います。「被告人の情状」とは、被告人の年齢、性格、経歴、環境、犯罪の動機、

方法、犯罪後の事情など被告人の刑を決めるために考慮すべき具体的な事情を指します。

(4) **論告・弁論**

検察官および弁護人の請求した証拠のすべてについて取調べが終わると、検察官の論告と弁護人の弁論手続に入ります。

検察官は、法廷で取調べが行われた証拠に基づいて、被告人の有罪が合理的な疑問を残さない程度までに立証されたと考える論拠と刑罰の内容についてそれぞれ主張することになりますが、これを論告といいます。

検察官の論告ののち、弁護人の弁論に入ります。弁論は、被告人の有罪が合理的な疑問を残さない程度に立証されていないと考える理由、あるいは有罪について争いのない場合には、被告人にとって適切と思われる刑罰などを主張するために行われます。

(5) **評議**

法廷における証拠調べの手続が終わると、被告人が有罪か無罪か、有罪の場合にはどのような刑罰を科すべきかについて、裁判官と裁判員が対等の立場で議論し結論を出します。これを「評議」といいます（裁判員法第66条ないし第70条）。

裁判員が評議に参加するにあたって配意しなければならない点は、次のとおりです。

　ア　有罪・無罪の判断は、法廷に提出された証拠のみに基づいて行い、うわさ話や断片的なマスコミ情報その他真偽の確認できない情報などに基づいて行わないこと。

　　　このことを「証拠裁判主義」といい、刑事裁判の重要な原則となっています。

　イ　被告人が裁判で合理的な疑問を残さない程度に有罪と立証されるまでは、無罪と推定されるという原則（無罪推定の原則）を念頭において評議を行うこと。

　　　「疑わしきは罰せず」、あるいは「疑わしきは被告人の利益に」

ということばは、この原則をあらわしたものです。
- ウ 評議にあたっては、十分な評議を尽くし、基本的に全員が一致できる結論を目指すこと。

  努力を尽くしても意見の一致がみられない場合は、多数決によって評決が行われますが、この場合、被告人を有罪とするためには、裁判官、裁判員のそれぞれ1人以上の賛成が必要とされています（裁判員法第67条）。
- エ 評議の場で無罪の結論になった場合は、その時点で評議が終了します。

  有罪の結論になった場合には、被告人にどのような刑を科すかという量刑についての評議を行うことになりますが、この場合も全員一致を目指して努力することが求められます。もし、意見の一致がみられない場合は、基本的には多数決によって決められます。

(6) **判決**

有罪または無罪の結論が出た場合は、裁判員も立ち会い、裁判長が代表して、公開の法廷で、判決の宣告を行うことになります。

(7) **裁判員の職務の終了**

判決の宣告によって、裁判員の仕事は終了することになります。

索 引

あ
異常な挙動　72
移送処分　136
移送の決定　173
一事不再理の効力　188
一般抗告　207
一般司法警察職員　31
一般的指揮権　35
一般的指示権　34
違反者の質問調書　247
違法収集証拠排除の原則　311
違法な集団行進に対する警察官の写真撮影行為　110
違法な手続で収集された証拠の証拠能力　225
いわゆる約束に基づく自白　231
疑わしきは罰せず　316
疑わしきは被告人の利益に　312, 316
疑わしきは被告人の利益に従う　227
押収物件　108

か
外国元首や外交使節の行為　128
開廷の要件等　307
回避　24
下級裁判所　17
家庭裁判所　17
簡易公判手続の決定　148
簡易公判手続の場合　245
簡易裁判所　17
簡易裁判所の審判　272
管轄違いの判決　173
鑑定　100
鑑定書　100, 242
鑑定嘱託　100
鑑定に必要な処分　101
鑑定留置　101
鑑定留置処分の請求等　101
鑑定留置と勾留期間との関係　102

鑑定留置の執行　102
管理権原者　201
関連事件　22
関連事件の管轄　19
偽計による自白　231
起訴後の取調べ　106
起訴状一本主義　121
起訴状謄本の送達　141
起訴状の記載事項　117
起訴状の朗読　147, 313
起訴独占主義　115
起訴便宜主義　29, 116
起訴法定主義　116
起訴猶予　130
既判力　188
忌避　24
客観的不可分の原則　55
求刑　160
供述拒否権の告知　104
供述書　236
供述証拠　237
供述調書の作成　105
供述録取書　236
強制、拷問または脅迫による自白　229
行政解剖　101
行政警察活動　73
強制処分　49, 95
強制捜査　49
共犯者の自白　235
虚偽排除説　230
挙証責任　227
緊急逮捕　79
緊急逮捕した場合の逮捕状の請求と発付　79
緊急逮捕と憲法第33条との関係　80
緊急配備検問　75
具体的危険犯　70
具体的指揮権　35
警戒検問　75
形式的裁判　172
刑事裁判の基本原則（鉄則）　227

319

刑事実体法 15
刑事損害賠償との関係 290
刑事手続法 15
刑事補償決定の公示 290
刑事補償の請求 290
刑事補償の内容 289
刑事補償の要件 289
継続犯 64
刑の時効 124
刑の執行 283
刑の執行権 29
刑の執行終了後等における再審請求 214
刑の執行を停止 284
刑の免除 130
刑の量定 306
結審 165
決定 169
厳格な証明 221
嫌疑なし 129
嫌疑不十分 130
現行犯逮捕 80
現行犯逮捕後の手続 84
現行犯逮捕と緊急逮捕の異同 81
現行犯逮捕の際の実力行使 81
現行犯人 51
現行犯人を逮捕できる者 80
検察官 24
検察官、検察事務官または司法警察職員の検証の結果を記載した書面「検証調書」 241
検察官が指定した事件 112
検察官同一体の原則 30
検察官と都道府県の公安委員会との関係 36
検察官の指示・指揮に対する司法警察職員の服従義務 35
検察官の種類 25
検察官の証拠調べの請求 150
検察官の処分結果の通知義務 61
検察官の不起訴処分の理由告知義務 61
検察官の冒頭陳述 149
検察官の面前における供述を録取した書面 240
検察官立証 315
検察事務官 27
検察審査会に対する審査の申立て 131

検察審査会の議決の効果 133
検察審査会の構成等 132
検察審査会の審査手続 132
検察審査会への審査申立人 131
検察審査会への審査申立ての方法等 132
検察庁 25
検視 52
検証 97
検証の手続 98
原則的合議体 297
権利保釈 92
公安調査官の職権濫用罪 134
合意による書面 245
公開主義 139
抗告 170, 191, 207
抗告に代わる異議の申立て 207
控訴 191
控訴棄却の決定 194
公訴棄却の決定 174, 195, 205
公訴棄却の判決 174
控訴棄却の判決 195
公訴権 28, 115
公訴時効の期間 124
公訴時効の期間の算定 126
公訴時効の起算点 63
公訴時効の停止 126
公訴事実 118
控訴審等における不利益変更の禁止 196
控訴審の裁判 194
控訴審の審理 194
公訴提起の効果 123
公訴提起の効力 122
公訴提起の方法 117
公訴の時効 63, 124
公訴の時効と起算点 63
公訴の提起 115
公訴の取消し 156
交通検問 75
高等裁判所 17
口頭主義 139
口頭弁論 169
公判 139
公判期日 142
公判期日の指定等 142
公判請求 115, 117
公判手続 139

索 引

公判手続の更新　157
公判手続の停止　157
公判に関する三つの原則　139
公判前整理手続き　145
公平誠実な職務執行等の義務　309
候補者の呼出し　302
公務員職権濫用罪　134
合理的な疑いを容れない証明　312
合理的な疑問　312
合理的な疑問を残さない証明　312
勾留期間　89
勾留質問　233
勾留質問調書　87
勾留状の執行　88
勾留状の発付　87
勾留請求却下の裁判　88
勾留請求権　86
勾留請求の却下　87
勾留の意義　85
勾留の請求手続　86
勾留の請求に対する裁判　86
勾留の要件　85
勾留理由の開示　90
国際条約または国際慣習上治外法権が認められている者の行為　128
国際連合関係者の任務遂行中における行為　128
国選弁護人の選任要件　43
国選弁護人の報酬等　44
告訴　52
告訴権者　53
告訴事案の処理　57
告訴のあて先　54
告訴の形式　54
告訴の効力　55
告訴の代理　55
告訴の取消し　56
告発　58
告発期間　63
告発義務　62
告発権者　61
告発の効果　60
告発の代理　66
告発の取消し　67
告発の法的性質　59
告発の方法　64

国家刑罰権　15
国家訴追主義　115
事柄の本質に鑑み　68

さ

最高裁判所　17
最高裁判所の大法廷　18
最高裁判所への移送　203
最終弁論　165
再主尋問　153
罪状認否　148, 313
再審　211
再審請求権者　214
再審請求と刑の執行停止　214
再審請求の取下げ　214
再審請求を管轄する裁判所　214
再審における不利益変更の禁止　215
再審の対象　212
再審の理由　212
裁定合議事件　18
裁判　169
裁判員候補者　301
裁判員候補者に関する情報の開示　303
裁判員候補者名簿の調製　301
裁判員候補者予定者名簿　301
裁判員制度　145, 295
裁判員制度の目的　295
裁判員等選任手続　304
裁判員等の選任決定　305
裁判員等の選任手続　301
裁判員の関与しない判断　306
裁判員の関与する判断　306
裁判員の欠格事由　298
裁判員の質問権等　307
裁判員の職務の終了　317
裁判員の職権行使の独立性　307
裁判員の選任資格　298
裁判官の面前における供述を録取した書面　239
裁判所　17
裁判書　169
裁判所または裁判官の検証の結果を記載した書面「検証調書」　241
裁判の解釈を求める申立て　286
裁判の執行　281

321

索　引

裁判の執行指揮　281
裁判費用の補償　291
裁量保釈　93
差押え　95
差押の客体　95
指揮印　282
死刑執行命令　283
死刑の執行　283
事件送致の一般原則　111
事件送致の例外　111
自首　72
私人が現行犯人を逮捕したときの手続　82
辞退事由（裁判員法第16条）　300
実況見分　108, 252
実況見分調査の目的と対象　255
実況見分と調書の必要性　255
実況見分の根拠等　253
実況見分の性格　253
実況見分の性質等　109
実況見分の目的と対象　253
執行指揮書　282
執行に関する異議の申立て　286
実体的裁判　173
質問調書　246
質問調書の証拠能力　247
質問調書を作成する場合の質問事項（録取事項）　249
質問手続　304
質問票　303
質問票の送付　303
自動車検問　74
自動車の一斉検問　74
自認　229
自白　229
自白の証拠調べ　151
自白排除法則　230
自判　206
事物管轄　19
司法解剖　101
司法警察員　31
司法警察員の送付義務　60
司法警察活動　73
司法警察職員　31
司法権　16
司法巡査　31

始末書　252
終局裁判　169, 172
終局裁判の付随的な効力　187
終局前の裁判　169, 172
自由刑の執行　284
重罪事件　92
就職禁止事由（裁判員法第15条）　299
自由心証主義　224
自由な証明　222
主観的不可分の原則　55
主尋問　152
準起訴手続　61, 134
準起訴手続（付審判請求手続）　134
準現行犯人　51, 81
準抗告　170, 207
証拠　222
証拠がないことを理由とする不起訴処分　129
上告　191
上告棄却の決定　205
上告棄却の判決　205
上告審としての事件受理の申立　204
上告審の裁判　204
上告審の審理　204
上告審判決の確定　206
上告理由　203
証拠裁判主義　221, 316
証拠書類　222
証拠調べ　149
証拠調べの請求に対する異議・同意　151
証拠能力　221, 224
証拠の決定　151
証拠の証明力　93
証拠の排除決定　154
証拠物　222
証拠物（物的証拠）の取調べ　154
証拠物たる書面　222
上申書　252
上訴　191
上訴権回復の請求　192
上訴権者　191
上訴の種類　191
上訴の提起期間　192
上訴の取下げ　192
上訴の放棄　192
消防法令違反と危険犯　70

消防法令違反と責任条件　67
消防法令上の故意犯と故意の認定　69
証明　221
証明力　223
証明力を争うための証拠　245
職務質問　72
所持品検査　74
書証　222
書証（証拠書類）の取調べ　153
除斥　23
職権による保釈　91
真偽不明　227
審級管轄　19
親権者　53
人権擁護説　230
親告罪　52, 128
親告罪の告訴期間　56
心証　221
人証　222
身上照会　107
身体検査　97, 98
身体検査の拒否と過料等　99
身体検査の拒否と刑罰　99
身体検査の直接強制　99
人定質問　147
信用性の情況的保障が特に高い書面　243
請求による保釈　91
請求による保釈と職権による保釈　91
成年後見人　53
成年被後見人　53
接見禁止決定　90
接見交通　90
接見交通権　90
絶対的控訴理由　193
宣誓、公判廷への出頭等の義務　309
選任手続の方式等　304
訴因　118
訴因または罰条の追加、撤回または変更　155
捜査　49
捜索　95
捜索・差押えと令状主義　96
捜索・差押えの執行　97
捜索許可状、差押許可状あるいは捜索・差押許可状　96
捜査権　27

捜査の端緒　51, 59
相対的控訴理由　194
即時抗告　170
即時犯　64
訴訟関係人の事前準備　142
訴訟関係人の出廷　143
訴訟指揮　158
訴訟指揮権　158
訴訟条件　60, 123
訴訟条件がかけていることを理由とする不起訴処分　128
訴訟当事者　303
訴訟費用執行免除の申立て　286
即決裁判　117
その他周囲の事情　73
それぞれの裁判官および裁判員の意見ならびにその多少の数　309

た

第三者（参考人など）の質問調書　248
対象事件（原則）　295
対象事件（例外）　296
逮捕　76
逮捕後の手続　82
逮捕状の緊急執行　79
逮捕状の請求手続　77
逮捕状の発布　78
逮捕状を請求できる者（逮捕状請求権者）　77
逮捕前置主義　86
逮捕の手続　78
地方裁判所　17
中止処分　135
抽象的危険犯　70
跳躍上告　203
直接主義（直接審理主義）　140
陳述拒否等の禁止　304
追徴　285
通常逮捕（令状逮捕）　76
通常逮捕の要件　77
罪とならず　129
罪を犯したことを疑うに足りる充分な理由　79
適正手続の原則　311
天皇や在任中の摂政の行為　128

索　引

伝聞供述　236
伝聞証拠　236
伝聞証拠排除の原則　151, 236
伝聞法則　236
伝聞法則の対象外　237
伝聞法則の不適用　244
伝聞法則の例外　238
電話盗聴　95
当事者　150
当事者が証拠とすることに同意した書面または供述　244
同種前科　226
特別抗告　20, 170, 207
特別公務員職権濫用罪　134
特別公務員職権濫用等致死傷罪　134
特別公務員暴行陵虐罪　134
特別司法警察職員　32
特別の規定がある場合　67
土地管轄　19

な

任意処分　95
任意捜査　50, 103
任意捜査の方法　103
任意になされたものでない疑いのある自白　231

は

陪審制度　295
破棄移送　195
破棄差戻し　195
破棄自判　195
破棄判決　195, 205
判決　169
判決書　169
犯行現場写真の撮影　110
犯罪捜査のための通信傍受に関する法律（通信傍受法）　96
反対尋問　153
被害者が死亡した場合の告訴権者　54
被疑事実が犯罪とならないことを理由とする不起訴処分　129
被疑者　37
被疑者の出頭要求　104

被疑者の身体を強制的に拘束する手段　76
被疑者の地位　37
被疑者の取調べ　104
被疑者の弁護人選任権　41
被疑者補償　291
被疑者補償規程　291
被告人　37
被告人以外の者の供述書または供述録取書　239
被告人以外の者の公判準備または公判期日における供述を録取した書面　241
被告人質問　155
被告人の供述書または供述録取書　242
被告人の勾留（被疑者が起訴されたのちの勾留）　89
被告人の情状　315
被告人の地位　37
被告人の弁護人選任権　42
被告人は無罪と推定される　227
微罪処分に関する一般的指示　112
非常救済手続　211
非常上告　211, 216
非常上告の管轄裁判所　216
非常上告の審理　216
非常上告の申立権者　216
非常上告の理由　216
必要的弁護事件　141
評議　316
病気中の自白　230
評議の経過　309
評議の秘密に関する守秘義務　309
不起訴処分に対する救済制度　131
不起訴処分の効果　130
不起訴処分を行った場合の措置　131
不告不理の原則　123
付審判決定の効果　135
付審判請求書　134
付審判請求についての審理および裁判　134
付審判の請求手続　134
不選任請求の却下と異議申立て　305
物証　222
物的証拠の収集方法　95
不適格事由（裁判員法第17条、第18条）　300

不当に長く抑留または拘禁されたのちの自白　231
不利益な事実の承認を内容とするもの　242
別件逮捕　232
弁護人　39
弁護人選任権の告知等　141
弁護人等の冒頭陳述　150
弁護人の権限　45
弁護人の資格　40
弁護人の任務　45, 46
弁護人立証　315
変死　52
変死の疑いのある死体　52
弁論　156, 316
弁論の再開　156
弁論の分離　156
弁論の併合　156
忘却犯　68
法廷警察　158
法廷警察権　158
法定合議事件　18, 148, 296
法廷等の秩序維持に関する法律　159
冒頭陳述　149, 313
冒頭手続　147
補強証拠　235
補強証拠の種類　235
補強法則　224, 235
保釈　91
保釈許可条件　93
保釈の取消し　93
保釈保証金　93
補充裁判員　308
補充裁判員の権限　308
没収　285

ま

未成年後見人　53
無罪推定の原則　311, 316
無罪の判決　187
命令　169
免訴の判決　124, 175
黙否権　38
黙秘権　312
黙秘権等の告知　147

や

有罪であることの自認　229
有罪である旨の陳述　229
有罪の判決　175
誘導質問に基づく自白　230
誘導尋問　153
予断排除の原則　145
呼び出すべき候補者の選定　302

ら

立証趣旨　150
立証責任　227
理づめの質問に基づく自白　230
略式請求　115
略式手続　271
略式手続のメリット　271
略式命令　117, 271
略式命令の請求手続　271
理由を示さない不選任請求　305
領置　108
例外的合議体　297
令状によらない検査　99
令状による検査　98
令状による逮捕後の手続　82
論告　160, 316
論告求刑　160

著者略歴　関　東　一（せき　とう　いち）

茨城県日立市出身
中央大学法学科卒
消防大学校客員教授
元・茨城大学講師
日本公法学会（行政法部会）会員

＜主な著書および執筆書＞

（著書）
「消防行政法要論」東京法令出版
「消防措置命令の解説」東京法令出版
「消防法令解釈の基礎」東京法令出版
「消防官のための やさしい行政法入門」近代消防社
「新版消防法の研究」近代消防社
「消防関係行政・刑事判例の解説」近代消防社

「防火管理責任の基礎」近代消防社
「消防活動の法律知識」近代消防社
「立入検査の法律知識」近代消防社
「火災予防違反処理の基礎」近代消防社
「救急・救助業務の法律知識」近代消防社
「新版消防刑法入門」近代消防社

（執筆書）
「火災予防査察便覧第1編・第5編」東京法令出版
「違反処理関係行政実例集」東京法令出版
「予防査察の要点」近代消防社

「査察執行要領第1編（理論編）」東京法令出版
「消防判例の要点」近代消防社
「消防作用法第5章～第7章」ぎょうせい

編集・著作権及び
出版発行権あり
無断複製転載を禁ず

消防官のための
刑事訴訟法入門

定価 2,500 円
（本体 2,381 円＋税）
（〒340円）

著　者　関　東　一（せき　とう　いち）　Ⓒ 2009 Toichi Seki

発　行　平成21年11月30日（初　版）

発行者　近　代　消　防　社
　　　　三　井　栄　志

発行所

近　代　消　防　社

〒105−0001　東京都港区虎ノ門2丁目9番16号
（日本消防会館内）

TEL　東京（03）3593-1401（代）
FAX　東京（03）3593-1420
URL　http://www.ff-inc.co.jp
E-mail　kinshou@ff-inc.co.jp
〈振替　00180−6−461　　　00180−5−1185〉

ISBN978-4-421-00785-5 C2032 〈乱丁・落丁の場合はお取替え致します。〉